中国人口老龄化研究系列丛书（第一辑）

本书获得广州医科大学心理学学科建设经费、中山大学引进人才基本启动费资助

生育意愿和生育行为不一致现象的原因及其影响机制研究

张银锋 侯佳伟 / 著

中国人口出版社
China Population Publishing House
全国百佳出版单位

图书在版编目（CIP）数据

生育意愿和生育行为不一致现象的原因及其影响机制研究 / 张银锋，侯佳伟著 .—北京 ：中国人口出版社，2022. 12
ISBN 978-7-5101-8875-6

Ⅰ. ①生… Ⅱ. ①张… ②侯… Ⅲ. ①生育-社会问题-研究-中国 Ⅳ. ①C924. 24

中国版本图书馆 CIP 数据核字(2022)第 245339 号

生育意愿和生育行为不一致现象的原因及其影响机制研究

SHENGYU YIYUAN HE SHENGYU XINGWEI BUYIZHI XIANXIANG DE YUANYIN JIQI YINGXIANG JIZHI YANJIU

张银锋　侯佳伟　著

责任编辑　杨际航
美术编辑　刘海刚
责任印制　林　鑫　任伟英
出版发行　中国人口出版社
印　　刷　天津中印联印务有限公司
开　　本　710 毫米×1 000 毫米　1/16
印　　张　20. 75
字　　数　310 千字
版　　次　2022 年 12 月第 1 版
印　　次　2022 年 12 月第 1 次印刷
书　　号　ISBN 978-7-5101-8875-6
定　　价　70. 00 元

电子信箱　rkcbs@ 126. com
总编室电话　（010）83519392
发行部电话　（010）83510481
传　　真　（010）83538190
地　　址　北京市西城区广安门南街 80 号中加大厦
邮政编码　100054

前　言

由广州医科大学心理学学科建设经费、中山大学引进人才基本启动费资助，张银锋博士领衔的“生育意愿和生育行为不一致现象的原因及其影响机制研究”课题的课题成果以专著的形式在中国人口出版社正式出版了，值得庆贺。专著的出版丰富了在生育意愿和生育行为研究领域的研究成果，也深化了对生育意愿和生育行为相互关系的认识，推进了生育意愿和生育行为领域研究的向前发展，很有意义。我愿意借为专著撰写前言的机会，谈谈自己拜读书稿的一些感受，特别是关于生育意愿和生育行为关系的“不一致”和“区间”现象，与读者和研究同行交流。

进入21世纪以来，人口转变的完成和生育率的不断走低，生育率的未来走向更加引起广泛的关注，希望从人们的生育意愿推测人们未来的生育行为的愿望愈加强烈，通过了解生育意愿来预见个体的生育行为和群体的生育水平。但生育意愿和生育行为之间的“不一致”又为这样的企图打上了问号。一个典型的例子就是在2013年生育政策调整以前对生育意愿的调查表明，有七成夫妇表示希望有两个孩子，因而预测一旦放开二孩生育，会迎来生育数量的猛增和生育水平的反弹，但实际上，“实施一方是独生子女的夫妇可生育两个孩子政策以来，全国符合政策条件的夫妇有1 100多万对。截至今年（2015年）8月底，提出生育二孩申请的只有169万对，占比为15.4%”。重大的政策变动却意外地受到“遇冷”的反应是始料所不及的，不能不使人们对生育意愿对生育行为的预测性大打折扣，对生育意愿调查的结果缺乏信心。但是，这种所谓的生育意愿和生育行为之间的“不一致性”并不是无缘无故的。Bongaarts早就提出，从人们生育意愿到生育行为期间会受到若干因素的影响，在高生育率下，往往由于避孕不到位、婴儿死亡风险和子女性别偏好，使实际生育水平超出生育意愿，而在低生育率下，往往由于婚育的推延、生殖能力的退化和人生目标的增多，使实际生育水平达不到生育意愿。一些国家如日本、韩国、泰国、印尼等的实证研究都显示有这样的趋势。侯佳伟和当时在牛津大学的 Stuart Basten 博士不约而同地运用元分析方法验证了中国也存在随着生育率的下降，出现了实际生育水平从高于生育意愿到低于生育意愿的变化趋势。而在本书中的系统阐述表明，生育意愿和生育行为之间的“不一致性”并不能认为两者之间无相关性，而是有规律可循的。如果理解了两者之间的变化规律，那么可以帮助我们恰当地解读生育意愿的调查结果和预见生育行为的变化，生育意愿仍然可以成为预见生育行为和生活水平的良好标杆。

书中关于生育意愿和生育行为关系从性别维度的讨论涉及到对于出生性别比问题的认识。中国由于从二十世纪八十年代以来出生性别比不断上升，严重失调，引起广泛关注和讨论，其中一个焦点就是认为失调的根源来自传统文化中的“重男轻女”。但为什么在 50 年代到 70 年代的几十年中，我国的出生性别比是基本上正常的，而 80 年代以后恰恰是我国经济腾飞和社会进步之时，为什么出生性别比反而失调了，难道是“重男轻女”更加恶化了吗？本书以充分的实证研究提出了一个令人耳目一新的“相对数变动效应”观点，我国的“重男轻女”并没有恶化而是随着社会的进步不断淡化之中，人们的生育意愿中的理想男孩倾向和理想女孩倾向都在不断淡化，整个社会的文化氛围从有子女性别偏好向无性别偏好转变，只是由于男孩偏好趋弱的速度相对地滞后于女孩偏好，因而面对生育水平的急剧下降，激化了生育数量减少和生育性别偏好之间的矛盾，推高了出生性别比的失调。这对于我们认识出生性别比失调的根源和恰当地应对，无疑是很有意义的。

书中也从时间维度考察了生育意愿和生育行为的“不一致性”，发现，与在生育数量上的两者关系的转折一样，在生育时间上也存在着，在生育率下降的过程中，从实际生育（初育、再育）时间早于理想的生育（初育、再育）年龄到晚于理想的生育（初育、再育）年龄的变化。

书中关于生育意愿的讨论的另一个值得注意的研究成果就是所谓的

"区间现象"。长期以来，人们在对于调查对象的回答总是以某个确定值来对待。但是在认真地倾听调查对象的回答后就发现，人们原本的回答并非如此。对于生育几个子女好，人们往往会说"1～2个"或"2～3个"都行，并不是一个明确的确定值，而是一个区间范围。这可能会给调查的数据整理带来更多的工作量，但可以使我们的调查结果更反映人们的真实想法。在对于子女性别的愿望上，既表示"最好是儿女双全"，也表示了"没有也可以"的倾向，反映出一种两可的态度。在生育时间上，也表现出一种"区间"的期望，比如"20多岁"，"30岁前"等。那么这个"区间"究竟有多大合适呢？作者以理想初育年龄为例进行了探索发现，上下各加3岁是一个可接受的区间。认识人们的意愿的"区间现象"的存在，对于进一步认识生育意愿和生育行为的"不一致性"具有重要意义，也即认识到人们的愿望实际上并不是古板的，而是具有弹性的。正如书中提出的，运用一种"区间"的意识去理解生育意愿的概念和解读生育意愿调查的结果，可能更有助于我们深入认识生育意愿与生育行为之间的影响关联，并有利于把握未来生育水平的变化趋势。

书中把2015年开展的北京调查和1988年风笑天教授的湖北调查进行了比较分析，也是一个亮点。作者称之为"一场跨越27年的学术对话"。它的意义在于，如果说1988年的湖北调查反映的是高生育率时代人们的生育意愿，那么2015年的北京调查则可以视为低生育率下的人们的生育意愿。两者的对比分析可以使我们看到随着时代的变化，人们的生育意愿在如何变化。两个调查的比较表明，时隔近30年，人们对于理想的孩子数量还是大多认为2个为好，表现出相当的稳定性，然而，认为只有两个孩子才美满的比例却下降了，而只想要一个孩子的原因从湖北调查的大多数是因为政策的限制转变为北京调查的主要是由于个人的考虑，包括身体、经济、时间等方面的原因。不打算生第二个孩子的比例，从湖北调查的37.2%到北京调查的84.6%，居然增加了一倍以上，以致视第二个孩子为"奢侈品"。

本书的另一个贡献是对于生育和生育转变的"三维性"概念的拓展。当1992年提出所谓的"三维性"时，主要是对生育研究中对生育现象只是从生育数量的单一角度考察提出了质疑，应该看到生育和生育转变是一个三维一体的人口现象，数量、性别、时间三者之间互相作用，互相影响，左右着生育水平的走向。本书中以三章的篇幅分别从生育数量、生育性别、生育时间进行了量化考察，从理想子女数和意愿子女数对生育数量的考察，从理想男孩数、理想女孩数、理想男女均可数，以及理想子女性别比和实际出生性别比的比较对生育性别的考察，从理想生育（初育、再育）年龄和实际生育（初育、再育）年龄的比较和相互关系的变化对生育时间的考察，不仅是对生育和生育转变的三维性开拓了量化的分析，也使我们对数量、性别、时间的三个维度在生育变化中的反映有了深化的认识。

本书积累了作者多年来的不懈努力的研究成果，其中在研究方法论上的不断探索和创新同样令人瞩目。从十多年前在人口研究中引入元分析方法解决了由于缺乏纵向跟踪调查而难以开展对生育意愿和生育行为关系的趋势研究的难题，用男女性别偏好变化的“相对效应”解释了为什么在二十世纪八十年代以来社会在不断进步的情况下却出现了出生性别比走向失调的反常现象，用反复听取调查录音而发现的人们对于生育意愿在数量、性别、时间方面都存在着一个“区间”现象，而当区间扩大如“加减 3”就会出现生育意愿和生育行为的“不一致性”消失而揭示的“相对性”。如此等等，多年来，作者锲而不舍，孜孜以求，集腋成裘，在研究中不断有新突破，新进展，是特别值得嘉许的。

我相信，本书的出版对于关注生育意愿和生育行为相互关系的读者，和对于不断改进调查研究方法的有识之士，都能从中有所受益。

顾宝昌

2023 年 3 月

目　　录

第一章 导论

1 研究背景

生育水平和生育意愿的“双低”体现在生育水平低于生育意愿（J. Bongaarts，2001）和生育意愿低于2.1的更替水平。这些现象不仅在欧洲多国出现，如德国、奥地利、葡萄牙、西班牙、卢森堡等国家（杨菊华，2008），而且在亚洲的一些国家也出现了，如韩国和日本（Choe，M. Kim，R. D. Retherford and S. Kim，2004）。我国在20世纪80年代尚处于生育水平高于生育意愿时期。到90年代，二者都呈现出快速下降的趋势，但生育水平下降快于生育意愿，20世纪90年代末，二者关系转变为“生育水平低于生育意愿”，而且生育意愿低于更替水平（侯佳伟等，2014）。

在2019年4月召开的美国人口学年会上，John Casterline在其所作的会长主题报告中特别强调，生育是一种选择，人们可以选择不生或是生、生几个，今后一个重要的研究方向是“未实现的生育”（unrealized fertility）。在生育水平高于生育意愿时期，“非意愿生育”（unwanted fertility）是研究的主要问题，其原因很简单，即缺乏有效避孕措施。而现今，越来越多的国家和地区进入生育意愿高于生育水平时期，人们实际生育孩子的数量少于意愿生育数量，其原因相对多元。人们的生育意愿有多少？又是什么原因导致了“未实现生育”的出现？如何才能缩小生育意愿和生育行为、生育水平之间的差距呢？

近20年来，中国一直处于生育水平低于生育意愿时期，人们生育子女的数量少于意愿数量。2000年之后，我国各地区的调查结果显示，人们的平均理想子女数集中在1.6~1.8人（侯佳伟等，2014）。2000年、2010年全国人口普查和2015年全国人口普查及1%人口抽样调查结果显示，总和生育率分别为1.22、1.18和1.05（国务院人口普查办公室等，2002、2012；国家统计局，2016）。从总体来看，在数量层面，生育水平比生育意愿少 0.5 个孩子左右。

从微观来看，“未实现生育”的人群比例远大于生了“不想生”的人群。以 2009 年 4 个城市调查为例，二者比例分别为 42.7%和 1.8%，相差甚为悬殊（宋健，陈芳，2010）。而随着时间的推移，“从想生变成不想生”的可能性远大于“从不想生变成想生”。一项全国性的生育追踪调查结果显示，从 2013 年“想生”到 2015 年变为“不想生”的比例为 31.5%，而从 2013 年“不想生”到 2015 年变为“想生”的比例仅为 3.1%，前者是后者的 10 倍（姜玉，庄亚儿，2017）。

Bongaarts 在 2001 年时曾提出了 6 种因素来解释生育意愿和生育行为不一致的现象。他认为，抑制因素有初育年龄推迟、非意愿不孕不育和竞争性的因素，提升因素有非意愿生育、替代死亡孩子的生育和性别偏好。有学者检验了 Bongaarts 观点在中国的适用性，并对其中 5 种因素的影响作用形成了基本共识：初婚初育年龄推迟、非意愿不孕不育和竞争性的因素均起抑制性作用，减少生育行为；替代死亡孩子的生育存在提升作用，但是目前在中国，此因素影响作用非常微弱；非意愿生育因避孕技术的普及，影响作用也不是很强（郭志刚，2008；茅倬彦，2009；宋健，陈芳，2010；陈卫，靳永爱，2011；张航空，2012）。

性别偏好是尚存争议的因素。有学者用调查数据证明了 Bongaarts 的结论，并且认为相比于其他因素，性别偏好是造成生育意愿与生育行为存在差异的主要因素（茅倬彦，2009；陈卫，靳永爱，2011）。也有学者提出和 Bongaarts 完全相反的观点，认为性别偏好在现今中国不是提升因素，而是抑制因素，因为子女性别偏好的影响方式已经从多生转向性别导向的选择性人工流产（郭志刚，2008）。还有学者通过调查证明，性别偏好不存在统计上的显著影响作用（宋健，陈芳，2010）。那么，性别偏好是否对生育意愿和生育行为差异存在影响呢？如果答案是肯定的，那么其作用机制又是怎样的呢？

在 Bongaarts 理论模型基础上，有学者发现个体特征可能对生育意愿和生育行为不一致现象存在影响作用，例如受教育程度、居住地、流动经历等。具体而言，教育程度与生育意愿和生育行为的差异显著相关，但是当纳入孩子性别结构和存活状况变量时，仅在大专以上文化程度的妇女与文盲之间存在显著差异（陈卫，靳永爱，2011）。城乡之间差异显著，农村地区实际生育水平更有可能高于意愿水平（陈卫，靳永爱，2011）。流动经历（外出年数和去过的城市个数）对于生育意愿与生育行为差异没有显著影响作用（张航空，2012），但是从外地来本地居住的“流动人口”实际子女数小于理想子女数的可能性比“一直在本地，从未离开过”的“本地人口”低（宋健，陈芳，2010）。这些研究都是数量维度上的差异研究。个体特征在时间和性别维度上又会产生怎样的影响作用呢？

学者们也特别关注了计划生育政策的影响作用。研究发现，对按照严格程度划分的计划生育四类地区进行比较，计划生育政策对生育意愿与生育行为的差异有影响，但是这种影响与政策的松紧程度并不成线性关系（陈卫，靳永爱，2011）。“双独”政策因素似乎显示出对生育水平存在提升作用，但并未通过显著性检验（宋健，陈芳，2010）。就现实状况而言，新实施的“单独两孩”“全面两孩、三孩”政策对生育意愿和生育行为不一致现象是否会产生影响？可能会产生何种影响？

在不久的将来，生育意愿和生育行为的关系是否会发生改变？究竟是前者引发后者的改变，还是后者带动前者发生改变？它们之间的差距会缩小，还是会增大？目前，学界主要有三种看法：第一，生育意愿和生育行为的差异是暂时性的，限制生育行为的因素会消失、减弱，生育行为发生改变，生育行为与生育意愿趋向统一（Bongaarts，2002）。第二，生育意愿和生育率可能向低于更替水平发生永久性转变（Goldstein，Lutz and Testa，2003）。2003 年，Goldstein 等假定认为，在意大利、西班牙和其他地方，生育意愿和理想将会快速地进一步降低，进而导致意愿与行为达成协调一致。第三，生育意愿和生育行为的差异将持续较长时间，有可能二者的差距还会增大（Demeny，1997，2003）。

2016 年“全面两孩”政策的正式实施，标志着我国进入政策限制相对宽松的低生育水平阶段，此时将会呈现出一些新特点、新变化乃至新转变，这可能是以往经典生育理论所未涉及的内容、观点，甚至会得出一些截然相反的结论，值得我们密切关注、总结和反思。社会经济发展或许已远超生育政策的影响力，对人们的生育观念、生育意愿、生育行为产生着更为重要而深远的影响。有学者明确指出，城市一孩育龄人群的二孩生育动机已经从传统的“为家庭生孩子”“为自己生孩子”转变为“为孩子生孩子”（风笑天，2018）。其实不仅在城市，在农村人们的生育观念也从“生个儿”转变为“生个伴”（葛佳，2015）。

在社会转型的关键时期，我国的生育政策须紧随社会发展而及时作出必要的调整。因此，有关生育意愿与生育行为差异的研究便显得更具现实及理论意义。探究影响生育意愿和生育行为差距的影响因素及其发展变化趋势，不仅有助于提升我们对未来中国人口生育水平的预测和认识，也可为政府未来的决策提供重要的参考依据。同时还会进一步丰富相关的研究资料和成果、推动中国人口生育研究的发展。

2 研究思路和研究设计

2.1 研究思路

生育作为一种社会现象，具有三维性：数量、性别和时间（顾宝昌，1992）。生育意愿和生育行为在这三个维度上存在哪些不一致现象？生育政策、性别偏好和个体特征等因素如何导致生育意愿和生育行为的不一致？未来生育意愿、生育行为和生育水平可能向哪个方向发展？本书试图回答这些问题。本书将沿循“问题是什么”“为什么”“未来可能是什么”的思路展开，具体内容包括：

（1）生育意愿和生育行为不一致的现象。①在数量、性别和时间三个维度上的二者差异；②分城乡、分孩次、分政策阶段、分个体特征等角度比较生育意愿和生育行为之间的差异；③生育意愿和生育行为差异的发展变化趋势。

（2）生育意愿和生育行为差异的影响因素。①生育政策的影响作用机制，重点考察“单独两孩”“全面两孩”政策的影响作用，比较“单独”或“双独”家庭与“双非”家庭的生育意愿和生育行为；②性别偏好的影响作用机制，性别偏好包括男孩偏好、女孩偏好、儿女双全偏好和无性别偏好四种类型；③个体特征的影响作用机制，个体特征的探讨主要涉及年龄、受教育程度和城乡居住地等方面。

(3) 生育意愿和生育行为差异的发展趋势。①近 20 年来，影响生育水平变动最重要的因素是什么？未来生育水平可能的走向；②生育政策调整前后，具有什么特征的人口生育了二孩？这是短期现象，还是长期现象；③未来生育意愿是否还会继续弱化？

2.2　研究方法

本书关注的主题是“生育意愿和生育行为不一致现象的原因及其影响机制”。我们对 1980 年以来此方面的研究成果进行系统性的梳理，并在尽可能统一的定量框架下进行整合性分析，进而总结出一些规律性的结论，见图 1-1。采用的研究方法主要包括：

宏观研究—横断历史元分析（cross-temporal meta-analysis）。这是对已有文献进行定量分析的方法，它是把多项相互独立的、但具有共同目标的研究、按照时间顺序加以连贯，进而考察研究变量随年代变化的趋势。第二、三、四章和第八章采用了此方法，在宏观层面上描述在数量、性别和时间三个维度上生育意愿变动趋势，并对生育行为相比较，探讨性别偏好导致生育意愿与生育行为不一致的原因。

微观研究—问卷调查。课题组曾于 2015 年在北京、天津先后开展专项调查，获得了一部分微观数据，在此基础上，我们探讨了个体生育意愿和生育行为不一致现象及其原因，相关分析详见第五章、第六章和第九章。另外，还与原北京市卫计委、中国人口与发展研究中心、中央财经大学等单位联合，在北京开展生育意愿与生育行为追踪调查，于 2015 年完成基期调查、2016 年和 2019 年进行两次追踪调查，分析结果详见第十二章。

人口抽样调查数据分析。充分利用国家统计局公布的生育数据，考察、分析了生育政策调整前后生育水平的变动情况，详细内容见第七章。其次，还运用此项数据探讨了生育水平变动的主导因素及其未来发展趋势，详细内容见第十章。另外，还对原国家卫计委流动人口司开展的“全国流动人口动态监测调查（2018）”数据进行了分析，考察了生育政策调整前后生育二孩的人群存在哪些不同特征，详细内容见第十一章。

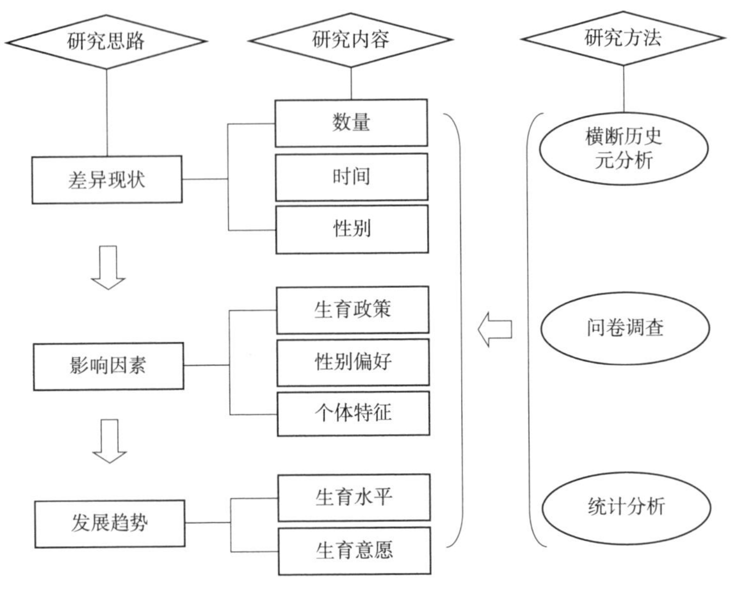

图 1-1 研究思路和研究方法

3 主要研究结论

3.1 生育意愿与生育行为不一致现象

伴随“全面两孩”政策的实施，我国已进入新生育政策背景下的低生育水平阶段。对于绝大多数家庭而言，政策的限制已经不再是影响生育的主要因素。在数量、性别和时间三个维度上，人们的生育意愿与生育行为、生育水平均存在不一致现象。在不同时期、不同地区、不同类别，生育意愿和生育行为不一致现象的表现形式也有所不同。

第一，在数量维度上，20 世纪 90 年代，生育意愿与生育水平的关系发生了质的转变，从“生育水平>生育意愿”转变为“生育意愿>生育水平”。至 2020 年，保持“生育意愿>生育水平”态势已有 20 多年。根据 88 项调查结果推断，2010—2019 年中国人理想子女数、意愿子女数和总和生育率依次递减，分别是 1.77、1.61、1.05~1.59，均低于更替水平 2.1。

1988年湖北调查结果显示，人们的生育意愿与生育理想几乎一致（风笑天，1991），然而现今二者之间差距越来越大。生育意愿和生育计划是综合了客观因素之后的理性选择，更接近实际生育行为，比生育理想能更好地预测生育行为（郑真真，2014）。值得注意的是，人们对子女数目的态度正在从“多子多福”转变为“生1个还是2个，各有所爱”，偏爱1个的比例在增加，生育意愿可能会继续下降。

第二，在性别维度上，生育意愿与生育行为既存在一定的一致性，也存在某些差异。一致性表现在：理想子女性别比和出生性别比同升同降，从20世纪80年代到21世纪初呈现上升趋势，从21世纪初到10年代呈现下降趋势。差异性则表现在，测量男孩偏好的理想男孩比例一直呈现下降趋势，与出生性别比的变动趋势迥然不同。

北京和天津的调查结果均显示，现在，人们的男孩偏好已经十分微弱，甚至女孩偏好已强于男孩偏好，大多数人的理想是“儿女双全”。

第三，在时间维度上，自1995年以来，实际初育年龄和再育年龄均显著上升。国家统计局数据显示，平均初育年龄从1995年的23.5岁增加到2018年的27.0岁，平均再育年龄从26.7岁增加到30.0岁。而理想初育年龄和再育年龄保持相对稳定，已有的49项调查结果显示，平均理想初育和再育年龄分别为25.9岁和28.3岁。无论是初育年龄还是再育年龄，均经历了从“理想>实际”到“实际>理想”的转变，再育年龄的转折点大约在20世纪90年代末期，初育年龄的转折点在2015年左右，二者相差约20年。

特别值得注意的是，个体生育意愿在数量、性别和时间维度上均存在“区间”现象。在数量维度，区间回答是指“1到2个”“2个左右”等，回答确定值和区间的比值约为3∶1，如果人们按照生育意愿生育子女，相比于生育意愿为确定值的人，生育意愿为区间的人生育子女的数量更有可能不确定，如果能采取一些有效的措施，使其生育意愿的上限得以实现，则更有可能提高生育水平。

在性别维度，“儿女双全”是大多数人的期望，但是近九成的人会觉得“儿女双全最好，没有也无所谓”。天津调查结果显示，仅有8.2%的人认为“儿女双全”是必需的，3.3%的人偏好男孩且坚持要生男孩。常规问法测量出的结果往往是社会个体在社会整体文化氛围影响下的美好理想，即理想子女性别结构区间的上限，而与人们实际行为相联系的测量，反映的则是个体将意愿或理想转化为行为的可能性，即区间的下限。如果忽略区间现象，让被调查者只能选择确定值，那么，依据此确定值评估生育意愿，可能会高估生育意愿。

在时间维度上，当实际初育年龄落入理想初育年龄加减 3 岁的区间范围内，人们都会对自己的初育年龄感到满意。

3.2 生育意愿与生育行为不一致现象的原因

我们探讨了生育意愿和生育行为的关系，并分析了导致两者不一致的影响因素，具体的研究发现如下：

首先，生育政策的调整充分体现了对人民生育权利的尊重，人们会重新并慎重地审视自己的生育意愿，做出相应的生育决策和生育行为。2013 年和 2015 年两次生育政策调整之后，人们对自己的生育行为在一定程度上具有自主权，能够自主决定生一个孩子还是生两个孩子，能够自主选择在什么时候生育子女。与此同时，人们也要对自己的选择担负相应的责任，即养育子女的责任。生育政策的重大调整引发了人们生育意愿的某些显著改变。北京追踪调查结果显示，2015 年不想生育二孩的比例为 52.9%，实施“全面两孩”政策之后，2016 年这一比例大幅增加至 72.2%，到 2019 年又小幅增加到 75.1%。虽然在行为层面，表示不想生的人大幅增加了，但与此同时，那些真正坚持想生的人已经开始着手生育二孩。

“单独两孩”和“全面两孩”政策分别实施之后的第一年，出生率均有所提升，但是随后就出现了回落，甚至降至更低水平。生育政策的调整主要释放了 30~39 岁女性的生育潜力，但是 30~49 岁女性群体的生育相对乏力，这种生育的补偿无法有效冲抵 20~29 岁女性群体强劲的生育推延。生育政策调整对生育水平的下滑产生了一定的阻滞作用，“全面两孩”政策的力量大于“单独两孩”政策，然而效果仍然有限。城镇居民在生育政策的两次调整中受益明显，总和生育率增长幅度较大，经历了“低龄—高龄—全面”生育率提升的过程，乡村居民主要是在“全面两孩”政策推行后受益较多。一孩生育率呈现下降趋势，二孩生育率呈现上升趋势，2017 年，二孩生育率超过一孩生育率，三孩及以上生育率保持低位小幅波动。伴随生育政策不断深化调整，我们可以观测到生育水平的相应变化，但是二者之间是否存在必然的因果关系还须进一步验证。

其次，性别偏好对于实际生育行为的影响作用显著降低。男孩偏好往往被认为是出生性别比失调的重要诱因，但基于 152 项调查的横断历史元分析表明，性别偏好对出生性别比的影响在于：近 40 年来，男性偏好和女性偏好实际上都在弱化，但男孩偏好和女孩偏好的弱化不同步，男孩偏好弱化迟缓于女孩偏好弱化，出现所谓“相对数变动效应”，即呈现出男孩偏好相对强化，从而在生育率持续下降的进程中，导致出生性别比上升。随着男孩偏好与女孩偏好的弱化趋于同步，出生性别比也会恢复正常。男孩偏好一直呈明显弱化趋势，女孩偏好也呈弱化趋势，社会整体文化氛围正在由有性别偏好向无性别偏好转变。

性别偏好变化的关键在于：由于现在生育动机发生了从“生个儿”转向“生个伴”的变化，从而使性别偏好对生育行为的影响作用趋于式微。2018 年流动人口动态监测数据显示，已生育两个孩子的家庭，性别组合最多的是“女男”（即第一个是女孩，第二个是男孩），此种组合曾一度攀升，在 1998—2004 年占 45%左右，从 2004 年开始下降，到 2017 年降至 25.8%。由此可见，在过去的一段时期，人们曾持有较强的男孩偏好，如果生育一个女孩，就会想方设法再生育一个男孩。现在男孩偏好明显弱化，进行性别选择的人已经变少。天津市的调查和北京市的追踪调查都显示，性别偏好仍然存在，但已呈现出多元化的态势，绝大部分人不会把性别偏好落实在生育选择和生育行为上。

最后，从个体和家庭特征来看，影响生育意愿与生育行为关系的因素主要有：年龄、受教育程度、健康、自评家庭经济状况、工作繁忙程度、子女照料和家务劳动等因素。年龄是非常重要的因素，从医学的角度看，超过 35 岁便被视为高龄高危孕产妇，在民间，超过 37 岁就被认为不适宜生育孩子。2015 年天津市的调查结果显示，不同家庭类型已育一孩妇女的年龄中位数呈现显著差异，双独、单独和“双非”家庭依次为31岁、34岁和37岁。换言之，2015年，在育有一孩的“双非”家庭中，有一半家庭的妻子年龄已超过37岁，超过了民间认为适宜生孩子的年龄。女性年龄偏大，在生理、精力、体力等方面都难以胜任再度生育和抚养一个孩子，相应地，其父母年龄也较大，难以帮忙照料抚育新生儿，而且第一个孩子往往年龄也较大，由于孩子年龄的差异太大，彼此难以做伴。这些都影响到人们是否会把即便有生育二孩的愿望真正转为生育二孩的行为。

受教育程度越高越有可能把“想生”落实为“生下来”，并且“不想生”转化为“生下来”的可能性也越大。人口学的传统理论认为，受教育程度越高，生育率越低，但北京追踪调查恰好得出相反的结论，这可能是因为：现如今中国受教育程度越高的人越有可能获得稳定的工作及收入，而生育二孩导致其面临失业的风险相对较低。工作过于忙碌或者生活过于悠闲的人生育二孩的可能性相对较小，而工作不太繁忙的人更有可能生育二孩。孩子和母亲的健康状况也被看作是否打算生育二孩的重要因素。养育孩子需要投入大量的金钱和精力，富者多投，寡者少投，是否打算生育二孩在一定程度上也取决于自评家庭经济状况。如果家中的老人能够帮助照料子女、承担家务劳动，女性才更有可能下决心再生育一个孩子。

3.3 生育意愿、生育行为与生育水平发展趋势

首先，我国生育水平正在不断走低，这种趋势可能还会延续。国家统计局人口普查和小普查数据显示，总和生育率从2000年的1.22降至2010年的1.18，再降至2015年的1.05。根据推延效应和补偿效应博弈的原理，分年龄生育率数据显示，年轻人口生育率的大幅下降和年长人口生育率的微弱上升导致了生育率的不断走低。对2000—2017年的年度数据的进一步分析也表明，推延效应强劲和补偿效应微弱并不是普查时点的一时现象，而是带有一贯的趋势性。只要这种趋势没有根本扭转，中国的生育水平将不可避免地继续走低。此外，高龄生育已经成为不容忽视的生育现象。

其次，从生育行为来看，生育二孩的人群呈现出“三高”特点：

年龄高、学历高、城市居住水平高。以往研究几乎一致表明，与较低受教育水平女性相比较，较高受教育水平女性的生育率较低（约翰·R.魏克斯，2016）。通常的解释是，城市女性比农村女性、受教育程度高的女性比受教育程度低的女性可能拥有更开阔的视野、更强的社会流动能力和更高的机会成本，这会使她们重新评估孩子的成本收益和女性自身的价值实现，从而自觉地减少生育子女数量。然而，现如今越来越多的女性接受高等教育、在城市居住，相应地其规模和比例的增多都会导致她们在育龄人群中所占的比重越来越大。另外，目前在中国，接受过高等教育的女性比未接受高等教育的女性更有可能获得稳定的工作、闲暇时间和为子女提供良好教育的可能，生育二孩可能带来的失业风险较小，所以她们生育二孩的可能性更高。

最后，从“想生”转变为“不想生”是生育意愿与生育行为不一致的主要表现。2015 年、2016 年和 2019 年，我们在北京进行的初次和追踪调查结果显示，“全面两孩”政策推行后，人们可以自主选择是否生育第二个孩子，结果是更多的人明确表示不打算生育二孩，不想生二孩的比例从 2015 年的 52.9%提升至 2016 年的 72.2%。随着时间的推移，“没想好”的人会自然而然地做出选择：已生或者不想生了。如果剔除“没想好”的情况，坚持不生的比例最高，占 62.1%，坚持生或想生的仅占 11.7%，生育意愿和生育行为一致的这两类共占 73.8%，而生育意愿和生育行为不一致人群中以从想生转变为不想生的居多，占 21.2%，不想生转变为已生/想生仅占 5.0%。根据调查数据，推断 2015 年时北京户籍家庭已育一孩的妇女，到 2019 年时有 16.2%生育了二孩，她们在 2015 年时生育意愿结构大致是：想生：没想好：不想生=1：1：2。

3.4 进一步的讨论

本研究在“单独两孩”“全面两孩、三孩”政策先后实施的背景下开展，把生育意愿和生育行为的关系过度聚焦在“二孩、三孩”生育的问题上，忽略了其他生育意愿和生育行为的探讨。尤其需要注意的是，随着社会经济的发展以及生育推迟、不育增多，生育研究的焦点可能会从“生育一个还是两个、三个”转向“生育0个还是1个”，生还是不生、推迟到多晚才生将会成为公众和学界所重点关注的问题。现今和未来的育龄人口的生育意愿和生育行为的发展走向及其影响因素有待于我们进一步的考察和探讨。

4 主要内容

本书汇集了课题组近年来的主要研究成果，同时也反映了研究开展的全过程。根据当初项目申报书设计的研究思路，本书由三部分组成。第一部分为生育意愿与生育行为、生育水平的差异现状；第二部分为生育意愿与生育行为不一致现象影响因素的作用机制；第三部分为生育意愿与生育行为的变化趋势。

4.1 第一部分：生育意愿与生育行为、生育水平的差异现状

第一部分着重从宏观和微观层面分析了生育意愿与生育行为不一致的客观现象。第二章、第三章和第四章分别从数量、性别和时间三个维度展开宏观分析。其间，课题组借助横断历史元分析方法，梳理已有文献中生育意愿调查结果，并与国家统计局公布的生育行为、生育水平数据进行了对比分析。第五章和第六章则通过2015年北京和天津居民生育意愿和生育行为调查数据，探讨微观层面生育意愿和生育行为在三个维度上的不一致现象。

由于在第二章、第三章、第四章和第十章均使用了横断历史元分析方法，因此，有必要对此方法先做一简介。元分析（meta-analysis）是对定量研究结果再次量化，它通过对多项相互独立、但具有共同目标的研究结果，进行定量合并分析，综合评价研究结果，力图得出一个普遍性的结论（辛自强等，2012a）。横断历史元分析（cross-temporal meta-analysis）是元分析方法中的一类方法，它把每个孤立的研究都看作是对某一个历史时期一次独立的横断面上的取样，然后把不同时期的结果串联起来，考察随着“年代变化”的情况（辛自强，2012b）。它能够把海量调查数据背后隐藏的规律简洁清晰地展现出来，有效整合现有资源，让我们对总体的发展变化趋势产生清晰认识，还可以部分弥补缺乏

追踪调查的缺憾，有助于辨别阶段性波动和长期变化趋势，掌握总体情况和未来走向（郭志刚，2007；侯佳伟等，2015）。

第二章为“数量：生育意愿与生育行为”，主要内容是发表于《中国社会科学报》上的研究成果。在本报告中，我们重点补充了2011—2019年理想子女数、意愿子女数和总和生育率的数据，把原有基于1980—2011年数据的生育意愿与生育行为关系图，拓展至2019年，涵盖了生育政策调整的初期阶段。原有调查结果227项，又新增88项，共计315项。此章旨在研判近十年我国生育意愿和生育行为、生育水平之间的关系，考察生育政策调整对生育意愿、生育行为和二者关系可能产生的影响。

第三章为“性别：生育意愿与生育行为”，主要内容是发表在《*China Population and Development Studies*》的研究成果，在此基础上，我们补充了2018年、2019年理想男孩比例、理想女孩比例、理想性别无所谓比例、理想子女性别比的数据，并与出生性别比的变化趋势进行对比分析。原有调查结果152项，新增13项，共计165项。此章从全国、分城乡的角度分别考察了性别维度上生育意愿与生育行为的关系。

第四章为“时间：生育意愿与生育行为”，主要内容是发表在《人口与发展》上的研究成果，在本报告中，我们又补充了2013—2019年理想和实际的初育年龄、再育年龄的数据，把原有基于1995—2012年的分析扩展至2019年。原有调查结果22项，新增21项，共计43项。此章重点考察了全国、城市和农村的初育年龄、再育年龄的理想与实际的发展趋势和相互关系。

第五章为“公众生育意愿与生育行为的关联分析”，主要内容是在发表在《韩中社会科学研究》上的研究成果，在报告中，我们补充了与1988年湖北生育意愿调查结果（风笑天，1992）的对比分析。本课题一经立项，课题组立刻在北京组织了“居民生育意愿和生育行为”专项调查，共获得有效问卷1201份。调查时间为2015年6月，正处于“单独两孩”政策已实施、“全面两孩”政策尚未推行阶段。

此章从微观层面考察在数量、性别和时间三个维度上生育意愿与生育行为的关系，并与27年前的一次调查进行了对话，探索二者关系的变化。在众多调查中，之所以仅选此调查进行比较分析，是因为自1980年以来国内关于生育意愿的调查只有此调查设计了5种测量生育意愿的方案，全方面、多角度地进行了测量。我们使用这5种方案的题器测量了生育意愿数量维度，又仿照其设计思路，设计了生育意愿的性别维度和时间维度的题器。两次调查虽然不在同一地区，而且时间跨越了27年，但是比较二者的结果还是具有一定的现实意义。

由于此成果发表在韩国的学术刊物上，为了向中国读者介绍此项调查结果，我们将调查核心结果及其发现整理成文，发表在《中国社会科学报》上，其文列为本书的附章1。

第六章为“生育意愿：是确定值还是区间”，主要内容是发表在《南方人口》上的研究成果，在本报告中，我们补充了当时因版面有限删减掉的多个图表。在回听北京的调查录音之后，我们对生育意愿的测量有了进一步的思考和发现，修订了随后进行的天津调查问卷。天津调查实施的时间是2015年11月，当时，中央已经正式宣布将实施“全面两孩”政策。北京调查和天津调查分别反映了“单独两孩”和“全面两孩”政策推行时人们的生育意愿和生育行为。

此章依然从微观层面探讨了生育意愿和生育行为的关系，但是重点聚焦在生育意愿自身特性的探讨上，即：在个体层面上，生育意愿究竟是确定值，还是区间范围？我们分别从数量、性别和时间三个维度进行了考察。希望此章内容对此后的相关调查能有所启示。

此外，天津调查特别补充了关于“全面两孩”政策配套服务的模块，包括怀孕、生产、哺乳、照料、就学、与工作兼顾等内容，调查结果和研究发现发表在《中国社会科学报》上，其文列为本书的附章2。

4.2 第二部分：生育意愿与生育行为不一致现象影响因素的作用机制

第二部分旨在考察生育政策、性别偏好和个体特征对生育意愿与生育行为的影响作用，依次为第七、八、九章。

第七章为“生育政策调整前后生育水平的变化”，通过对国家统计局公布的2010—2018年出生人口数、出生率、分年龄生育率和总和生育率等数据进行分析，比较年龄、城乡、孩次的生育水平差异，着重考察生育政策调整前、“单独两孩”政策实施期间、“全面两孩”政策实施后，这三个阶段生育水平的变化情况，以回应生育政策调整是否有助于缩小生育意愿与生育行为之间差距的问题。

第八章为“性别偏好对生育意愿和生育行为的影响”，主要内容是发表在《中国社会科学》上的研究成果，同时补充了韩国、印度的情况，再次验证文中所提出的“相对数变动效应”的理论。此章借助横断历史元分析方法梳理出性别偏好变化的趋势，与国家统计局公布的出生性别比进行了对比分析，试图解释一种看似矛盾的特殊现象：男孩偏好一直在弱化，而出生性别比却先上升后下降。

第九章为“个体两孩生育意愿及其子女成本收益分析”，主体是发表在《中国青年研究》上的研究成果，在报告中，我们补充了其他显著的影响因素分析。从辨析个体生育二孩意愿——想不想生，到分析生育二孩条件——能不能生，再到评估生育二孩预期成本——值不值得生，最后比较想生和不想生家庭特征的差异，试图厘清个体因素对生育意愿到生育行为转化过程可能产生的影响作用。

4.3　第三部分：生育意愿与生育行为的发展趋势

第三部分基于对生育意愿、生育行为和生育水平的现状及其影响因素分析，对未来生育意愿、生育行为和生育水平可能的发展趋势进行了预判。

第十章为“中国总和生育率为何如此低”，主要内容基于课题组成员发表在《人口与经济》上的研究成果，并进行了必要的修正和完善。课题组根据国家统计局进行的人口普查、1%抽样调查和年度调查的生育数据，分析、比较生育的推延效应和补偿效应，解释了为何中国总和生育率如此低，推断了未来生育行为和生育水平可能的发展方向。

第十一章为“生育政策调整前后生育二孩人群的差异分析——基于2018年流动人口动态监测调查数据”，课题组使用原国家卫生计生委流动人口司组织的“全国流动人口动态监测调查（2018）”数据，对比分析了生育政策调整前、中、后三个时段生育二孩的人口特征差异，着重探讨了进入新生育政策背景下的低生育水平阶段，哪些人更有可能生育二孩。

第十二章“生育意愿与生育行为的发展趋势”，课题组使用历时5年、共3次北京生育调查（含两次追踪调查）数据，从微观层面探讨了随着时间推延，生育意愿会发生怎样的变化，生育意愿如何转化成生育行为，生育政策、性别偏好和个体特征对生育意愿与生育行为不一致可能会产生何种影响作用等一系列问题。

第二章　数量：生育意愿与生育行为

在数量层面，探究生育意愿与生育行为的不一致性的发展趋势，将有助于我们更好地理解当前的生育水平状况、研判未来生育水平的发展变化趋势。

1　现实：生与不生的两难抉择

1980—2011 年间开展的 227 项关于中国人口生育意愿的调查结果显示，平均理想子女数基本稳定在 1.6～1.8 人（侯佳伟等，2014）。2013 年 5 月，“单独两孩”政策实施前夕，全国城乡居民的理想子女数为 1.93 人（庄亚儿等，2014）。2017 年，全国育龄妇女平均理想子女数和打算生育子女数分别为 1.96 个和 1.75 个（贺丹等，2018），表明大部分家庭希望生育两个孩子。

在社会快速转型的当下，独生子女家庭抵御各种不确定风险、承担养老义务的能力还是过于薄弱。不过，愿望与现实之间似乎总是存在着一定的差距。对于大部分家庭而言，都面临着“生得起，养不起”的尴尬境遇。现如今，养育一个孩子的成本（包括投入的金钱、物质、时间、精力等）已经使得年轻的夫妇不堪重负，从怀孕、出生、喂养再到孩子上学、参加课外辅导班、进行素质培养等各种成本不断上升。

伴随中国城市化速度的加快，不论是城市家庭还是农村家庭，都面临着同样的问题。例如，在婴幼儿时期，照料一个孩子不仅要耗费年轻父母的精力，还需要双方老人几乎全身心地投入；当孩子上学时，能否进入一个优质的幼儿园、小学、初中、高中、大学，这需要全家人共同努力，且经历长期艰苦的竞争和博弈。加之房价不断上涨，人们的住房成本持续攀升，特别是与优质资源挂钩的学区房价格已经很大程度上超越普通家庭所能承受的限度。尤其是在北上广深等一线城市，某些地段的学区房价格高得令人瞠目结舌。

当年轻的父母考虑到孩子的未来发展问题时，他们中的很多人希望拥有第二个孩子的愿望便会大幅削弱，以至于最终选择放弃。尤其是在经历第一个孩子的抚养过程之后，很多人都已经感到精疲力竭、自顾不暇，想到又要从头再来一遍，而且很有可能会“有过之而无不及”，这时，想生二孩的勇气恐怕就会大打折扣。此外，伴随社会的变迁、时代的进步，年轻人的思想观念正在发生着变化，他们不愿意像父辈那样将毕生的精力都投放在下一代人的抚育上。

通过在天津市进行的访谈，我们发现：直接的经济成本会影响到人们的意愿选择，但更为重要的原因在于：大多数人尤其是女性非常担心生育二孩后自己的生活质量会大幅降低，而生活质量涵盖的方面是多元的，如家庭的基本生活、子女教育投入、就业参与及其事业发展、日常的休闲娱乐，等等。也就是说，人们更为关心的是因生育二孩而舍弃的那部分东西的最大价值，即机会成本。

在调查中，被访者所说的“一个孩子够了”可能包含了两层意思：从收益上来讲，人们已经从第一个子女身上获得了人生应当体验的东西，如生活乐趣、精神寄托和血脉的延续等，如果再增加一个孩子，其边际收益增加有限；从成本上来讲，再增加一个孩子，其直接成本和间接成本都会增加不少，难免会影响到个人事业发展和家庭生活质量(茅倬彦，2016)。

无独有偶，近几十年来，在越来越多的韩国女性接受了良好的高等教育的同时，韩国的生育率呈现下降趋势。因为女性一旦生育孩子，很容易失去就学、就业和事业发展的机会，所以越来越多的女性越来越不愿意生育孩子（金益基，2016）。我们通过在韩国的访谈还发现，近些年，韩国出现“连年生”现象，即生完第一个孩子立刻就着手孕育第二个孩子，两个孩子相差一年甚至不到一年。这样可以有效缩短女性在家养育孩子的时长，降低生育成本。

2 理论：生育意愿与生育行为的不一致性

个人的生育行为构成了一个地区或国家的生育水平，这一点非常好理解。可是关于生育意愿与生育行为之间的关系却众说纷纭。现在学界关于生育意愿与生育行为的关系，主要有4种论断：①“大于论”，生育行为>生育意愿；②“小于论”，生育行为<生育意愿；③“无关论”，生育行为≠生育意愿；④“等同论”，生育行为=生育意愿（顾宝昌，2011）。事实上，生育意愿和生育水平究竟存在何种关系呢？

有研究（Bongaarts，2001）表明，生育行为并非等同于生育意愿，人们从生育意愿到生育行为的过程中会受到一系列因素影响。在泰国、日本和韩国都曾出现生育意愿与生育行为关系发生转变的现象，如图2-1所示。第一阶段，生育水平较高，人们实际生育子女数量多于理想子女数量。这时为缩小二者之间的差距，采取的方法往往是提供避孕药具、人流合法化等，以减少非意愿生育。

随着时间推移，生育意愿与生育水平均呈减少的态势，生育意愿的减少通常是缓慢的，生育水平下降速度会明显快于生育意愿。在某一时点，二者相交，进入第二阶段。此时生育水平通常较低，出现人们的实际子女数量低于理想生育子女数量的状况。促进生育行为的发生则成了这些国家计划生育工作的重点和难点。事实上，这些国家采取的各种鼓励生育办法基本上都收效甚微。

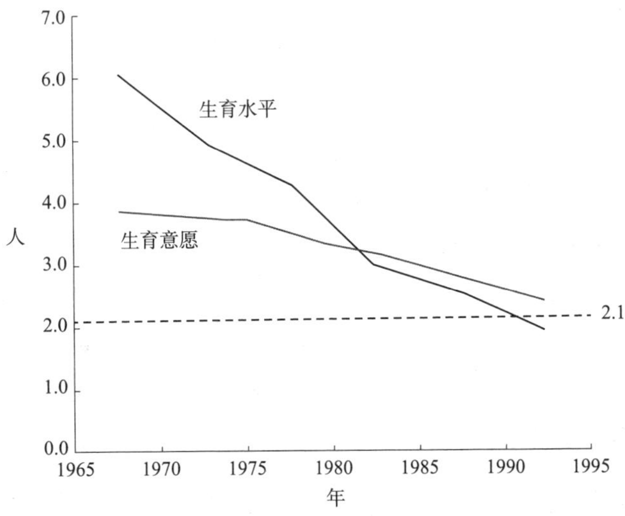

图2-1　泰国的生育意愿与生育水平

资料来源：Bongaarts, John. Fertility and Reproductive Preferences in Post-Transitional Societies［J］. *Population and Development Review*, 2001, 27（2）：260-281.

在实行计划生育政策的背景下，我国生育意愿和生育水平之间是否也存在类似关系？对1980—2011年开展的227项关于中国人生育意愿的调查结果的分析显示（侯佳伟等，2014），我国人口生育意愿和生育水平同样遵循这个规律，生育意愿与生育水平存在不一致现象，并且发生过转变，大致可分为两个阶段：首先是生育水平大于生育意愿，然后是生育水平小于生育意愿，如图2-2所示。

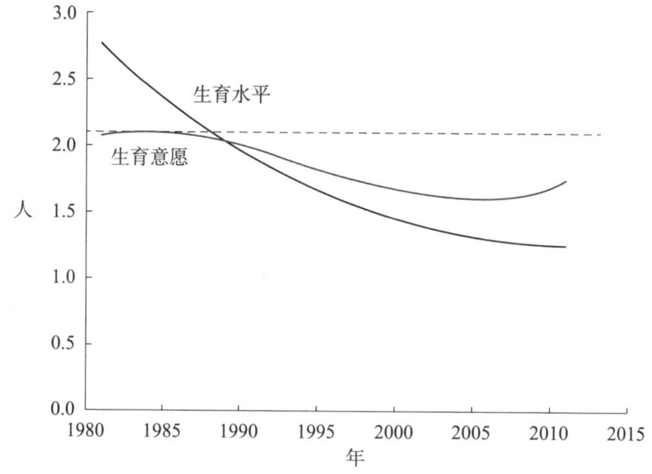

图2-2　中国的生育意愿与生育水平

数据来源：侯佳伟，黄四林，辛自强，等．中国人口生育意愿变迁：1980—2011［J］．中国社会科学，2014（4）：78-97+206.

具体而言，第一阶段，在20世纪80年代，生育水平高于生育意愿，这与大多数高生育率人口中出现的现象一致。随着生育水平的快速下降，在20世纪90年代初期，二者相交。随后进入第二阶段，生育水平低于生育意愿。此后，生育意愿与生育水平之间差距越来越大，这又与低生育率人口中的情况相似。这说明中国与其他国家在生育意愿与生育水平的关系上表现出同样的变化趋势。有学者比较不同时期出生人口的意愿生育水平与终身生育水平，也发现了同样的规律，1960年以前出生人口终身生育水平高于意愿生育水平，而1960年以后出生人口终身生育水平低于意愿生育水平（王军，王广州，2016）。

生育意愿与生育行为往往是不一致的，但这种不一致性具有一定的规律性，对比分析中国（侯佳伟等，2014）、泰国（J. Knodel, V. P. Ruffolo, P. Ratanalangkarn and K. Wongboonsin, 1996; J. Bongaarts, 2001）、韩国和日本（Choe, M. Kim, R. D. Retherford and S. Kim, 2004）的情况，可发现这些国家近几十年来总和生育率与理想子女数的变化趋势图存在相似之处，即总和生育率曲线在一定时期是高于理想子女数曲线的，这两者在下降的过程中于某个时间点上相交，自此之后，总和生育率便开始低于理想子女数。

综合考察目前的情况，中国可能很难避免实际生育率长期走低的未来趋势。在2013年全国生育意愿调查和2015年电话追踪调查中，对“是否打算生育二孩”的问题，先后都表示打算生育二孩的居民占30.6%，都表示不打算生育二孩的占36.2%，先打算生后不打算生二孩的比例为29.8%，先不打算生二孩后又打算生的占3.4%，说明在生育意愿发生变化的人群中，由打算生二孩变为不打算生二孩是主要倾向（姜玉，庄亚儿，2017）。

另外，在2013年调查时表示“说不好”的单独一孩家庭中，2015年调查时仅有22.0%的人表示“打算生育二孩”，58.6%的人表示“不打算生育二孩”“不打算”比例明显高于“打算”比例（庄亚儿，2016）。尽管学界早已认识到生育意愿高于生育行为的事实，但由于各种原因，“就高不就低”的观念长期影响着决策者，这在一定程度上延迟了生育政策的调整（郑真真，2016）。

担忧“单独两孩”“全面两孩”和“自主生育”等政策会导致人口暴增的提法，其实是建立在“生育行为大于生育意愿”或“生育行为等于生育意愿”的基础上。我国已进入生育意愿高于生育行为的第二阶段20多年，如果人们的认识尚且停留在第一阶段，就会在一定程度上阻碍与时俱进的政策推行。理解了生育意愿和生育行为关系的转变，“单独两孩”和“全面两孩”政策实施的必然性也就容易理解了。

3　实证：生育政策调整前后的生育意愿与生育水平

图2-2所展现的生育意愿与生育水平的变动关系是从1980年到2011年的情况。此后，生育政策于2013年和2015年进行了重大调整，

先后实施“单独两孩”和“全面两孩”政策。不分地区、民族、年龄、是否有兄弟姐妹，每个家庭都有权利生育两个孩子。生育政策调整前后，生育意愿、生育水平以及二者关系是否发生变化？生育意愿和生育行为不一致现象是否还存在？

在前期研究的基础上，本研究进行了补充和延展，重点探讨全国2012—2019年的变化情况。生育水平根据国家统计局年度人口调查和1%人口抽样调查结果计算获得，数据来自2013—2019年《中国人口和就业统计年鉴》。生育意愿借助横断历史元分析方法，收集2013年1月1日至2020年3月1日发表的生育意愿调查论文，在中国知网上检索主题为“生育意愿”的文献，共有78篇论文提供了89项调查结果。

调查年份为文中报告的调查年份。若为跨年度调查，则取起始年份。有27项调查未报告调查年份，用发表年份减去两年获得调查年份。自2010年到2019年均有调查，生育政策调整前（2010—2013年）、调整中（2014—2015年）和调整后（2016—2019年）分别有23项、29项和37项调查。89项调查共涉及被访者47.9万人次。调查涉及两个及以上地区的有22项，北京、河北和山西等25个地区专项调查为1~6项不等。

对1980—2011年开展的227项调查结果的分析显示，中国人的理想子女数从1980—1989年的2.13人降至1990—1999年的1.90人，再降到2000—2011年的1.67人（侯佳伟等，2014）。对2012—2019年开展的89项调查结果的分析显示，2010年以后，平均理想子女数略有所提升，增加到1.77人，比前10年增加了0.1人，但是仍然低于20世纪90年代。在生育政策调整前、调整中和调整后，平均理想子女数依次为1.78人、1.76人和1.77人，三者之间不存在统计上的显著差异。这表明，在生育政策调整的初期，理想子女数并未随着二孩生育权的回归而有所增加。

2014年之前，仅有极少数调查询问了意愿子女数，例如“江苏省群众生育意愿和生育行为调查”和“中国健康和营养调查CHNS2015”。2014—2019年，有10项调查既报告了理想子女数，也报告了意愿子女数。另有一项调查仅报告了意愿子女数，未报告理想子女数。这11项报告平均意愿子女数为 1.61 人，比平均理想子女数少 0.16 人。生育政策调整中和生育政策调整后的意愿子女数分别为 1.63 人和 1.59 人，二者不存在统计上的显著差异。生育政策调整也未影响到意愿子女数。

表 2-1　生育政策调整前后的理想子女数和意愿子女数　　单位：人

年份	理想子女数		意愿子女数	
	均值	调查数量	均值	调查数量
总　计	1.77	88*	1.61	11
2010—2013 年	1.78	23		
2014—2015 年	1.76	28	1.63	7
2016—2019 年	1.77	37	1.59	4
	F（2，85）= 0.04，P=0.961		F（1，9）= 0.08，P=0.789	

注：有 1 项调查（CHNS2015）仅报告了意愿子女数，未报告理想子女数，故理想子女数的样本量为 88 项。

理想子女数反映的是群体的生育观念，“期望子女数可视为群体有可能达到的最高终身生育水平”（郑真真，2014）。在 2014—2019 年，有 10 项调查既报告了理想子女数，平均值为 1.91，标准差为 0.05，也报告了意愿子女数，平均值为 1.64，标准差为 0.22。配对样本 t 检验结果表明，二者之间存在统计上的显著差异，t（9）= 4.5，P = 0.002。再次证明，理想子女数会显著高于意愿子女数。

根据国家统计局公布的分年龄生育率计算得到总和生育率，呈现先降后升态势。总和生育率从 2010 年的 1.18 降至 2015 年的 1.05，2016 年、2017 年和 2018 年分别为 1.25、1.59 和 1.51。如图 2-3 中实线所示。

理想子女数呈现先升后降态势，但是在统计上差异并不显著，即这 10 年的平均理想子女数比较稳定。2010—2019 年平均理想子女数为 1.77 人，高于 21 世纪最初 10 年的 1.67 人，低于 20 世纪 90 年代的 1.90 人。如图 2-3 中虚线所示。

2010—2019 年，我国仍然处于生育意愿高于生育水平阶段。生育政策调整后，人们的理想子女数略有减少，总和生育率有所回升，生育意愿和生育水平之间的差距有所缩小。

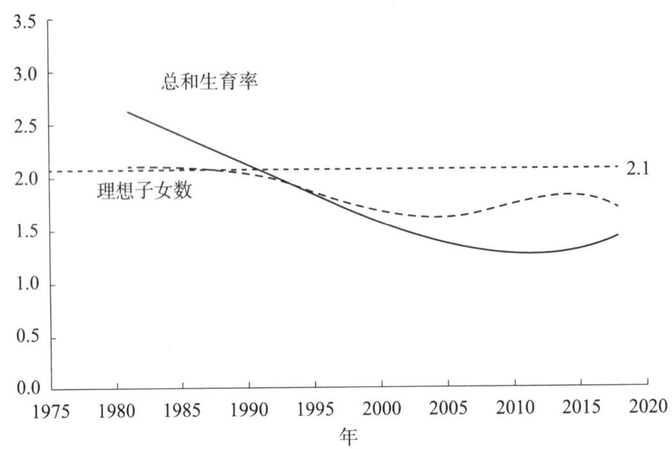

图 2-3　生育政策调整前后的生育意愿与生育水平

2014 年之后，有 11 项调查报告了意愿子女数，其平均值为 1. 61，将其与理想子女数和总和生育率拟合趋势线绘制在一张图上，如图 2-4 所示。尽管意愿子女数低于理想子女数，但是它仍然高于总和生育率，二者之间尚存差距。缩小意愿子女数和总和生育率之间的差距，这可能是实现“未实现的生育”切实可行的目标。意愿子女数和理想子女数之间为何存在差距？二者一直保持“理想>意愿”的关系吗？这尚待我们的研究探讨。有研究通过对网络舆情大数据分析发现，房价、子女教育、工作等客观因素限制了生育意愿，进而减少生育行为（李婷等，2019）。

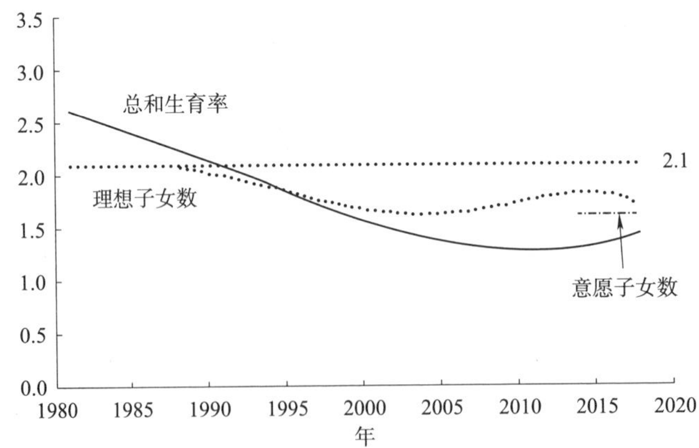

图 2-4　理想子女数、意愿子女数与生育水平

4　结论

20 世纪 90 年代生育意愿与生育水平的关系发生了质的转变，从“生育水平>生育意愿”转变为“生育意愿>生育水平”，至 2020 年保持“生育意愿>生育水平”态势已有 20 余年。新增的 88 项调查结果显示，2010—2019 年中国人的理想子女数并未随生育政策调整而发生显著的变化，平均理想子女数为 1.77 人，较 2000—2011 年的 1.67 人有所增加，但是仍然低于 20 世纪 90 年代的 1.90 人。在这 10 年，理想子女数、意愿子女数和总和生育率依次递减，分别是 1.77 人、1.61 人、1.05~1.59，均低于 2.1 的更替水平。

第三章　性别：生育意愿与生育行为

1　引言

20世纪80年代以来，在存在“偏好男孩”的国家和地区，生育率的快速下降并降至更替水平之下，引发了一个意想不到的严重后果——出生性别比不断攀升。在世界上，中国是出生性别比偏高程度最大、波及范围最广、持续时间最长的国家（顾宝昌，李建新，2010；翟振武，陈佳鞠，李龙，2015）。出生性别比异常偏高是对女性生命权、生存权和发展权的严重剥夺和损害的结果，是性别不公平在生命早期的集中体现（杨雪燕，李树茁，2008）。

出生性别比（Sex Ratio at Birth，SRB）是指活产婴儿的性别比，即某段时期内、某地区的活产新生婴儿中，每一百个活产女婴所对应的活产男婴人数。出生性别比是人口结构和规模的基础（高凌，1995），它会对社会经济发展产生长远、深刻、持久的影响。从世界范围来看，在没有外力干扰的情况下，大多数国家和地区出生性别比在103~107（查瑞传，1991）。从20世纪80年代末期，我国出生性别比开始高于正常范围，最高时可达到121.2，31个省、区、市和我国台湾地区均一度出现了出生性别比偏高现象。

联合国《世界人口展望（2017年修订版）》数据显示，出生性别比失调现象不仅出现在中国，在韩国、马尔代夫、巴基斯坦、印度、越南、亚美尼亚、阿塞拜疆、格鲁吉亚、阿尔巴尼亚等国家和地区也出现了类似的情形。韩国是第一个出现出生性别比下降而且恢复至正常值的国家，其变化情形大体为：1980—1985年韩国出生性别比为107，此后开始上升，1990—1995年达到峰值114，随后开始下降，2005—2010年已经恢复到107正常值水平。随后，马尔代夫、巴基斯坦和亚美尼亚等国家的出生性别比也陆续回落。由此显示出，这种现象的背后可能蕴含着某种普遍性的规律。

20 世纪 80 年代之后，中国生育水平最重要的变化是总和生育率下降到了更替水平 2.1 之下。“当我国的生育水平下降到更替水平的时候，也是我们的出生性别比跳出正常范围之时”（顾宝昌，2011），如图 3-1 所示。当人们生育多个孩子时，因为存在很大概率生出理想性别的子女，人为干预极少。在计划生育政策和社会经济发展双重作用下（陈卫，2005），人们自愿或非自愿只生育一到两个子女时，就会非常慎重地进行抉择。在“男孩偏好”与出生性别比上升的生成机制中，降至更替水平之下而且不断下降的生育水平所产生的强烈挤压是一个关键性、主导性的因素。B 超技术和人工流产的普及，为产前人为选择性别提供了可能性。

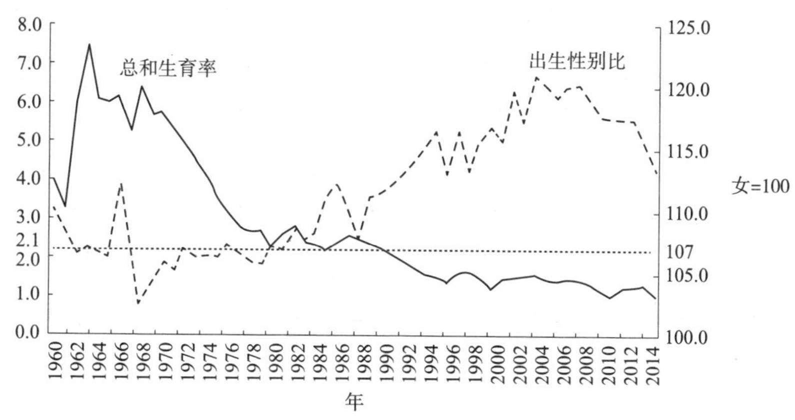

图 3-1　总和生育率和出生性别比

数据来源：出生性别比数据来自：1960—1981 年、1983—1989 年数据来自顾宝昌、徐毅：《中国婴儿出生性别比综论》《中国人口科学》1994 年第 3 期。1990—1999 年数据来自原新：《对我国出生性别比失衡人口规模的判断》，《人口研究》2007 年第 6 期。1982 年、2000—2015 年数据来自国家卫生计生委计划生育基层指导司、中国人口与发展研究中心：《人口与计划生育常用数据手册 2016》，北京：中国人口出版社，2017 年。

总和生育率数据来自：1960—1989 年数据来自姚新武、尹华：《中国常用人口数据集》，北京：中国人口出版社，1994 年。1990 年、2000 年和 2010 年分别来自相应年份人口普查数据，依次引自国家统计局：《1991 年中国统计年鉴》，北京：中国统计出版社，1991 年；国家统计局：《2000 年中国人口普查资料》，北京：中国统计出版社，2002 年；国家统计局：《2010 年中国人口普查资料》，北京：中国统计出版社，2012 年。1991—1993 年为线性差值推算数。其余年份数据来源于各年份全国人口变动抽样调查，引自国家统计局：1995—2006 年《中国人口统计年鉴》、2007—2016 年《中国人口和就业统计年鉴》，北京：中国统计出版社，1990—2016 年。

男孩偏好、低生育水平和B超技术的广泛应用被认为是拉高出生性别比的“三驾马车”。自20世纪80年代以来，生育水平呈现下降态势，从未恢复到更替水平之上。即便在全面两孩政策推行后，生育水平有所反弹，但是仍然处于低生育水平。现在，B超和人工流产技术变得日益普及、便捷、低廉。在更低的生育水平和易得的人为产前选择技术的情形下，出生性别比非但未继续上升，而是从2009年开始下降，这是为何？驱动出生性别比上升的主要因素——男孩偏好，或者说性别偏好，又是如何变动的？在性别层面，人们的生育意愿与生育行为是否一致？

2 研究方法

首先，本研究根据国家统计局进行的历次人口普查、人口抽样调查的数据，描述和分析我国出生性别比的变化趋势。其次，使用理想男孩比例、理想女孩比例和理想子女性别比指标，测量社会生育氛围的整体变化趋势，并与出生性别比进行比较，探索生育意愿、生育行为和生育水平之间的关系。生育意愿的测量因为缺乏全国范围、长期的调查数据，姑且借助横断历史元分析方法，整合以往调查结果，以期反映性别偏好的发展趋势，利用出生子女性别比和意愿子女性别比的关系来考察生育行为和生育意愿的关系。

2.1 文献收集与编码

为保证研究质量，本研究在收集文献时严格遵循如下标准：①文中明确报告理想生育子女的性别结构，并可进行计算；②调查地区为中国大陆的31个省市自治区，不包括我国香港、澳门和台湾地区；③被访者年龄在15~59岁；④文献发表于1980—2019年；⑤若同一次调查获取的数据被多次采用并发表，则选用数据最为完整且最先发表的一篇；⑥未纳入学位论文和未公开发表的成果。

按照上述标准，我们在中国知网上共检索到144篇论文。最早一项调查是1979年张子毅等人（张子毅等，1982）在北京郊区进行的调查。数据库录入时，以省级地区作为单位，某个省某年的某一项调查为一个个案。倘若论文中报告了两个以上地区综合的结果，且无法细分至省，地区名称则录入为“两个及以上地区”。共获得省级及以上地区的 165 项调查结果。

需要说明的是，调查年份均以文中报告的调查年份为准。有 122 项调查报告了调查年份，还有 43 项调查未报告调查时间，按照惯例（辛自强等，2012），用发表年份减去 2 年获得调查年份。

2.2 文献基本情况

在这 165 项调查中，从样本量来看，有 164 项报告了被访者人数，被访者人数最少的为 75 人，最多的为 63 451 人，中位数为 930 人，共涉及被访者 47.9 万人。就资料来源而言，所有论文均发表在正规学术期刊上，可在中国知网上检索。从调查地区来看，调查涉及两个及以上地区的调查有 20 项，除黑龙江和海南之外，北京、上海、广东等 29 个地区都至少有 1 项专项调查。从调查时间来看，除 1980 年、1982 年、1987 年、1988 年、1992 年以外，其余年份每年都至少有 1 项调查，最多的一年则达到 16 项。从调查对象来看，对城市人口进行的调查有 53 项，对农村人口进行的调查有 63 项，其余调查受报告结果限制而无法明确区分。

2.3 测量工具

生育意愿包含理想、期望和计划三级测量。理想子女数量和结构适用于对群体生育观念的测量，反映的是生育文化变迁；期望子女数量和结构可视为群体有可能达到的最高终身生育水平；生育计划更有可能直接转化为生育行为，有助于预测个体生育行为和预估群体生育水平（郑真真，2014）。受文献限制，无法细分期望和计划子女性别结构情况，仅能反映理想子女性别结构。这恰与我们探讨性别偏好文化变迁的目的相匹配，故而本文使用了“理想”一词。

需要注意的是，个体和群体的性别偏好是存在区别的。在任何时候、任何地方，针对任何事物，不同的人都可能持有不同的偏好。在调查中，有的被访者无性别偏好，有的偏好男孩，有的偏好女孩（冯立天，马瀛通，1996）。个体对子女性别偏好有强有弱，强烈到一定程度时，他们可能在产前或产后实施人为干预进行性别选择；偏好较弱时，则偏好仅会停留在“想一想”层面，不会落实到实际行为（张银锋等，2017）。个体的偏好可以汇聚形成群体偏好，并反映为生育文化氛围。本书测量的理想子女性别结构实则是一种生育文化氛围的表现。当生育文化氛围宽容时，个体的子女性别偏好更有可能淡化，不去做子女性别选择；当生育文化氛围保守时，个体的子女性别偏好更有可能强化，强烈到一定程度就会发生“选生”行为。

梳理现有文献，测量子女性别偏好的题目（即题干）大致可以分为3类：第一类，与生育数量意愿结合提问。例如，“您认为一个家庭最理想的孩子数是几个？其中几个男孩，几个女孩，几个无所谓男女”（尤丹珍，郑真真，2002）。第二类，询问理想核心家庭孩子性别结构，甚至包括不同性别的先后顺序，少则列出3种结构，多则列出20种结构。例如，“对一个家庭来说，您认为什么样的孩子组合是最理想的”（温勇等，2000）。第三类，分孩次询问性别偏好。例如，“如果只生1孩，是生男还是生女好？若允许生两孩，最好是什么”（周长洪等，2000）。

2.4 计算方法

测量结果（即选项）的报告形式又可分两种，上述第一类和第三类题目通常可获得第一种结果，第二类题目的结果有两种。

第一种结果中，文献报告了理想子女的性别和数量交叉分布，据此可直接求得分性别理想子女数。比如，某调查结果是：不要孩子4人，1个孩子不分男女140人，1个男孩20人，1个女孩11人，2个孩子不分男女27人，1个男孩1个女孩178人，2个男孩6人，2个女孩8人，3个孩子0人，共394人（洪良华等，1984）。这项调查的平均理想男孩数为0.533=（1×20+1×178+2×6）/394，平均理想女孩数为0.520=（1×11+1×178+2×8）/394，平均理想男女均可数为0.492=（1×140+2×27）/394。需要说明的是，考虑到“儿女双全”是“均好”而非“偏好”，其实质是希望既有男孩也有女孩，故未单独考虑“儿女双全”

情况，计算时其人数或比例乘以 2 后平分至理想男孩数和理想女孩数中。因此，该调查反映的理想子女性别比为 101.7＝（140/2+20+27+178+2×6）/（140/2+11+27+178+2×8）×100。有 66 项调查结果使用此方法进行计算，占 152 项的 43.4%。

第二种结果中，文献仅报告了男孩偏好、女孩偏好、男女均可和儿女双全等前 3 种或 4 种情况的人数或比例，有 86 项调查结果如此报告，占 152 项的 56.6%。假定男孩偏好和女孩偏好的理想子女数均为 1，儿女双全的理想子女数为 2，男女均可的理想子女数为调查所得平均理想子女数，有 12 项调查未报告平均理想子女数，以 1.82 替代（侯佳伟等，2014）。以各种情况的人数或比例作为权数，用加权算术平均数方法，求得理想男孩数、理想女孩数、理想男女均可数和理想子女性别比。比如，某调查结果是：偏好男 53 人，偏好女 25 人，儿女双全 344 人，无偏好 200 人，合计 622 人；平均理想子女数为 1.755 人（尹文耀等，2000）。这项调查的理想男孩数为 0.638＝（1×53+1×344）/622，理想女孩数为 0.593＝（1×25+1×344）/622，理想男女均可数为 0.564＝（1.755×200）/622，理想子女性别比为 105.1＝（53+344+200×1.755/2）/（25+344+200×1.755/2）×100。

根据文献报告的调查结果，可以获得理想男孩数、理想女孩数和理想男女均可数。考虑到理想男孩数的减少可能是因理想子女的减少而减少，也可能是因为男孩偏好减弱而减少。为了消除前者（数量）的影响，仅考察后者（结构）的影响，故计算理想男孩比例，即理想男孩数占理想子女数的比例。同理，可获得理想女孩比例和理想男女均可比例。

“男女均可”这一情形需要重点讨论。首先，如果把出生人口性别比的正常范围 103~107 或 105 作为“男女均可”的男女比例分配标准，可能会误读回答者的本意。理想子女性别为“男女均可”者，隐含的前提是“性别平等”，转换成数字，“100”可能比较妥当，而“103~107”其实是“男孩偏好”的转换。其次，持“男女均可”态度者所占的比例也会影响理想子女性别比值的计算。如果把“男女均可”的人数或比例按照 105 分配到理想子女性别比的分子（理想男孩数）和分母（理想女孩数）上，那么，持“男女均可”态度者所占比例越大，“男孩偏好”被人为夸大越为严重。

举例说明，以理想子女数为1孩、调查人数1万人为例，假如期望男孩和女孩的人比例相同，“男女均可”按105：100分配男女。如果“男女均可”占0%，那么，期望男孩人数和期望女孩人数各有5 000人，理想子女性别比为100。如果“男女均可”占30%，那么，持“男女均可”观点的人有3 000人，这3 000人按照105：100分配男女，则期望男孩和女孩各有1 537人和1 463人，再加上期望男孩和女孩人数各有3 500人，得到期望男孩总人数5 037人、期望女孩总人数4 963人，理想子女性别比为101.5。依次推算，如果“男女均可”占到60%，那么理想子女性别比为103.0。如果“男女均可”占到90%，理想子女性别比可达到104.5。如果全部是“男女均可”，计算得到的理想子女性别比则为105.0。“性别平等”被转译成了“男孩偏好”，而且更可怕的是，随着“男女均可”比例的增加，“男孩偏好”被人为地增强了，误读变得更深。

表3-1　持“男女均可”比例与期望子女性别比计算　　单位：%，人

情形	男女均可比例	男女均可人数	期望男孩人数	期望女孩人数	期望子女性别比
情形1	0	0	5 000	5 000	100.0
情形2	30	3 000	5 037 （1 537+3 500）	4 963 （1 463+3 500）	101.5
情形3	60	6 000			103.0
情形4	90	9 000			104.5
情形4	100	10 000			105.0

为正确解读“男女均可”的真正含义，本研究对此选项的人数按照1：1的比例分配到理想生育男孩数和女孩数中。

有学者在对比两次调查数据后发现，有“男女均可”选项比无此选项的性别偏好倾向明显降低（风笑天，2004）。如果不设置“男女均可”选项，部分被访者有可能会不得不选择偏好男孩或女孩，导致无

性别偏好的比例测量结果比实际偏低。如果设置了该选项，对性别持无所谓态度的被访者便可以较为真实地表达出自己的意愿，测量结果较接近真实值。由于“男女均可”的比例会对理想子女性别比的预估有明显的影响作用，因此，本研究仅选用设置了“男女均可”选项的调查。在检索到的调查中，一些调查未报告理想性别结构，而是直接报告了理想子女性别比，他们或按照 105：100 分配“男女均可”人数，或未写明计算方法，这些调查结果也未纳入此次研究中。

故此，理想子女性别比的分子为理想男孩数加一半的理想男女均可数，分母为理想女孩数加一半的理想男女均可数。它表达的是相对女孩偏好的男孩偏好。理想男孩比例和理想女孩比例可以反映男孩偏好和女孩偏好的趋势变化，理想子女性别比是男孩偏好和女孩偏好相对变化的反映。

3　出生性别比

3.1　全国

中国人口出生性别比经历了“先上升后下降”的发展历程，超过正常值范围已有 30 多年，目前尚未回落到正常值范围内，如图 3-2 和表 3-2 所示。根据国家统计局人口普查和抽样调查数据推算，1960—1981 年我国人口出生性别比基本在正常值范围 103～107，多数年份较为接近 107。

1982 年出生性别比为 108.5，超出正常值范围，此后不断攀升，1990 年达到 111.7，2000 年进一步上升至 116.9，2004 年高达 121.2。22 年间出生性别比大约增长了 12.7，平均每年增长 0.5。2004—2008 年处于约 120 的高位平台期。

2008 年之后，出生性别比开始呈现下降趋势，从 2008 年的 120.6 降到 2010 年的 117.9，到 2015 年时已降至 113.5，到 2017 年进一步下降到 111.9。出生性别比连续 9 年呈现下降趋势，已下降 8.7，平均每年下降 0.97。

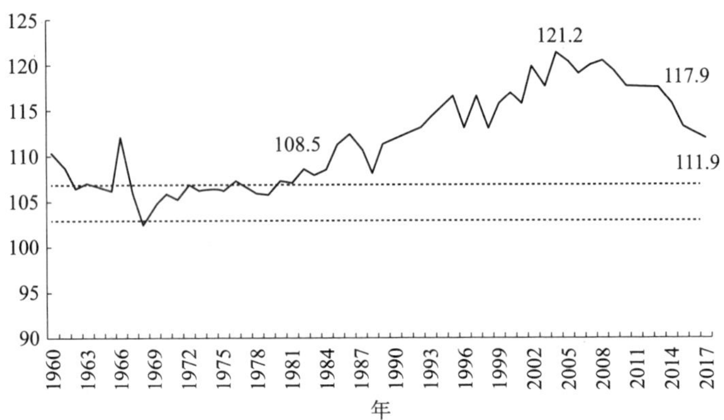

图 3-2　1960—2017 年全国人口出生性别比

数据来源：1960—1981 年、1983—1989 年数据来自顾宝昌、徐毅：《中国婴儿出生性别比综论》，《中国人口科学》1994 年第 3 期。1990—1999 年数据来自原新：《对我国出生性别比失衡人口规模的判断》，《人口研究》2007 年第 6 期。1982 年、2000—2017 年数据来自国家卫生计生委计划生育基层指导司、中国人口与发展研究中心：《人口与计划生育常用数据手册 2018》，北京：中国人口出版社，2019 年。

表 3-2　1960—2017 年全国人口出生性别比

年份	出生性别比	年份	出生性别比	年份	出生性别比
1960	110.3	1974	106.6	1988	108.1
1961	108.8	1975	106.4	1989	111.3
1962	106.6	1976	107.4	1990	111.7
1963	107.1	1977	106.7	1991	112.4
1964	106.6	1978	105.9	1992	113.0
1965	106.2	1979	105.8	1993	114.2
1966	112.2	1980	107.4	1994	115.4
1967	106.6	1981	107.1	1995	116.6
1968	102.5	1982	108.5	1996	113.0
1969	104.5	1983	107.9	1997	116.8
1970	105.9	1984	108.5	1998	113.0
1971	105.2	1985	111.4	1999	115.8
1972	107.0	1986	112.3	2000	116.9
1973	106.3	1987	111.0	2001	115.7

续表

年份	出生性别比	年份	出生性别比	年份	出生性别比
2002	119.9	2008	120.6	2014	115.9
2003	117.5	2009	119.5	2015	113.5
2004	121.2	2010	117.9	2016	113.4
2005	120.5	2011	117.8	2017	111.9
2006	119.3	2012	117.7		
2007	120.2	2013	117.6		

数据来源：出生性别比数据来自：1960—1981 年、1983—1989 年数据来自顾宝昌、徐毅：《中国婴儿出生性别比综论》《中国人口科学》1994 年第 3 期。1990—1999 年数据来自原新：《对我国出生性别比失衡人口规模的判断》，《人口研究》2007 年第 6 期。1982 年、2000—2015 年数据来自国家卫生计生委计划生育基层指导司、中国人口与发展研究中心：《人口与计划生育常用数据手册 2016》，北京：中国人口出版社，2017 年。

3.2　分孩次

表 3-3 为 1982 年以来若干年份的全国分孩次出生性别比。其中一孩出生性别比多年来保持在正常范围，近年陡然上升，随后又快速下降。二孩出生性别比大幅偏离正常值，尽管大起大落，仍未回落到正常范围。三孩及以上出生性别比快速攀升之后，一直处于高位，近年有所下降。

2000 年及以前，第一个孩子的出生性别比一直处于正常范围内。2005 年略偏离正常范围，2010 年达到了 113.7，高出上限 6.7。2015 年一孩出生性别比大幅回落，降至 109.8，仅高出上限 2.8。

中国出生性别比偏高主要由二孩和多孩出生性别比大幅偏离正常范围所导致。1982 年时，二孩出生性别比尚处于正常范围。1986 年时，二孩出生性别比已高达 117.3，大大高于正常值上限，此后不断攀升，到 2000 年升至 151.9。151.9 的出生性别比意味着，每出生 5 个孩子中，就有 3 个是男孩。2005 年二孩出生性别比出现下降，降至 143.2，到 2015 年时已大幅下降到 113.3，仍高于正常范围上限 6.3。三孩及以上孩次出生性别比在 1982 年时已高于正常范围上限，为 110.4。2000 年为最高，达到 159.4，2015 年有所下降（148.5），但是仍然比正常范围上限高 41.5。

表 3-3　分孩次出生性别比和比例　　单位：%

年份	出生性别比			出生人口比例		
	一孩	二孩	三孩及以上	一孩	二孩	三孩及以上
1982	106.6	105.2	110.4	47.2	25.6	27.2
1986	107.7	117.3	123.3	52.2	30.4	17.5
1990	105.5	121.3	127.6	50.5	30.9	18.6
2000	107.1	151.9	159.4	68.0	26.1	5.9
2005	108.4	143.2	152.9	62.9	31.7	5.4
2010	113.7	130.3	158.4	62.2	31.3	6.5
2015	109.8	113.3	148.5	53.1	39.8	7.1

数据来源：1982 年出生性别比数据是全国生育节育调查数据，来自顾宝昌、徐毅：《中国婴儿出生性别比综论》，《中国人口科学》1994 年第 3 期。1982 年孩次比例数据来自国家统计局：《中国 1982 年人口普查资料》，北京：中国统计出版社，1984 年。1986 年数据来自国家统计局：《中国 1987 年 1%人口抽样调查资料全国分册》，北京：中国统计出版社，1988 年。1990 年、2000 年和 2010 年分别来自相应年份人口普查数据，依次引自国家统计局：《中国 1990 年人口普查资料》，北京：中国统计出版社，1992 年；国家统计局：《中国 2000 年人口普查资料》，北京：中国统计出版社，2002 年；国家统计局：《中国 2010 年人口普查资料》，北京：中国统计出版社，2012 年。2005 年数据来自国家统计局：《2005 年全国 1%人口抽样调查资料》，北京：中国统计出版社，2006 年。2015 年数据来自国家统计局：《2015 年全国 1%人口抽样调查资料》，北京：中国统计出版社，2016 年。

3.3　分城乡

1990 年至今，无论是城市，还是镇，抑或是乡村，出生性别比均高于正常范围上限，并且均出现“先上升后下降”的趋势，2010 年是转折点，如表 3-4 所示。相比较而言，城市出生性别比偏高幅度最小，镇和乡村偏高幅度相对较大。2005 年及以前，镇出生性别比略低于乡村，2010 年之后，镇出生性别比略高于乡村。

表 3-4　分城乡出生性别比和比例　　单位：%

年份	出生性别比			出生人口比例		
	城市	镇	乡村	城市	镇	乡村
1990	110.8	114.1	114.7	13.7	6.0	80.3
1995	111.7	115.8	116.5	16.8	7.6	75.7
2000	114.2	119.9	121.7	19.6	13.1	67.3
2005	114.0	117.1	120.7	22.1	16.5	61.4

续表

年份	出生性别比			出生人口比例		
	城市	镇	乡村	城市	镇	乡村
2010	118.3	122.8	122.1	26.5	18.9	54.6
2015	110.4	115.2	114.8	30.7	24.7	44.7

数据来源：1990—1999 年数据来自原新：《对我国出生性别比失衡人口规模的判断》，《人口研究》2007 年第 6 期。1995 年数据来自国家统计局：《中国人口统计年鉴 1997》，北京：中国统计出版社，1997 年。2000—2015 年数据来自国家卫生计生委计划生育基层指导司、中国人口与发展研究中心：《人口与计划生育常用数据手册 2016》，北京：中国人口出版社，2017 年。

3.4　分地区

近 30 多年来，我国大陆的 31 个地区均出现了出生性别比偏高现象，1990 年以来的人口普查和全国 1%人口抽样调查结果如表 3-5 所示。1990 年时，22 个地区出生性别比偏离正常值，广西偏离幅度最大，达到 117.8。1995 年，已有 2 个地区超过 130，湖北高达 138.2，其次是河南 130.7，6 个地区在 120~129，超出正常范围有 23 个地区。2000 年出生性别比偏高范围更大，波及 26 个地区，偏高程度最为严重，江西、广东、海南、安徽和河南等 5 个地区出生性别比超过 130，尤以江西为最高，高达 138.0，6 个地区在 120~129，12 个地区在 110~119。2005 年仅有西藏、新疆和宁夏在正常范围内，黑龙江略高，其余 27 个地区均超过 110，120 以上仍然有 11 个地区。此时，尽管偏高地区数量多，但是偏高幅度有所减弱。2010 年，除西藏、新疆和内蒙古以外，其余地区均超过 110，有 15 个地区在 110~119，12 个地区在 120~129，仅有安徽略超过 130，为 131.1。到 2015 年时，出生性别比进一步全面下降，仅有西藏①、湖南和广西等 3 个地区出生性别比超过 120，有 18 个地区在 110~119，8 个地区仅是略微超过正常范围。值得注意的是，贵州和浙江的出生性别比已经回落到正常范围内。

从增长阶段来看，除了西藏、新疆和宁夏在 2010 年之后出现上升

① 此前西藏出生性别比一直处于正常范围，2015 年突然上升的原因之一可能是样本量过小，出生人口仅有 541 人。西藏的情况需要进一步关注，方能得出科学有效的结论。

并且偏离正常范围以外，其余 28 个地区均经历了先上升后下降的过程，峰值年份和数值有所差异而已。最早一批达到高峰开始下降，即峰值年份在 1995 年的地区有北京、河南、湖北和四川等 4 个地区，从 2000 年开始下降的有江西、湖南、广东、广西、海南和重庆等 6 个地区，以 2005 年为拐点的有河北、山西、内蒙古、上海、江苏、陕西和青海等 7 个地区，其余 11 个地区在 2010 年之后出生性别比均出现了下降。全国出生性别比是地区出生性别比的汇总，地区的变化会反映到全国出生性别比的上升和下降。

表 3-5　分地区出生性别比　　单位:%

地区	1990 年	1995 年	2000 年	2005 年	2010 年	2015 年
北京	108.1	127.2	114.6	113.7	112.2	110.2
天津	110.4	112.3	113.0	114.5	114.6	109.2
河北	112.7	111.9	118.5	120.1	118.7	113.8
山西	109.2	118.6	112.8	116.2	113.1	109.8
内蒙古	108.4	112.0	108.5	115.4	108.9	108.5
辽宁	110.4	112.9	112.2	112.3	112.9	111.4
吉林	108.0	111.7	109.9	112.5	115.7	113.0
黑龙江	107.0	108.9	107.5	109.6	115.1	111.8
上海	105.2	90.4	115.5	117.2	111.5	109.9
江苏	114.9	123.0	120.2	124.3	121.4	114.6
浙江	117.6	112.8	113.1	113.6	118.4	105.9
安徽	110.4	120.4	130.8	130.8	131.1	109.1
福建	110.1	123.5	120.3	122.0	125.7	112.6
江西	110.4	113.8	138.0	125.6	128.3	116.1
山东	115.9	115.0	113.5	114.1	124.3	109.2
河南	116.5	130.7	130.3	115.4	127.6	116.1
湖北	109.5	138.2	128.0	128.8	123.9	109.8
湖南	110.0	117.3	126.9	121.3	125.8	122.3
广东	111.7	123.7	137.8	118.9	129.5	119.5
广西	117.8	118.6	128.8	120.7	122.0	120.1
海南	114.4	117.0	135.0	123.0	129.4	114.4
重庆	—	—	115.8	112.4	113.8	112.7

续表

地区	1990 年	1995 年	2000 年	2005 年	2010 年	2015 年
四川	111. 3	124. 2	116. 4	114. 9	113. 0	113. 6
贵州	100. 0	102. 5	105. 4	124. 5	126. 2	107. 7
云南	107. 4	106. 3	110. 6	112. 1	113. 6	113. 4
西藏	102. 0	100. 0	97. 4	104. 0	100. 1	127. 2
陕西	111. 9	118. 5	125. 2	133. 1	116. 1	115. 8
甘肃	111. 2	102. 7	119. 4	114. 8	124. 8	117. 7
青海	104. 5	99. 4	103. 5	116. 3	112. 7	109. 9
宁夏	106. 7	108. 5	108. 0	106. 8	114. 4	115. 3
新疆	104. 5	105. 2	106. 7	105. 0	105. 6	110. 3

数据来源：1990—1999 年数据来自原新：《对我国出生性别比失衡人口规模的判断》，《人口研究》2007 年第 6 期。1995 年数据来自国家统计局：《中国人口统计年鉴 1997》，北京：中国统计出版社，1997 年。2000—2015 年数据来自国家卫生计生委计划生育基层指导司、中国人口与发展研究中心：《人口与计划生育常用数据手册 2016》，北京：中国人口出版社，2017 年。

4 性别偏好

生育意愿在性别维度的表现被看作是性别偏好。希望生育男孩被认为是持男孩偏好，希望生育女孩是持女孩偏好。对子女性别无期望，认为男孩女孩都一样，这是无偏好表现。希望儿女双全，是一种二者兼得的愿望或选择，不存在性别偏向性，不属于性别偏好范畴。故下文分析前三种情况，儿女双全被平分在男孩偏好和女孩偏好中，不单独分析。

4.1 全国

综合 165 项调查结果，理想子女性别比和出生性别比呈现出同步的“先升后降”变化趋势。理想子女性别比在 20 世纪 80 年代为 107. 8，已表现出男孩偏好强于女孩偏好。之后，上升到 20 世纪 90 年代的 112. 8，再到 20 世纪初的 116. 9，男孩偏好持续加强，而后，迅速下降，到 2010 年后降至 100. 6，男孩偏好和女孩偏好几乎持平。如图 3-3 所示。经 F 检验，理想子女性别比的变化在统计上具有显著差异，如表 3-6 所示。理想子女性别比与出生性别比呈现出相同的变化趋势，生育意愿与生育行为、生育水平表现出一致的趋势。但是，2010 年后两者差异变大，理想趋于平衡，实际仍然偏高。

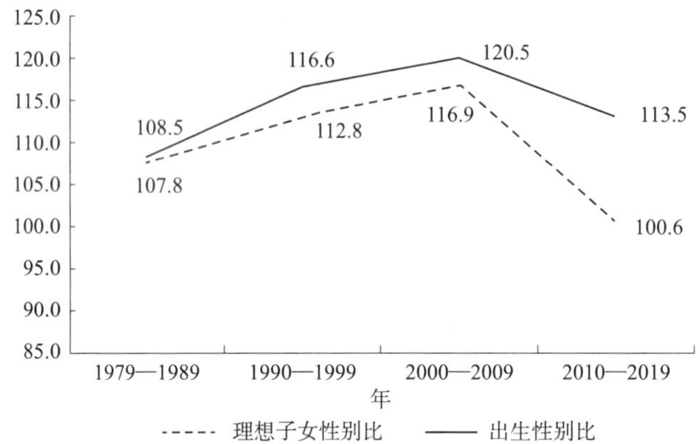

图 3-3　全国理想子女性别比和出生性别比

数据来源：出生性别比使用的是 1982 年、1995 年、2005 年和 2015 年的数据，依次来自：国家统计局，《中国 1982 年人口普查 1%户抽样资料第 4 册》，北京：中国统计出版社，1987 年。国家统计局，《中国人口统计年鉴 1997》，北京：中国统计出版社，1997 年。国家统计局，《2005 年全国 1%人口抽样调查资料》，北京：中国统计出版社，2006 年。国家统计局，《2015 年全国 1%人口抽样调查资料》，北京：中国统计出版社，2016 年。

进一步细分，男孩偏好显著弱化，理想男孩比例呈现出下降趋势，20 世纪 80 年代在 32.3%，20 世纪 90 年代几乎保持在这个水平，之后开始下降，21 世纪 00 年代降到 27.2%，21 世纪 10 年代继续下降至 23.4%，比 20 世纪 80 年代减少了 8.9%。与此同时，女孩偏好也呈现出弱化趋势，理想女孩比例从 20 世纪 80 年代的 28.8%下降到 21 世纪 00 年代的 21.7%，之后又有所回升，到 21 世纪 10 年代升至 24.4%，比 20 世纪 80 年代减少了 4.4%，是理想男孩比例下降的一半。无性别偏好（无所谓）的比例逐步上升。如表 3-6 和图 3-4 所示。

表 3-6　全国理想子女性别构成　　单位:%，项

年份	理想性别比	理想男孩比例	理想女孩比例	无所谓比例	调查数
1979—1989 年	107.8	32.3	28.8	32.4	22
1990—1999 年	112.8	31.1	27.4	36.8	23

续表

年份	理想性别比	理想男孩比例	理想女孩比例	无所谓比例	调查数
2000—2009 年	116.9	27.2	21.7	43.9	47
2010—2019 年	100.6	23.4	24.0	42.6	73
总计	107.9	26.7	24.4	40.8	165
*df*1	3	3	3	3	
*df*2	161	161	161	161	
F	4.857	4.396	2.15	1.996	
p	0.003	0.005	0.096	0.117	

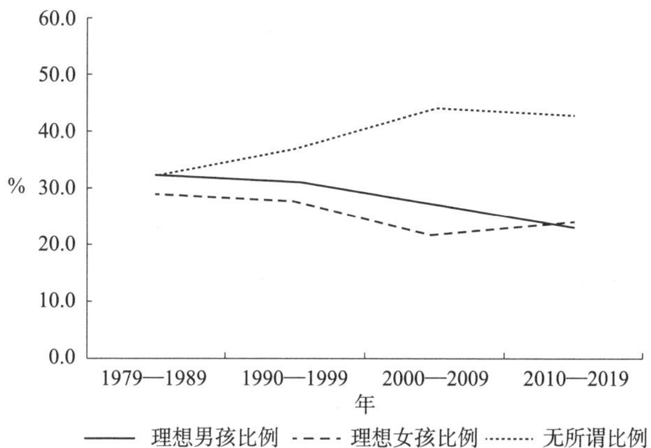

图 3-4 全国理想子女性别构成发展趋势

4.2 城市

1979—2009 年，城市人口理想子女性别比在 103~106，男孩偏好略强于女孩偏好。21 世纪 10 年代城市人口理想子女性别比下降至 96.3，表现出女孩偏好强于男孩偏好。而城市人口出生性别比经历了先升后降的变动，从 1982 年的 106.9 上升到 2005 年的 114.0，之后下降到 2015 年的 110.4。如图 3-5 所示。

在城市，仅理想男孩比例呈现出显著的下降趋势，而理想女孩比例下降和理想性别无所谓比例上升均不具有统计上的显著差异。1979—2009 年，男孩偏好强于女孩偏好，理想男孩比例高于理想女孩比例。

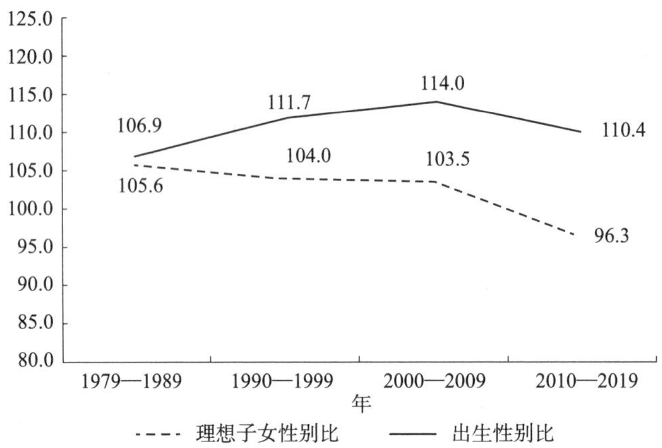

图 3-5　城市理想子女性别比和出生性别比

数据来源：出生性别比使用的是 1982 年、1995 年、2005 年和 2015 年的数据，依次来自：国家统计局，《中国 1982 年人口普查 1%户抽样资料第 4 册》，北京：中国统计出版社，1987 年。国家统计局，《中国人口统计年鉴 1997》，北京：中国统计出版社，1997 年。国家统计局，《2005 年全国 1%人口抽样调查资料》，北京：中国统计出版社，2006 年。国家统计局，《2015 年全国 1%人口抽样调查资料》，北京：中国统计出版社，2016 年。

由于理想男孩比例下降迅速，从 20 世纪 80 年代的 28.6%下降到 21 世纪 10 年代的 15.8%，几乎减少了一半，而理想女孩比例下降缓慢。因此，在 21 世纪 10 年代男孩偏好弱于女孩偏好，理想男孩比例低于理想女孩比例。如表 3-7 和图 3-6 所示。

表 3-7　城市理想子女性别构成：1979—2019　　单位：%，项

年份	理想性别比	理想男孩比例	理想女孩比例	无所谓比例	调查数
1979—1989 年	105.6	28.6	26.1	41.8	4
1990—1999 年	104.0	27.3	26.1	43.0	6
2000—2009 年	103.5	23.3	22.1	49.5	15
2010—2019 年	96.3	15.8	17.8	55.1	28
总计	99.9	20.2	20.6	51.1	53
*df*1	3	3	3	3	

续表

年份	理想性别比	理想男孩比例	理想女孩比例	无所谓比例	调查数
$df2$	49	49	49	49	
F	1.687	3.893	1.439	0.964	
p	0.182	0.014	0.243	0.417	

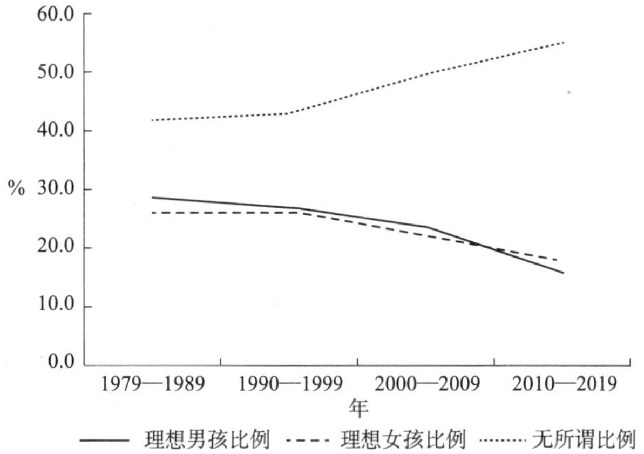

图 3-6　城市理想子女性别构成发展趋势

4.3　乡村

在乡村，男孩偏好一直强于女孩偏好。从 1979 年到 2019 年，理想子女性别比均在 106 以上，2000 年时理想子女性别比曾一度上升到 121.5。而乡村的出生性别比更是持续居高难下，从 1982 年的 109.3 升至 1995 年的 116.5，再到 2005 年的 120.7，之后有所回落，2015 年时降为 114.8，但是仍然比正常范围上限 107 高 7.8。如图 3-7 所示。无论是生育意愿，还是生育行为，均表现出男孩偏好强于女孩偏好。

男孩偏好和女孩偏好均呈现出显著的持续下降趋势。理想男孩比例从 20 世纪 80 年代的 34.7%下降到 21 世纪 10 年代的 21.7%，减少了 13.0%。同期，理想女孩比例从 30.5%下降到 19.9%，减少了 10.6%。男孩偏好始终强于女孩偏好，即在各时期理想男孩比例均高于理想女孩比例。如表 3-8 和图 3-8 所示。

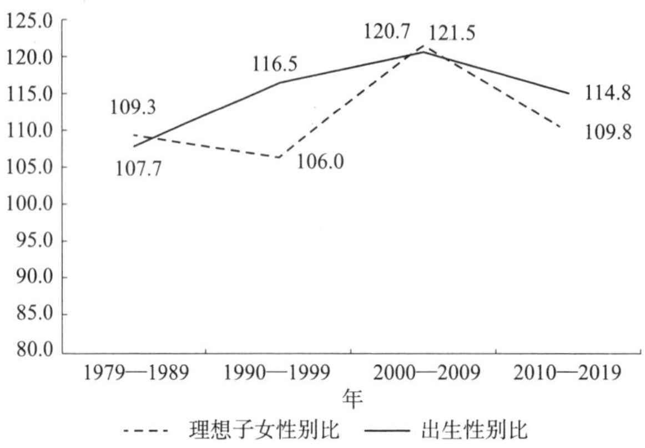

图 3-7　1979—2019 年乡村理想子女性别比和出生性别比

数据来源：出生性别比使用的是 1982 年、1995 年、2005 年和 2015 年的数据，依次来自：国家统计局，《中国 1982 年人口普查 1%户抽样资料第 4 册》，北京：中国统计出版社，1987 年。国家统计局，《中国人口统计年鉴 1997》，北京：中国统计出版社，1997 年。国家统计局，《2005 年全国 1%人口抽样调查资料》，北京：中国统计出版社，2006 年。国家统计局，《2015 年全国 1%人口抽样调查资料》，北京：中国统计出版社，2016 年。

表 3-8　乡村理想子女性别构成　　单位：%，项

年份	理想性别比	理想男孩比例	理想女孩比例	无所谓比例	调查数
1979—1989 年	109. 3	34. 7	30. 5	31. 0	18
1990—1999 年	106. 0	33. 0	30. 7	35. 2	12
2000—2009 年	121. 5	28. 5	21. 7	40. 8	19
2010—2019 年	109. 8	21. 7	19. 9	45. 5	14
总计	112. 5	29. 6	25. 5	38. 0	63
$df1$	3	3	3	3	
$df2$	59	59	59	59	
F	1. 57	3. 795	3. 348	1. 499	
p	0. 206	0. 015	0. 025	0. 224	

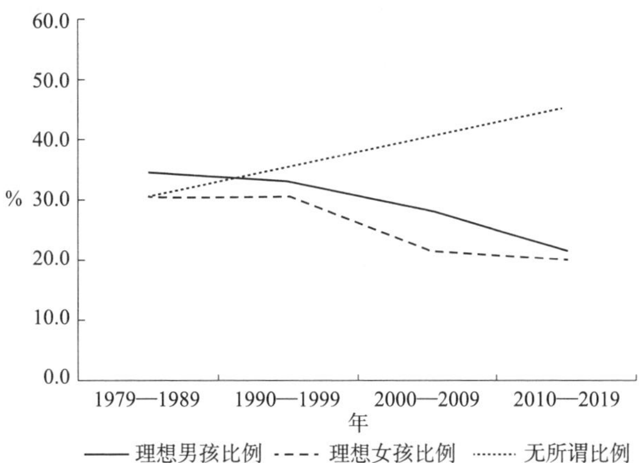

图 3-8　1979—2019 年乡村理想子女性别构成发展趋势

5　结论与讨论

出生性别比是人口结构的起点，更是性别平等在生命之初的体现。基于以上研究，可以做出以下三个重要研判：

第一，近年来，我国出生性别比确实在下降。如同 20 世纪 90 年代人们不相信出生性别比上升一样，现今很多人对国家统计局公布的数据呈现下降趋势表示质疑，认为“出生性别比下降”被列入官员考核指标、写入国家和地区的发展规划后，可能会对数据产生人为干扰。事实上，他们忽略了这几十年来党和国家在贯彻男女平等基本国策方面所做出的巨大努力和取得的辉煌成就。比如，原国家卫生和计划生育委员会特设“出生性别比综合治理办公室”，在全国范围开展“关爱女孩”“婚育新风进万家”等活动十余年，产生了良好的社会反响，促进社会性别平等观念形成。另外，还通过持续不断地打击“两非”①，有效地阻止了一些性别选择事件的发生。

最为重要的是，伴随现代化和城市化进程的加快，一些影响女性地位的重要的、基础性的因素，如受教育程度、就业结构等都发生了质的改变，生育男孩的文化迫力大大降低，其背后的利益动机也没有以前那

① “两非”指非医学需要的胎儿性别鉴定、非医学需要的选择性别人工妊娠。

么强烈了。由此可能导致社会生育文化氛围变得宽松，男孩偏好呈现下降趋势，带动出生性别比不断下降。人们更多地表现出多元化的偏好（宋健，陶椰，2012），人口出生性别比的的确确出现了下降的趋势。我们认为，如果没有新的干扰因素，在未来的一段时期，出生性别比水平自然会延续这种态势。当然，若希望出生性别比进一步回落到正常范围内，这还需要全社会的共同努力，不断推动弱化社会、文化整体意义上的“男孩偏好”程度。

第二，在低生育水平下，出生性别比是男女两性社会经济差异的敏感指标。同时，出生性别比偏高并非人人都在选择流产女孩。事实上，仅是有少部分人，甚至是极少一部分人的选择性行为，就可以导致人口整体出生性别比大大偏离正常值。按照胡耀岭和原新的测算，如果有10%的孕妇或家庭具有强烈的男孩偏好且能够便捷地获得性别选择技术和顺利实施性别选择性流产、引产的话，那么，其出生性别比将从 107 上升到 118.89；如果将这一比例提高到 20%，出生性别比将上升到133.75（胡耀岭，原新，2012）。

第三，消除性别差异、实现男女平等是社会走向现代化的重要指征，时至今日，两性社会经济地位更加趋于平等、和谐。性别不平等的观念来源于性别不平等的现实。在传统农业社会，生产工作主要由男性完成，在此基础上形成“男尊女卑”“男强女弱”“男主外女主内”等观念，这些观念长年累月造就了人们对性别的刻板印象。事实上，性别的刻板印象对男女两性都存在显著的负向影响作用（杨雪燕等，2017）。它不仅对女性造成歧视，影响其生产力的创造和发挥（庄家炽等，2016），而且对男性产生高期望，甚至是远超出其能力的高期望，由此带来巨大的不必要的心理压力。

伴随社会经济的高速发展，中国已经进入现代化的城市社会，生产力的发展带来生产关系的巨大变革。客观而言，男性比女性在生理上占有一定的优势，但在现代化的生产活动中，这种优势并不意味着男性就可以占据主导性的位置，恰恰相反，女性的重要角色日益凸显出来，例如：在社会发展和经济建设的过程中，越来越多的女性比男性表现出更为强劲的竞争力。另一方面，男女平等的基本国策逐步实施、贯彻、落实，女性整体的受教育程度得到了前所未有的提高，经济地位愈加改善；在某些就业领域，女性的发展机会几乎超过了男性。

从宏观视角进行观察，社会整体意义上的“男尊女卑”的观念已经日益式微。在过去，性别分工是泾渭分明的，即“男主外，女主内”；在一些传统文化色彩浓厚的地方，男性是不会参与家务劳动的，男性做饭、洗碗或照看孩子都是难以启齿的事情。现如今，这些情况已经发生了根本性的转变，男性参与家务劳动、照看孩子已经成为司空见惯的事情。在一些公共场所，不仅女士卫生间内设置有婴儿护理台，在男士卫生间也设置了婴儿护理台，宝爸们在护理台上熟练地给婴儿换尿不湿。未来，我们可能不会再将“男性”和“果敢”以及“女性”和“细心”进行想当然的关联，因为女性也可以果敢、男性也可能会细心。这样，越来越多的描述品质和行为的词语将脱离性别刻板印象的束缚，回归其本义。这时，可能在文化层面上，“男女平等”也就真正实现了。

纵观古今中外，性别偏好是一个普遍存在的客观现象，有的人偏爱男孩，有的人则偏爱女孩，还有人喜好儿女双全，也有人对男孩、女孩都有所爱。性别偏好会因人而异、因地不同，有时还会因事而变，这种观念或意识是很难用是非、对错的标准评判。一些研究认为，个人的性别偏好不一定会导致人口出生性别比失常，出生性别比正常也不意味着其中的个体无性别偏好（陈友华，胡小武，2012；周长洪，2007）。但一个不争的事实是，只要社会中有很少的一部分人强烈地偏好男孩并真正将这种性别偏好付诸实践，整个人口的出生性别比的实际水平就会明显地升高。那么，是不是可以说正是那些坚持“不生男孩不罢休”的个体导致了性别比水平的失衡呢？

实际上，情况并非如此简单。因为个体的意愿总是不可避免地受到整体文化氛围的影响。例如，在调查中，当我们问及人们为什么那么想要男孩时，相当多的被访者脱口而出的一句话是：“我们那里就是这样的。”可见，之所以认为“生男孩很重要”，其根源还是来自个人所处的社会文化氛围。当一个社会或某个地方在整体意义上表现出浓厚的“男孩偏好”的文化氛围，身处其中的个体就会感受到一种强烈的文化迫力。这样一来，整个人口的出生性别比就会偏离正常范围，甚至出现畸高的现象。

自从20世纪80年代以来，男孩偏好呈现出显著的下降趋势，而理想子女性别比却先上升后下降，为何二者变动方向会不同，甚至完全相反？理想子女性别比和出生性别比的变动趋势相一致，是否反映出在性别维度上人们的生育意愿和生育行为相一致呢？作为主导出生性别比上升的因素男孩偏好呈现下降趋势，出生性别比为何会上升，生育意愿和生育行为到底是否一致？在第八章中，我们将针对这些问题继续展开探讨。

第四章　时间：生育意愿与生育行为

1　引言

生育的三个维度在中国受到的关注度差异明显，数量和性别长期受到广泛高度关注，生育时间则少有涉及，由此导致我们对生育时间规律的认识明显落后于数量和性别。事实上，了解和掌握生育时间规律，有助于预测生育水平和生育模式（尹勤等，2006）。早育，世代间隔短，女性的生育期相对较长，受孕机会多，并有利于生产。晚育，世代间隔长，女性的生育期相对较短，容易少生。

在医学理论上，23~30岁是女性最佳生育年龄。然而，受到各种社会因素的影响，女性推迟生育的现象非常普遍（仲长远，2001；郭志仪，刘俊丽，2008；郭志仪，祝伟，2009；肖富群，风笑天，2010；马小红，2011）。但是，过度推迟生育时间，会使女性错过最佳生育期，甚至造成无法生育（陈卫，靳永爱，2011）。人们希望通过了解意愿，进而预测未来情况（顾宝昌，2011）。

目前关于实际和理想生育年龄关系的认识主要有三种：一是等于论，指实际生育年龄和理想生育年龄一致，不存在显著差异（宋健，陈芳，2010；李艳华，2010）。二是大于论，指实际生育年龄大于理想生育年龄（山东省人口计生委发展规划处，2006）。三是小于论，指实际生育年龄小于理想生育年龄（李新吾等，2003；尹勤等，2006；殷士华，许改玲，2008；江丽娜，2010；张航空，2012；张建武，薛继亮，2013）。

如果能够清晰地认识实际生育年龄和理想生育年龄之间的关系，将有助于我们对未来情况进行较为准确的判断和预测。若要考察此二者之间的关系，首先需要获得实证数据。实际生育年龄可从国家统计局公布的人口普查和人口变动抽样调查数据中获得。理想生育年龄的数据则较难获得，截至目前，我国尚缺乏官方组织的长期、广泛、大规模的调查，已有的数据多是来自不同研究机构或地方政府部门组织的独立、局部、阶段性的调查项目。得益于每一项研究都是对某一历史时期生育意愿的横断取样（郭志刚，2007；辛自强，2012），如果把这些研究结果拼接、串联起来进行再分析，理想生育年龄的规律可能会变得清晰可见（侯佳伟等，2015）。于是，我们可以借助横断历史元分析方法收集反映理想生育年龄的数据。

基于以上情况，本研究将借助国家统计局公布数据和横断历史元分析方法，试图厘清实际生育时间和理想生育时间的关系。由于鲜有调查研究第三个孩子及更多孩子的理想生育时间和行为，故而本研究中生育时间暂且只考察初育和再育。

2　数据和方法

通常，我们用年份和年龄度量生育时间。测量生育时间的指标主要有：

（1）生育年龄，指生育发生时，孩子的母亲或父亲的年龄。女性初育年龄是指生育第一个孩子时母亲的年龄（以下简写为“初育年龄”）。女性再育年龄是指生育第二个孩子时母亲的年龄（以下简写为“再育年龄”）。

（2）婚育间隔，指从结婚到生育第一个孩子之间的时长，一般以年计。个体生育第一个孩子与结婚的年龄或年份之差即为婚育间隔。

（3）孩次间隔，指从生育某一个孩子到生育下一个孩子之间的时长。二孩间隔特指生育第一个孩子与第二个孩子之间的时长，即个体生育第二个孩子与生育第一个孩子的年龄或年份之差，也是再育年龄与初育年龄之差。

考虑到年龄更具一般规律性，对我们认识生育时间规律更有帮助，故本研究选用年龄作为度量单位。

2.1　实际生育年龄

实际生育年龄数据来自国家统计局人口普查或年度人口调查数据。

2000年和2010年数据分别来自《中国2000年人口普查资料》和《中国2010年人口普查资料》，1994—1999年和2001—2005年数据依次来自1995—2000年、2002—2006年的《中国人口统计年鉴》，2006—2009年和2011—2018年数据依次来自2007—2010年、2012—2019年的《中国人口和就业统计年鉴》，均由国家统计局发布，中国统计出版社出版。

上述资料为我们提供了“全国育龄妇女分年龄、孩次的生育状况”。生育一孩妇女年龄的加权算数平均数记为当年的实际初育年龄，生育二孩妇女年龄的加权算数平均数记为实际再育年龄。

2.2　理想生育年龄

在本研究中，我们将借助横断历史元分析方法实现理想生育年龄数据的收集，具体做法如下文所述。

2.2.1　文献收集与编码

为保证研究质量，本研究在文献收集时严格遵循如下标准：①文中明确报告女性理想初育年龄和理想再育年龄，或者可以计算整理获得研究所需结果。由于人口普查和人口变动抽样调查的生育部分均由女性填写，不涉及男性，为保持测量对象一致，故理想生育年龄仅收集女性的生育年龄；②调查地区为中国大陆31个省市自治区，不包括我国香港、澳门和台湾地区；③被访者年龄在15～59岁；④文献发表于1980—2019年间；⑤若同一次调查数据被多次发表，选用数据最为完整且最先发表的一篇；⑥文献均来自期刊发表论文。基于这些标准，我们在中国知网上共检索到43篇论文。

由于普遍认为妇女在婚后当年或第二年就开始生育，理想婚龄期望在一定程度上可以反映出生育年龄的期望（于淑清等，1994），所以过去的诸多调查只询问了理想初婚年龄，并未涉及理想初育年龄。尽管从20世纪80年代初开始，便有学者对生育时间的意愿进行考察，然而遗憾的是，他们使用的均是理想初婚年龄。

后来有学者注意到由于夫妇婚后推迟生育，导致婚育间隔扩大（侯亚非等，2008；宋健，陈芳，2010），因此他们在调查时考察了理想初育年龄。20世纪90年代之后，陆续有调查报告涉及理想初育年龄和二胎间隔。为保证概念的准确性和严谨性，本研究只收集理想初育年龄和理想再育年龄的数据。因而，我们检索文献的起始时间是1980年，但符合标准且最早发表的一篇论文却是1996年的，其中涉及的调查是1994年开展的，地点在北京（冯立天，马瀛通，1996）。

在已有文献中，一些论文只报告了理想生育年份，无法推断生育年龄，故而没有选用（庄亚儿等，2014；石智雷，杨云彦，2014）。在1996—2019年发表的43篇论文中，有的论文（山东省人口计生委发展规划处，2006）报告了一个地区5年的生育年龄情况，可分录为5项调查；有的论文（郭志仪，刘俊丽，2008）报告了两个地区同1年的生育年龄情况，可分录为2项调查；有的论文（马小红，2011）报告了一个地区2年的生育年龄情况，分录为2项调查；其余40篇论文均只报告了一个地区（或多个地区但无法细分）1年的生育年龄情况，故而，每篇论文均可作为一个横断取样的样本。这样，我们总共获得了49项调查结果。

调查年份以文中报告的为准。其中有12项调查未报告时间，按照常规做法，用发表年份减去2年，以此作为调查年份。

生育年龄首选文中报告的平均初育年龄和平均再育年龄，倘若论文中未报告，则使用公式（1）计算获得。

$$MAC_i = (m_1 \times n_1 + m_2 \times n_2 + \cdots + m_i \times n_i) / n \tag{1}$$

MAC_i 为平均年龄，m 为年龄组中值，n 为人数。

如果文中未报告平均再育年龄，但报告了平均初育年龄和平均二孩间隔，则以二者之和作为平均再育年龄。

2.2.2 测量工具

对于理想生育时间的测量，目前尚无统一的测量工具。在现有文献中，一些研究者提供了明确的测量题目或方式，例如：女同志生第一孩最佳年龄（周长洪等，2000）；您认为理想的初育年龄是多少（庄渝霞，2008）；女性意愿头胎年龄（郭志仪，刘俊丽，2008）；您认为生育第一孩的最佳年龄是多大（李建新，骆为祥，2009）；您认为最适合生育的年龄是多少（谢晶婷，2010）；什么年龄段生育最好（汤兆云，郭真真，2012）；您认为外出务工男女青年多大年龄要孩子比较合适（许传新，2012），等等。

综合分析收集到调查资料，我们发现其文字表述上存在几方面差异：

（1）关于意愿表述，使用的词语有“理想”“期望”“预期”“意愿”“倾向”“计划”“最佳”“最适合”和“合适”等，一些研究者在行文时会交替使用这些词语。尽管它们在含义表达上存在细微差别，但是都具有“愿望”的意涵，属于意愿范畴，故而相关的调查结果可以合并组成一个新样本。

（2）关于孩次的表述，使用的词语有“初育”“生育第一胎”“初胎生育”“头胎”“第一次生育”“生育第一个孩子”“生第一孩”和“生育”等，前7种提法均明确表达出“初育”的意思。但最后1种提法“生育”的界定并不十分精确，“生育年龄”涵盖从生育第一个孩子到最后一个孩子的整个年龄段，而调查者只报告一个平均值而非区间，似乎就是默认“生育”等同于“初育”，我们姑且认为它与前面的提法相类似。

（3）关于时间表述，大部分调查都使用“年龄”，尽管少数调查也使用了“时间”一词，但是度量单位还是年龄，因此，此类调查结果也可以合并。

在测量再育年龄时，一些调查询问了生育第2个孩子的理想年龄，有的调查则询问了第1个孩子和第2个孩子理想的间隔年数，但在正式的论文中，均报告的是平均二孩间隔时间，例如：最理想的生育间隔（冯立天，马瀛通，1996）；最佳生育间隔（赵景辉，1997）；两个孩子的意愿生育间隔（郭志仪，刘俊丽，2008）；二次生育的理想间隔时间（吕江洪等，2013）；等等。尽管这些文献使用的术语不尽相同，但是表达的含义大体上是清晰、一致的。

已有研究在测量对象方面也存在一些差异，例如：有的调查仅询问女性的生育意愿，有的调查则分别向女性和男性询问了各自的生育意愿，还有的调查同时向女性和男性询问了理想的女性生育年龄（周长洪等，2000；陈建新，汤少梅，2010；汤兆云，郭真真，2012）。为了使理想生育年龄与实际生育年龄的测量对象保持一致，因此在这里，我们仅保留测量女性理想生育年龄的调查结果。

2.2.3 文献基本情况

从样本量来看，这 49 项调查中，访问人数最少的为 82 人，最多的为 45 500 人，共涉及 36.35 万人。从来源来看，这些论文均来自中国知网可以检索到的学术期刊。从调查地区来看，北京、黑龙江、上海、江苏、安徽、福建、山东、河南、湖北、广东、贵州、甘肃、湖南和云南等 14 个地区都至少进行过 1 项调查。从调查时间来看，1994 年、1996 年和 1999 年分别有 1、1 和 2 项调查，除 2013 年和 2015 年外，从 2000—2019 年，每年均有 1~8 项不等的调查。在 2000—2004 年、2005—2009 年和 2010—2014 年三个时段分别有 1、4 和 1 项全国调查。这 49 项调查均报告了理想初育年龄，其中 18 项调查结果可得到理想再育年龄。

3 实际生育年龄

3.1 实际初育年龄

国家统计局数据显示，从 1995 年到 2018 年，中国女性实际初育年龄整体呈现上升趋势，平均初育年龄从 1995 年到 2018 年的 23 年中，上升了 3.5 岁。平均初育年龄从 1995 年的 23.5 岁，增加到 2000 年的 24.3 岁，5 年增加了 0.8 岁，增长幅度较大。之后有所放缓，2010 年增加到 25.7 岁，10 年增加了 1.4 岁。然后又开始快速提升，到 2018 年时达到 27.0 岁，仅 8 年就增加了 1.3 岁。

如表 4-1 所示，无论是城市，还是镇，抑或是农村，人们都有意或无意地延迟了生育，平均初育年龄都在不断提升。城市人口平均初育年龄增长幅度最大、速度最快，从 1995 年的 24.5 岁增加到 2018 年的 28.5 岁，23 年间增加了 4.0 岁。其次是乡村，从 1995 年的 23.1 岁增加到 2018 年的 25.8 岁，增加了 2.7 岁。增加幅度最小、速度最慢的是镇，同期从 24.0 岁增加到 26.3 岁，增加了 2.3 岁。

如表 4-1 和图 4-1 所示，除 2016 年乡村平均初育年龄高于镇之外，其余年份均是城市平均初育年龄最高，镇次之，乡村最低。1995—2004年，镇的平均初育年龄和城市较为接近，和乡村相差较多。特别是在1995—1998年，镇和乡村的差距几乎是镇和城市差距的2倍。2005年之后，城市平均初育年龄提升越来越快，镇和乡村增长相对缓慢，镇和城市的差距越来越大，镇和乡村的差距越来越小。考虑到在不同时期镇和城市的差距有较大变化，不宜简单将其二者合并，故下文分析城市和乡村的实际初育年龄使用的是城市和乡村的数据，未整合镇的数据。

表 4-1　1995—2018 年分城乡女性平均初育年龄　　单位：岁

年份	总计	城市	镇	乡村	城市与镇之差	镇与乡村之差
1995	23.5	24.5	24.0	23.1	0.5	0.9
1996	24.5	25.4	25.0	24.2	0.4	0.9
1997	24.8	25.7	25.2	24.4	0.5	0.9
1998	24.9	26.0	26.0	24.4	0.0	1.5
1999	25.0	26.2	25.5	24.5	0.7	1.0
2000	24.3	25.6	24.6	23.7	1.0	0.9
2001	25.3	26.7	25.8	24.6	0.9	1.2
2002	25.3	26.6	25.4	24.6	1.2	0.8
2003	24.8	26.3	25.1	24.0	1.2	1.0
2004	24.9	26.3	25.3	24.1	1.0	1.2
2005	24.4	25.7	24.4	23.5	1.3	0.9
2006	25.5	27.1	25.6	24.8	1.5	0.8
2007	26.2	28.3	25.8	25.4	2.5	0.4
2008	26.7	29.1	26.9	25.3	2.2	1.6
2009	26.5	29.3	26.3	24.9	3.0	1.4
2010	25.7	27.9	25.6	24.3	2.3	1.3
2011	25.3	27.1	25.1	24.3	2.0	0.8
2012	25.8	27.3	25.6	24.9	1.7	0.7
2013	26.0	27.6	26.0	25.0	1.6	1.0
2014	25.3	27.0	25.1	24.2	1.9	0.9
2015	26.3	27.9	26.3	25.0	1.6	1.3
2016	27.8	28.6	26.8	27.4	1.8	-0.6
2017	26.8	27.9	26.3	25.7	1.6	0.6
2018	27.0	28.5	26.3	25.8	2.2	0.5

数据来源：根据国家统计局公布的人口普查或人口变动抽样调查数据计算获得。

图 4-1　1995—2018 年分城乡女性平均初育年龄

3.2　实际再育年龄

女性实际再育年龄也呈现增长趋势，从 1995 年到 2001 年呈现快速大幅增长，从 26.7 岁增加到 29.7 岁，短短 6 年间增加了 3 岁。之后，平均再育年龄的增长呈现停滞状态，在 30 岁上下波动，2010 年为 30.4 岁，2018 年为 30.0 岁。

如表 4-2 和图 4-2 所示，从 1995 年到 2008 年，城市女性再育年龄呈现增长态势，从 28.1 岁增加到 32.3 岁，增加了 4.2 岁，之后，有所下降，2018 年时为 31.2 岁。镇也是先升后降，2007 年是峰值年份，达到 31.5 岁。在 2007 年之前，镇的平均再育年龄提升紧追城市，而在 2007 年之后，镇的平均再育年龄下降快于城市，与乡村更为接近，到 2018 年时降为 29.9 岁。乡村也是先升后降，从 1995 年的 26.5 岁增加到 2007 年的 31.0 岁，之后快速下降，到 2014 年降至 28.1 岁，然后出现波动增长但较为平稳，2018 年时为 28.8 岁。

表 4-2　1995—2018 年分城乡女性平均再育年龄　　单位：岁

年份	总计	城市	镇	乡村	城市与镇之差	镇与乡村之差
1995	26.7	28.1	27.6	26.5	0.5	1.1
1996	27.9	29.2	28.8	27.7	0.4	1.1
1997	28.4	29.8	29.2	28.2	0.6	1.0
1998	28.8	30.1	30.1	28.6	0.0	1.6

续表

年份	总计	城市	镇	乡村	城市与镇之差	镇与乡村之差
1999	29.1	30.3	30.1	28.9	0.2	1.2
2000	28.6	29.6	29.1	28.4	0.5	0.7
2001	29.7	31.0	30.7	29.5	0.3	1.2
2002	29.9	31.1	30.5	29.7	0.6	0.7
2003	29.7	30.6	30.7	29.4	-0.1	1.3
2004	29.9	30.7	30.8	29.7	-0.1	1.1
2005	29.9	30.4	30.3	29.7	0.1	0.6
2006	30.8	31.4	31.1	30.6	0.3	0.5
2007	31.1	31.8	31.5	31.0	0.3	0.5
2008	30.9	32.3	30.9	30.8	1.4	0.1
2009	30.6	32.2	30.8	30.3	1.4	0.5
2010	30.4	31.6	30.7	29.9	0.9	0.8
2011	29.8	31.0	30.4	29.2	0.6	1.2
2012	29.6	31.1	29.7	29.2	1.4	0.5
2013	29.6	31.0	30.0	28.9	1.0	1.1
2014	28.8	30.3	28.9	28.1	1.4	0.8
2015	29.6	30.9	29.7	28.8	1.2	0.9
2016	29.7	30.8	29.5	29.0	1.3	0.5
2017	30.2	31.7	29.8	29.1	1.9	0.7
2018	30.0	31.2	29.9	28.8	1.3	1.1

数据来源：根据国家统计局公布的人口普查或人口变动抽样调查数据计算获得。

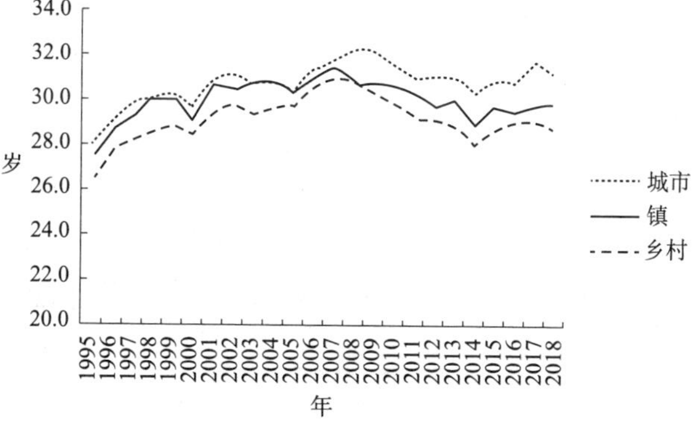

图 4-2　1995—2018 年分城乡女性平均再育年龄

4 理想生育年龄

4.1 理想初育年龄

综合 1994—2019 年的 49 项调查结果，女性人口平均理想初育年龄为 25.9 岁，标准差为 1.7 岁。以年份为横轴、理想初育年龄为纵轴，绘制出了散点图，如图 4-3 所示。然后拟合其趋势线，线性回归模型结果显示，年份对理想初育年龄不具有统计上显著的影响作用。由此表明，理想初育年龄相对稳定，不易随时间的变化而发生改变。

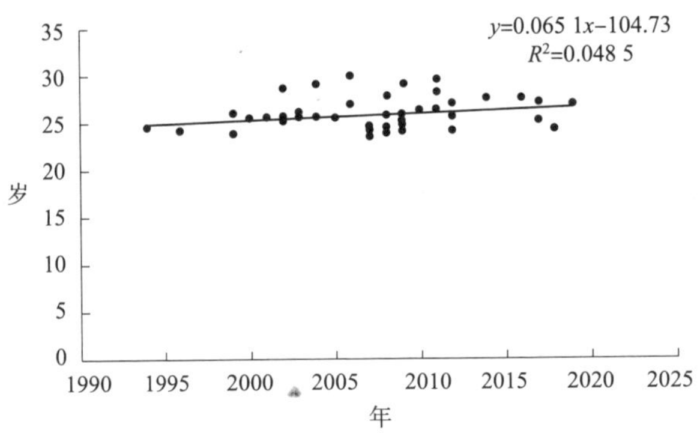

图 4-3 1994—2019 年全国女性理想初育年龄

从分城乡的角度来看，23 项调查报告了城市人口的理想初育年龄，其平均理想初育年龄为 27.1 岁，标准差为 1.9 岁。15 项调查报告了农村人口的理想初育年龄，其平均理想初育年龄为 25.3 岁，标准差为 1.3 岁。城市人口的平均理想初育年龄比农村高 1.8 岁。

以年份为自变量，理想初育年龄为应变量，分城乡拟合线性回归模型，如图 4-4 和图 4-5 所示。结果显示，在城市，年份对理想初育年龄存在显著的正向影响作用，从 1994—1999 年平均理想初育年龄为 24.8 岁，增加到 2015—2019 年的 27.4 岁，人们的理想初育年龄在提升，30 年间上升了近 3 岁。而在农村，年份对理想初育年龄不具有显著的影响作用。

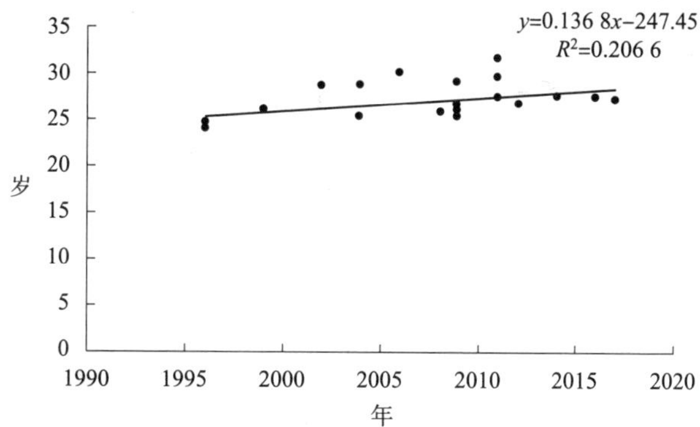

图 4-4　1994—2019 年城市女性理想初育年龄

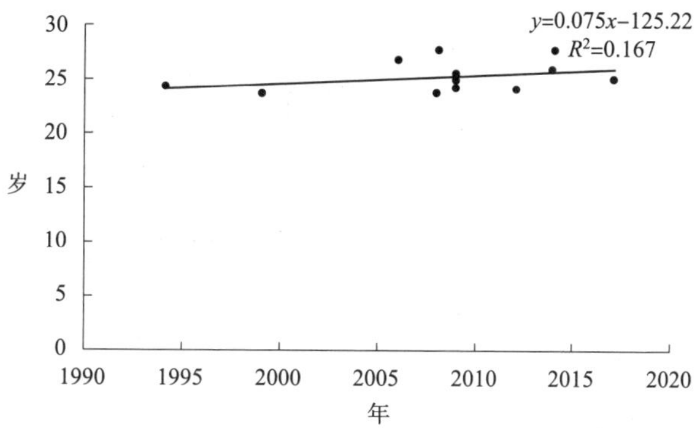

图 4-5　1994—2019 年农村女性理想初育年龄

4.2　理想再育年龄

如前所述，可以根据 49 项中的 18 项调查结果，获得理想再育年龄的数据。结果显示，女性人口的平均理想再育年龄为 28.3 岁，标准差为 1.3 岁。平均理想二胎间隔为 2.4 年。以年份为横轴，理想再育年龄为纵轴，绘制散点图，如图 4-6 所示。拟合其趋势线，线性回归模型结果显示，年份对理想再育年龄不具有统计上显著的影响作用。可见，理想再育年龄也相对较稳定。

分城乡而言，5 项调查报告了城市女性的理想再育年龄，其平均理想再育年龄为 27.6 岁，标准差为 2.0 岁。6 项调查报告了农村女性的理想再育年龄，其平均理想再育年龄为 28.8 岁，标准差为 0.9 岁。城市女性人口的平均理想再育年龄小于农村 1.2 岁。

以年份为自变量，理想再育年龄为应变量，分城乡拟合线性回归模

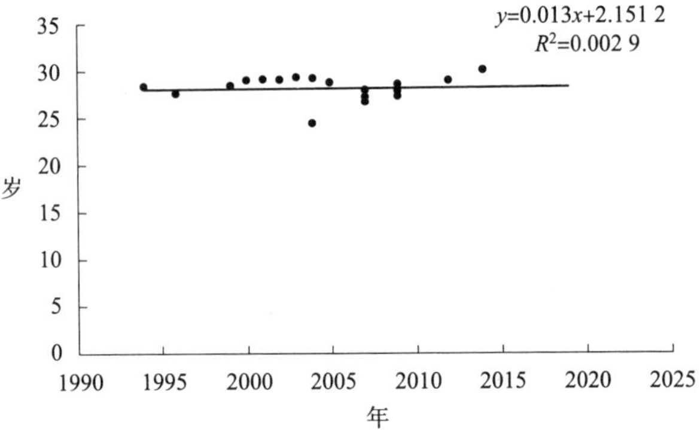

图 4-6　1994—2019 年全国女性理想再育年龄

型，具体如图 4-7 和图 4-8 所示。结果显示，无论是城市还是农村，年份对理想再育年龄也不具有显著的影响作用，这表明理想再育年龄比较稳定。

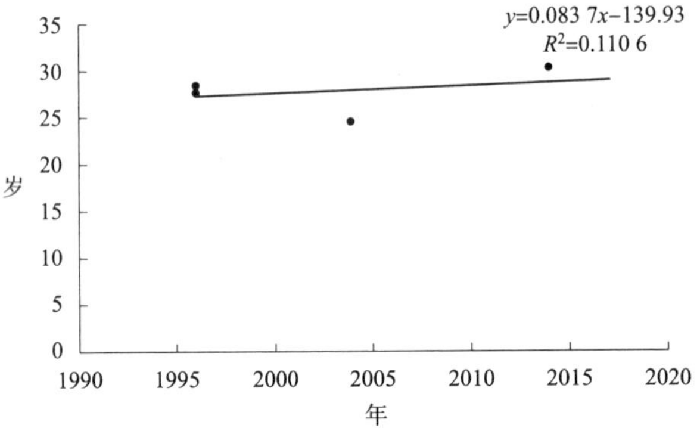

图 4-7　1994—2019 年城市女性理想再育年龄

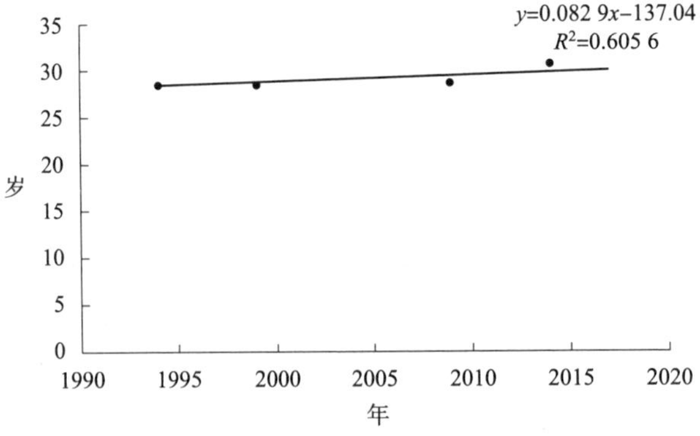

图 4-8　1994—2019 年农村女性理想再育年龄

5　实际和理想生育年龄

5.1　初育年龄

图 4-9 中，实线反映的是实际初育年龄，虚线为理想初育年龄的趋势线。二者的关系经历了先是实际低于理想，后是实际高于理想的变动。具体而言，从 1995 年至 2015 年，主要是实际初育年龄显著低于理想初育年龄。2015 年之后，实际初育年龄高于理想初育年龄。两个配对样本 t 检验结果显示，二者存在统计上的显著差异，$t(23)=-2.6$，$P=0.015$。

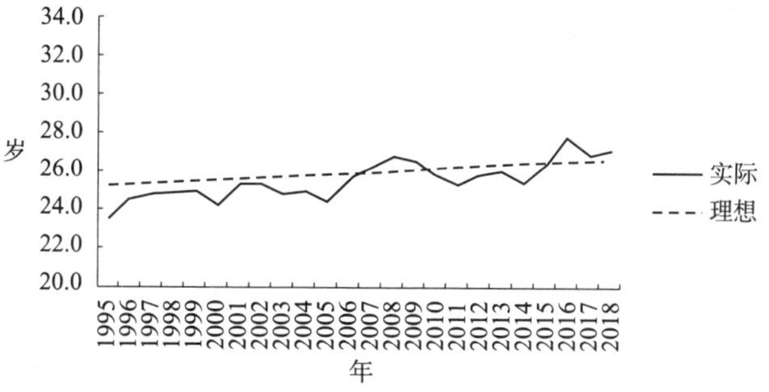

图 4-9　1995—2018 年全国女性平均初育年龄和理想初育年龄

分城乡来看，在城市，实际初育年龄和理想初育年龄均呈现出显著的上升趋势，二者之间不存在显著差异，$t(23)=-0.1$，$P=0.919$，如图 4-10 所示。人们在意愿和行为上都在推迟生育，整体来看，意愿和行为一致。在乡村，实际生育年龄显著低于理想初育年龄，$t(23)=-4.5$，$P=0.000$，如图 4-11 所示。

通过访谈发现，是否接受过高等教育是一个重要的影响因素。通常，居住在城市的女性更有可能进入高等院校继续学习，并因为专注于学业而推迟婚育年龄，导致实际初育年龄大于理想初育年龄。高校毕业后的女性，无论是来自城市还是农村，都更有可能居住在城市。

而居住在农村的、相当多的女性，往往在初中或高中毕业之后，就不再继续读书了，她们有的外出打工，有的留在家乡就业，同时在家庭和文化习俗的影响下，会选择较早地结婚生子，由此也就出现了实际初育年龄小于理想初育年龄的现象。

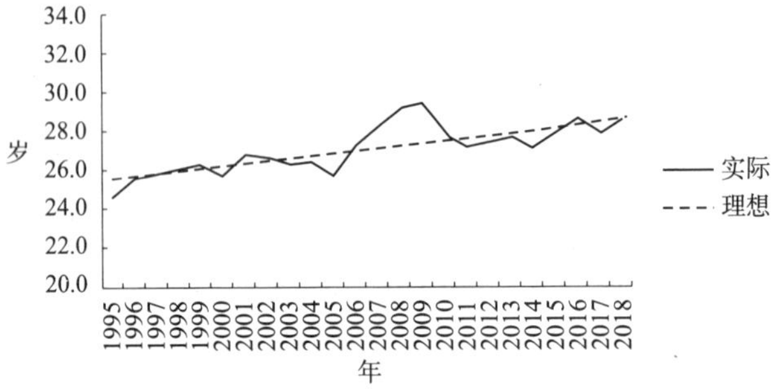

图 4-10　1995—2018 年城市女性平均初育年龄和理想初育年龄

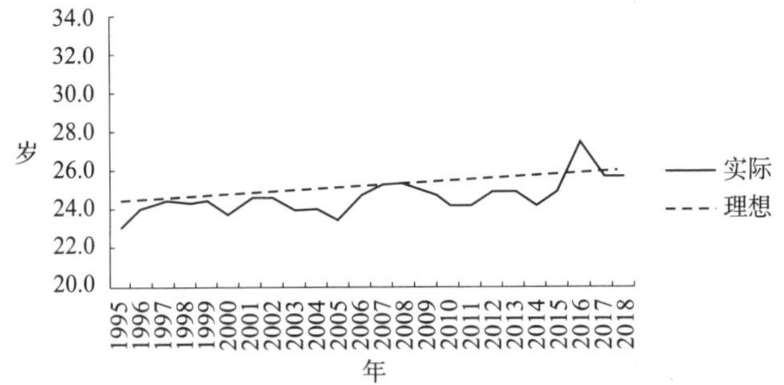

图 4-11　1995—2018 年农村女性平均初育年龄和理想初育年龄

5.2　再育年龄

总体而言，实际再育年龄和理想再育年龄存在显著差异，t（23）= 6.8，P=0.000。实际和理想的再育年龄的关系经历了由“实际小于理想”转变为“实际大于理想”的过程，如图 4-12 所示。这一现象与理想子女数和生育水平之间变化关系正好相反，它们是从“实际大于理想”转变为“实际小于理想”（侯佳伟等，2014）。形式相反，实质相同，从“早育、多生”转变为“晚育、少生”，再育早就促使生育多而超出理想，而再育晚也促使生育少而低于理想。

具体而言，理想再育年龄基本稳定在 28.3 岁左右，实际再育年龄则经历了“上升-下降-上升”的过程，从 1995 年的 26.7 岁增加到 2007 年的 31.1 岁，又回落到 2014 年的 28.8 岁，到 2018 年再次增长到

30.0 岁。起初，实际再育年龄低于理想再育年龄，随着实际再育年龄的不断增长，在 20 世纪 90 年代末期，二者趋势线相交，实际再育年龄超过了理想再育年龄。此后，无论实际再育年龄如何变化，它均在理想再育年龄之上。

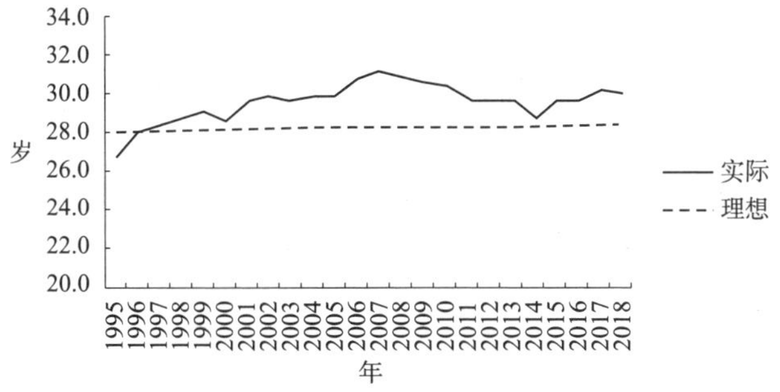

图 4-12　1995—2018 年全国女性平均再育年龄和理想再育年龄

近 20 年来，在此方面，城市和农村呈现出了不同的情形。在城市，实际再育年龄一直显著高于理想再育年龄，$t\ (23)\ =18.0$，$P=0.000$，如图 4-13 所示。而在农村，实际和理想的再育年龄之间不存在显著差异，$t\ (23)\ =-0.6$，$P=0.525$。1995 年时实际再育年龄低于理想再育年龄，随后，理想再育年龄保持稳定，而实际再育年龄则不断上升，并在 2000 年之后，实际再育年龄逐渐大于理想再育年龄，到 2007 年之后，实际再育年龄又有所下降，并逐步与理想再育年龄相接近，2010 年左右，实际再育年龄再度低于理想再育年龄。总之，理想再育年龄有所上升但不显著，实际再育年龄在此线上下波动，如图 4-14 所示。

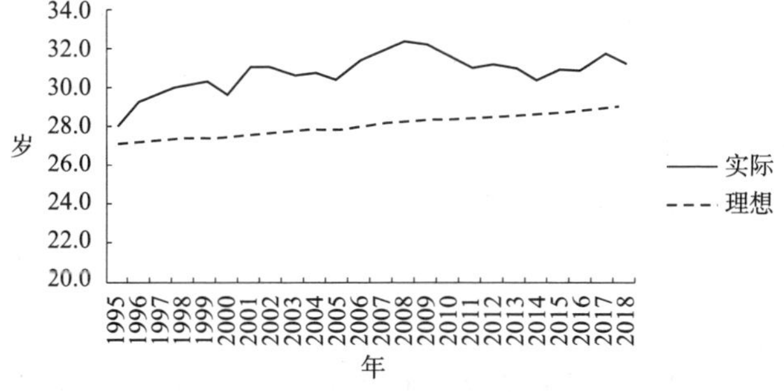

图 4-13　1995—2018 年城市女性平均再育年龄和理想再育年龄

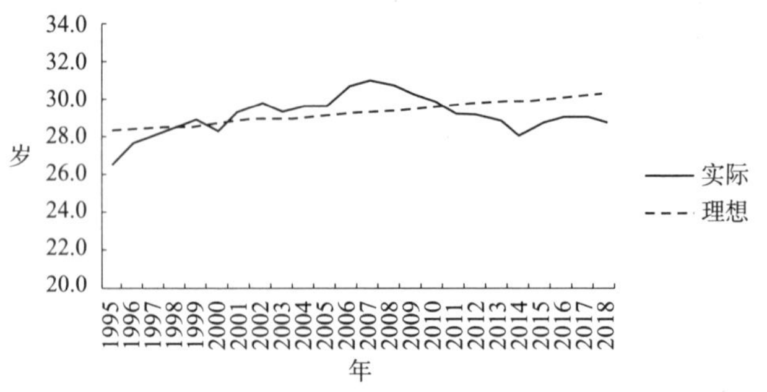

图 4-14　1995—2018 年农村女性平均再育年龄和理想再育年龄

6　结论与讨论

本研究借助横断历史元分析方法对相关文献进行了梳理、分析，并结合国家统计局公布的数据，拟合出 1995—2018 年中国人口实际生育年龄和理想生育年龄关系变化趋势。研究发现：

（1）实际生育年龄呈现显著增长趋势，初育年龄从 1995 年的 23.5 岁上升到 2018 年的 27.0 岁，上升了 3.5 岁；再育年龄从 26.7 岁上升到 30.0 岁，上升了近 3 岁；

（2）理想生育年龄相对较为稳定，理想初育年龄保持在 25.9 岁左右，理想再育年龄维持在 28.3 岁左右，平均理想二胎间隔为 2.4 年；

（3）无论是平均初育年龄还是平均再育年龄，均经历了从“实际小于理想”到“实际大于理想”的转变，区别在于转折点时间不同，再育大约在 1996 年，初育在 2015 年左右，相差约 20 年。

城市和乡村表现出完全不一样的情况：首先看生育意愿与生育行为一致的现象，城市人口理想初育年龄和实际初育年龄同步大幅上升，农村人口实际再育年龄围绕理想再育年龄上下波动。再看生育意愿与生育行为不一致的现象，城市人口实际再育年龄一直显著高于理想再育年龄，而农村实际初育年龄显著低于理想初育年龄。

理想生育年龄表现出几方面特点：

（1）根据女性的生理规律，其生育最佳年龄段，无论是理想初育年龄还是理想再育年龄均在 23~30 岁；

（2）人们平均的理想初育年龄是 25.9 岁，超过了政府倡导的晚育年龄 23 岁；

（3）理想生育年龄较为稳定，整体未随时间的推移而发生显著变化。值得注意的是，城市理想初育年龄已呈现显著的上升趋势。这反映出：理想生育年龄是遵循一定客观生物规律的，它有助于优生优育的实现，但也会随着实际情况的变化而产生相应的变化。

这亦可引发出一系列思考：为什么理想或意愿会显得比较稳定，而实际行为却会发生变化？在现实中，究竟是哪些具体的因素在影响着人们行为，它们又是如何影响的，进而导致行为而偏离理想或意愿呢？这种偏离的规律性是什么？这对于我们预见人们生育行为的变化有什么意义？同时，这是否会给未来的人口趋势预测带来某些启示？这些问题都有待进一步探讨。

在实际初育年龄低于理想初育年龄时，国家所宣传、提倡的晚婚晚育会在一定程度上推动理想与行为趋于一致。当现实情况发生改变，实际高于理想时，政府部门服务和宣传的重心应该进行适当的调整，这样才能做到与时俱进、以人为本。此时，如果再一味宣传晚婚晚育，非但不能取得良好的成效，而且还会对新的生育政策形成一定的阻力。

现如今，人们更为担心、忧虑的问题是，到了该生孩子的时候，往往却因为这样或那样的原因一时间生不下来。所以，卫生健康部门一方面要为 30 岁以上的孕产妇提供更加优质的医疗卫生服务，另一方面也要多宣传高龄产妇所需的健康孕育知识，尽可能地消除人们的焦虑和恐惧。同时，还需要进一步改善女性的就业环境。

实际再育年龄大于理想的现象，或可以带给我们些许启示："全面两孩"的实施，有可能会促使女性生育第二个孩子，如果真是这样的话，那么，其实际的再育年龄很可能会滞后于原初理想的年龄。鉴于此，我们可以想象到，高龄产妇在未来一段时期可能会是生育的重点人群，相应地，她们也应成为政府公共服务的重要对象。

此外，本研究不可避免地存在局限之处，如：生育理想的数据来源于在不同时间和地区进行的调查，而实际生育的数据却来自人口普查，数据在个体层面并非一一对应的。诚然，如果能够获得反映个体生育理想及其实际生育情况的数据是最为理想的，但现实情况是，目前几乎没有这类一一对应的追踪性的大型数据。

最后，综合现有的研究表述，考虑到具有长远意义的对比分析的需要，我们建议，研究者在以后考察生育意愿的时候，应尽可能地使用统一的测量工具，譬如，您认为女性生育第一个孩子的理想年龄是多少岁，您认为女性生育第二个孩子的理想年龄是多少岁，等等。

第五章　公众生育意愿与生育行为的关联分析

1　引言

生育具有三维性，同时包含数量、性别和时间三个维度（顾宝昌，1992）。第二、三、四章在宏观层面，借助横断历史元分析方法，分别从数量、性别和时间三个维度探讨生育意愿与生育行为的关系。本章拟从微观层面，使用专项调查数据，从数量、性别和时间三个维度探讨生育意愿和生育行为的关系。

需要特别说明的是，尽管国内生育意愿调查报告成百上千篇，但是关于生育意愿测量的讨论却只有寥寥数篇。1988 年，有学者（风笑天，1991）曾从 5 个角度测量生育意愿，在湖北收集了 1 293 份有效问卷（以下简称“湖北调查”）。课题组基本使用原有题器进行调查，并进行了对比分析，进行一场跨越 27 年的学术对话。

2　数据

本研究使用的数据为“北京市居民 2015 年生育意愿和行为调查”数据（以下简称“北京调查”）。此项调查开展的时间为 2015 年 6 月，调查员为大学生，访问形式为计算机辅助电话调查（CATI）。访问对象以年龄在 20~50 岁的成年人为主体，并且，他（她）们在北京市的家中或工作单位都安装有固定电话。调查以固定电话号码为抽样框，采用 RDD 抽样法，即局号（前 4 位）+随机号码（后 4 位）。考虑到接通率、调查对象符合率、合格被访者丢失程度等因素，样本库内抽取了 40 000 个固定电话号码，供访问员拨打。调查结束后，研究人员认真听取了详细的访问录音，并进行了严格的核对，从而剔除了部分不合格样本，最终共获得有效样本 1 201 份。被访者的平均年龄为 31.6 岁，标准差为

8.8岁。其中，男性594人，女性607人，所占比例分别为49.5%和50.5%。具体情况如表5-1所示。

表5-1 2015年北京调查被访者基本信息 单位：人，%

项目	人数	比例	项目	人数	比例
性别			家庭类型		
男	594	49.5	未婚	565	47.0
女	607	50.5	已婚		
年龄			双独	131	10.9
20~29岁	630	52.5	男独女非	61	5.1
30~39岁	294	24.5	男非女独	66	5.5
40岁及以上	269	22.4	双非	377	31.4
缺失	8	0.6	缺失	1	0.1
居住地区			现有子女数		
城市	1 072	89.3	未婚	565	47.0
农村	129	10.7	已婚		
户口所在地			0个	141	11.8
北京	830	69.1	1个	434	36.1
非北京	371	30.9	2个	56	4.7
婚姻状况			3个	4	0.3
未婚	565	47.0	缺失	1	0.1
已婚	636	53.0			

3 数量

此部分的测量参考风笑天教授（1991）设计的题目，并与其结果进行了比较。他将调查对象分为独生子女父母和多子女父母，我们也会按此划分进行比较。

3.1 现有孩子数目是否满意

第一，我们从父母对现有孩子个数是否满意的角度进行了解，并将独生子女父母的回答同多子女父母的回答进行比较。一般来说，如果对现有孩子个数感到满意，则可以在一定程度上说，其生育意愿得到了满

足；而如果对现有孩子个数感到不满意，则可以较肯定地认为，其生育意愿未得到满足。(风笑天，1991)

我们向已生育子女的被访者询问："您对现有孩子数目满意吗?"调查结果显示，七成的人表示满意，多子女父母感到满意的比例显著高于独生子女父母。虽然时隔 27 年，但是这个基本结果是一致的。有变化的是，在北京调查中，独生子女父母对子女数目感到满意的比例高于不满意的比例，前者是后者的 2 倍。而在湖北调查中，独生子女父母对子女数目感到满意的比例低于不满意的比例。如表 5-2 所示。这表明，人们对子女数目单一目标正在转变为多极目标，不仅多子女的父母对子女数目感到满意，而且独生子女父母也会对子女数目感到满意，各取所需，各有所好。这可能也反映出，21 世纪 10 年代比 20 世纪 80 年代，更多的人倾向于生育一孩。

表 5-2　两次调查分已有子女数的对现有孩子数目满意情况　单位：人,%

	2015 年北京调查			1988 年湖北调查		
	人数	满意	不满意	人数	满意	不满意
总计	492	70.9	29.1	1253	66.5	33.5
已有子女数						
1	432	67.6	32.4	714	48.7	51.3
2	56	94.6	5.4	539	90.0	10.0
3	4	100.0	0.0			
	χ^2 (2) = 19.246，P=0.000			χ^2 (1) = 224.416，P=0.000		

3.2　理想子女数

第二，我们从幸福美满的家庭最好有几个孩子的角度，了解独生子女父母的生育意愿。

您认为幸福美满的家庭最好有几个孩子？(风笑天，1991)

北京调查与湖北调查结果一致，无论是独生子女父母，还是多子女父母，认为理想子女数为两个的比例最多，但是，多子女父母选两个的比例显著多于独生子女父母，而独生子女父母选 1 个的比例是多子女父母的 3 倍左右，如表 5-3 所示。需要补充说明的是，在北京调查中，多位被访者明确表明，幸福美满的家庭与孩子数量不具有必然性，甚至没有相关性，建议调查中直接询问“您的理想子女数是多少?”这也反映出家庭功能和价值的多元化趋势，不只是“传宗接代”。

表 5-3 两次调查分现有子女数的理想子女数构成 单位：人，%

现有子女数	2015 年北京调查					1988 年湖北调查				
	人数	理想子女数				人数	理想子女数			
		0	1	2	3/3+		0	1	2	3/3+
1	432	0.5	24.1	70.8	4.6	731		27.6	69.2	3.2
2	56	0	7.1	89.3	3.6	547		9.3	86.5	4.2
3	4	0	0	75	25					
	χ^2（6）= 13.635，P=0.034					χ^2（2）= 28.257，P=0.000				

北京调查结果显示，人们的平均理想子女数为 1.81 个，标准差为 0.6。总体看来，理想子女数与被访者的婚育情况直接相关，与其他特征的关联并不明显，如性别、年龄、居住地区和户口所在地等因素，具体情形如表 5-4 所示。

单从婚育角度而言，未婚人群的理想子女数明显高于已婚人群的理想子女数。或多或少地，理想子女数都会受到人们所处的具体生活状态、阶段的影响，如大多数未婚人士总是会对幸福家庭的重要纽带——孩子充满一种憧憬的感情，较少地去考虑一些尚未经历的事情，而已婚人士则可能会更多地面临工作、养家等实际压力，因此，他们会优先考虑能否养得起的问题。不同类型家庭的理想子女数也存在差异，“男非女独”家庭期望有两个孩子的比例最高，“双非”家庭次之，“男独女非”家庭再次之，“双独”家庭的理想子女数最少。

表 5-4 2015 年北京调查分类别的理想子女数构成 单位：人，%

项目	人数	理想子女数				平均理想子女数
		0	1	2	3/3+	
总计	1 196	2.59	19.40	73.24	4.77	1.81
性别						
男	592	2.70	18.58	73.31	5.41	1.84
女	604	2.48	20.20	73.18	4.14	1.79
		χ^2（3）= 1.465，P=0.690				

续表

项目	人数	理想子女数				平均理想子女数
		0	1	2	3/3+	
年龄						
20～29岁	628	2.71	17.68	74.84	4.78	1.83
30～39岁	293	3.07	22.53	68.94	5.46	1.79
40岁及以上	268	1.87	19.78	74.25	4.10	1.81
		χ^2（6）=4.829，P=0.566				
婚姻状况						
未婚	563	3.73	17.23	74.07	4.97	1.82
已婚	633	1.58	21.33	72.51	4.58	1.81
		χ^2（3）=8.089，P=0.044				
家庭类型						
双独	131	3.05	31.30	60.31	5.34	1.69
男独女非	61	0.00	26.23	67.21	6.56	1.80
男非女独	65	1.54	16.92	76.92	4.62	1.91
双非	375	1.33	17.87	76.80	4.00	1.84
		χ^2（9）=17.397，P=0.043				
居住地区						
城市	1068	2.62	19.48	73.31	4.59	1.81
农村	128	2.34	18.75	72.66	6.25	1.84
		χ^2（3）=0.734，P=0.865				
户口所在地						
北京	826	2.91	20.82	71.19	5.08	1.80
非北京	370	1.89	16.22	77.84	4.05	1.86
		χ^2（3）=5.922，P=0.115				

3.3　关于孩子数目的看法

第三，我们又将对于孩子数目的三种不同看法列出，了解被调查者对这三种看法的赞同程度。由于这三种看法分别代表着只生一个、生两个以及生三个以上这三种生育意愿，故从被调查者的态度中，我们也能间接地了解到他们自己实际的生育意愿。

您是否同意以下说法：

1. 不管从哪方面说，一个孩子已经足够了。

2. 一个家庭至少有两个孩子才是美满的。

3. 从多方面考虑，还是有三四个子女好。(风笑天，1991)

北京调查反映的情况是，同意“一个孩子已经足够”的比例是不同意的1/2，同意“至少有两个孩子才是美满的”的比例多于不同意的，而八成以上人不同意“有三四个子女好”的说法。该组题目从侧面印证了上述调查结果，即：两个孩子是大多数人心目中的理想值，其次还有一部分人认为一个孩子是其理想子女数，而绝大多数人都不愿再生三四个孩子了。

关于前两种说法，独生子女父母和多子女父母的看法存在显著差异，而第三种看法，二者之间无显著差异。独生子女父母同意“一个孩子已经足够了”的比例显著高于多子女父母，几乎是多子女父母的2倍。多子女父母同意“一个家庭至少有两个孩子才是美满的”比例显著高于独生子女父母。无论是独生子女父母，还是多子女父母，均有3/4以上的人不同意“三四个子女好”。这表明，独生子女父母和多子女父母可能本就存在对不同子女数目的偏好，有偏好1个的，有偏好2个的，但是大多数是不想生育第3个。简单总结一下，人们普遍对自己拥有的孩子数量很满意，而且，都不希望生太多的孩子。

与湖北调查相比较①，第一种说法二者比例分布一致，均是不同意“一个孩子已经足够了”比例多于同意，说明有部分人的生育意愿尚未实现。第二种说法，对比于湖北调查，北京调查同意的比例明显大幅减少。同意“一个家庭至少有两个孩子才是美满的”的比例，湖北调查和北京调查分别为82.8%和60.6%，这表明可能出现了更多不想生育二孩的家庭。第三种说法，两个调查差异也较大，湖北调查中97.6%的人不同意“三四个子女好”，而北京调查其比例下降到83.3%，期望多子女家庭的人比例增加。对子女数目呈现多元化认同的特点，是前后两次调查对比反映出的最大的变化，如表5-5所示。

① 由于湖北调查仅报告了独生子女父母的看法，故仅与北京调查独生子女父母的看法相比较。

表 5-5　两次调查中对孩子数目的看法　　单位:%，人

项目	2015 年北京调查			1988 年湖北调查		
	人数	同意	不同意	人数	同意	不同意
不管从哪方面说，一个孩子已经足够了	1 170	35.8	64.2			
独生子女父母	432	43.8	56.3	672	49.6	50.4
多子女父母	60	23.3	76.7			
	χ^2 (1) = 9.061，P=0.003					
一个家庭至少有两个孩子才是美满的	1 170	58.4	41.6			
独生子女父母	432	60.6	39.4	685	82.8	17.2
多子女父母	60	81.7	18.3			
	χ^2 (1) = 10.008，P=0.002					
从多方面考虑，还是有三四个子女好	1 170	17.9	82.1			
独生子女父母	432	16.7	83.3	632	2.4	97.6
多子女父母	60	25	75			
	χ^2 (1) = 2.513，P=0.113					

3.4　只生一孩的原因

第四，我们还从了解独生子女父母只生一个孩子的原因的角度，来了解他们的生育意愿是否满足。一般来说，父母自愿只生一个孩子的，其生育意愿往往是得到满足的；而如果是由于政策的规定，或由于其他条件的限制而只生了一个孩子的，则其生育意愿往往并未得到满足。(风笑天，1991)

在两次调查中，自愿只生一个孩子的比例分别为 13.6%和 17.2%，这说明生育意愿和生育行为一致的不到两成。在湖北调查中，人们的生育意愿受到最大的限制是当时国家实行的计划生育政策，有 3/4 的人因此原因只能生育一个孩子。北京调查正值生育政策调整时期，已推行

“单独两孩”政策，尚未推行“全面两孩”政策，部分人还会受到生育政策限制。北京调查结果显示，18.1%的人受生育政策限制只能生育一个孩子。该比例比湖北调查结果大大降低。政策不再是影响生育二孩的主要因素，而生理、经济、工作等原因则成为重要的限制因素，导致生育意愿和生育行为不一致，具体情况如表5-6所示。

表5-6　两次调查中独生子女父母只生一孩的原因　　单位：人，%

项目	2015年北京调查		1988年湖北调查	
	人数	比例	人数	比例
1. 我们俩人都不想多要孩子	60	17.2	95	13.6
2. 国家政策规定只能生一个	63	18.1	524	74.8
3. 生理原因（如身体不好等）	85	24.4	13	1.9
4. 家庭经济原因	70	20.1	22	3.1
5. 工作学习忙，时间精力有限	52	14.9	41	5.8
6. 其他原因	19	5.4	6	0.8
总计	349	100.0	701	100.0

值得说明的是，我们增设了“没人带”的选项，题目为单选题，选出“最”的原因，与现在大多数调查多选题不同。结果显示，仅有1位被访者选择了“没人带”。为此，我们仔细校验了数据，结果发现并没有偏差。在此之后，我们又进行的关于生育意愿调查发现，有没有人帮忙照料孩子会影响生育二孩的决策，但不是决定性因素。如果进一步追问“没人带”背后隐藏的原因，基本可由生理、精力和经济三方面解释。

第一，女性自己从生理上已无法承受再养育一个子女的劳累和辛苦，例如因为年龄大，或因为患有疾病，那么她就会选择不再生育，这一类可归为表5-6中第3类“生理原因（如身体不好等）”。

第二，女性在工作、事业发展和养育子女之间进行平衡，如果将主要的精力放在工作上的话，则需要有人能够帮忙照料孩子，当然也可以辞掉工作只照料孩子。这一类“没人带”的实质是工作、家庭兼顾和取舍的问题，可归入第5类“工作学习忙，时间精力有限”。

第三，如果经济足够宽裕，在扩展家庭内找不到帮手的话，便可以从市场上寻求家政服务人员，所以这一类“没人带”可归为第 4 类“家庭经济原因”。故而，当只选一个最重要的原因时，“没人带”背后的潜在因素就呈现了出来。

3.5　生育二孩意愿

第五，我们假定国家改变生育政策，可以生两个，进而询问独生子女父母是否想再生一个，以此来反映他们的生育意愿是否满足。当然，这种假设情形与实际情形之间，肯定会有差距，但它仍可以在一定程度上帮我们估计和认识独生子女父母生育意愿的现状。

在问卷表中，我们询问了一个这样的问题：“如果现在国家改变生育政策，允许生两个孩子，那么你们是否还想再生一个?”（风笑天，1991）

因为生育政策已经进行调整，北京调查并未对政策进行假定，对已育一孩的被访者询问“您还打算再生一个孩子吗?”回答不打算生的占 84.6%，是湖北调查的 2.3 倍。湖北调查中明确表示不打算生的占 37.2%，而打算生的占 62.8%，这由“想再生一个”和“如果年轻一点就再生一个”两类构成。人们生育二孩的意愿发生了非常大的变化，由想生占多数转变为不想生占绝大多数，具体情况如表 5-7 所示。

表 5-7　两次调查中独生子女父母生育二孩意愿　　单位：人，%

项目	2015 年北京调查		1988 年湖北调查	
	人数	比例	人数	比例
打算生	67	15.4	444	62.8
想再生一个			238	33.7
如果年轻一点就再生一个			206	29.1
不打算生	367	84.6	263	37.2
总计	434	100.0	707	100.0

如前所述，大多数受访者的理想子女数是两个，那么他（她）们

真的会生育两个子女吗？事实上，在生育率处于较低水平时，理想子女数常常大于计划生育的子女数，计划生育的子女数又大于实际生育子女数（杨菊华，2008；宋健，陈芳，2010）。也就是说，生育意愿很大可能是高于生育实际的。在现实生活中，人们在生育问题上会表现出更多的理性，他们会根据自身的家庭状况和经济能力作出更合理的决定。正如在社交媒体上流传的那样："第一个孩子是'生活必需品'，但第二孩子则是'奢侈品'了。"

北京调查结果显示，在打算再生的 43 人中，明确表示计划再生一个的人数占比为 61.19%，想生但尚未列入计划的占比为 35.82%，而仅有 2.99%的人坦承目前已经怀有第二孩子。

客观而言，是否打算生育第 2 个孩子不仅与个人特征有关，还与家庭特征息息相关。性别因素的影响有限，男性与女性的再育意愿不存在显著差异。年龄则是关键性因素，是先天性的制约条件，如 20～29 岁年龄段的人有近一半打算再育，30～39 岁年龄段打算再育的人减少至 1/5 左右，40 岁以上希望再育者的比例尚不足 5%。认为理想子女数为 1 个的被访者几乎不打算再育，为两个的，却仅有约 1/5 的人打算再育。如果人们的结婚年龄越晚，那么整个生育程序后延，再育年龄越大，再育能力越差，再育意愿越弱。大体上，"双独"和"单独"家庭更倾向于再生育一个孩子，而"双非"家庭打算再育的比例不足前者的一半，这可能与当时的生育政策有关，"双非"家庭再育要付出更高的成本与代价。在访谈中，我们已经知晓，"政策不允许"是很多人放弃再生育的直接理由，但不是绝对或唯一的理由。从居住地来看，分布于城市与农村被访者的再育意愿不存在显著差异。若是分户籍来看，非京籍者明显比京籍者更希望再育。综上所述，20～29 岁年龄段的人群以及"单独"或"双独"家庭，由于在生理、政策等层面上具备相应的条件，因而他们更有资本向往再生育一个孩子；同时，那些非京籍人群（即流动人口）、认为理想子女数为两个的人群更有可能计划生育第 2 个孩子，具体情况如表 5-8 所示。

表 5-8　2015 年北京调查分类别的被访者打算生育二孩情况 单位：人，%

项目	人数	是否打算再生一个孩子	
		是	否
总计	434	15.44	84.56
性别			
男	182	14.84	85.16
女	252	15.87	84.13
	χ^2（1）=0.087，P=0.768		
年龄			
20~29 岁	50	46.00	54.00
30~39 岁	155	21.94	78.06
40 岁及以上	223	4.48	95.52
	χ^2（2）=60.575，P=0.000		
理想子女数			
0 个	2	0.00	100.00
1 个	104	1.92	98.08
2 个	306	19.61	80.39
3 个及以上	20	25.00	75.00
	χ^2（3）=20.314，P=0.000		
家庭类型			
双独	72	23.61	76.39
男独女非	35	28.57	71.43
男非女独	37	24.32	75.68
双非	289	10.73	89.27
	χ^2（3）=15.431，P=0.001		
居住地区			
城市	386	16.58	83.42
农村	48	6.25	93.75
	χ^2（1）=3.490，P=0.062		
户口所在地			
北京	339	13.27	86.73
非北京	95	23.16	76.84
	χ^2（1）=4.821，P=0.018		

3.6 子女数量的预期

除上述五个方面以外，考虑到人们在做出生育决策时，还有可能考虑未来的收益，所以我们从经济地位、社会地位和幸福感三方面测量两个孩子与1个孩子相比的预期收益，测量题目如下：

(1) 当您的孩子都年满30岁以后，您觉得，您有两个孩子会比有1个孩子，您在周围人中的经济地位？　A. 更高　B. 更低　C. 一样

(2) 当您的孩子都年满30岁以后，您觉得，您有两个孩子会比有1个孩子，您在周围人中的受尊重程度？　A. 更高　B. 更低　C. 一样

(3) 如果有两个孩子，您会觉得比1个孩子更幸福吗？　A. 更幸福　B. 更不幸福　C. 一样幸福

结果表明，65.6%的人认为，等到孩子均成年后，其本人的社会经济地位并不会因多一个孩子而获得提升；有27.1%的人则认为，在未来，拥有两个孩子会比1个孩子更有可能提高其经济地位；当然亦有7.3%的人认为，如果多一个孩子的话，将来的经济地位还会下降。

与上述情况相类似，75.5%的人认为自己将来的受尊重程度不会因孩子数量的不同而有所差异，仅有23.2%的认为拥有两个子女会比1个子女会使自己的受尊重程度提高。当然，还有极少数人（约1.3%）正好持相反的观点。

在幸福感上，选择“有两个子女会比只有1个子女让人感到更幸福”的比例达到了52.0%，而表示“感觉一样”的比例为41.4%，具体情况如表5-9所示。

不难理解，大多数人认为，即便多生一个孩子，他们未来的社会经济地位并不会因为这一点而发生太大的改变。倒是在幸福感的评价方面，超过一半的人都认为多一个孩子会感到更幸福。伴随着中国社会的快速转型，现如今人们对于子女的价值定位、期望都已经发生重大的改变，作为新生一代的父母，他们不会也难以指望自己的孩子在长大成人后，为自己带来一些经济收益或社会资本，因此子女数量的多少显得不再那么重要了，但在精神慰藉和幸福回馈方面，或许多生一个孩子还是具有显著意义的。

表 5-9　2015 年北京调查不同子女数量的预期　　单位：%

项目	更高/幸福	一样	更低/不幸福
经济地位	27.1	65.6	7.3
受尊重程度	23.2	75.5	1.3
幸福感	52.0	41.4	6.6

3.7　从生育理想到生育意愿

根据北京调查结果，我们将一孩家庭的生育意愿与计划的相关数据绘制在一张图表上，具体情况如图 5-1 所示。这里反映出一个颇为有趣的现象：认为一个家庭理想子女数为两个的比例可以达到 70.5%；如果落实到生活实际，有 32.3%的人表示对现有 1 个孩子的数目并不满意，比例不及前者的一半；在更进一步地涉及未来的再育计划时，仅有 15.4%的人表示打算再生育，比例又减少了一半。生育理想与生育意愿之间存在差距，这与第二章图 2-4 所呈现的结果相一致。

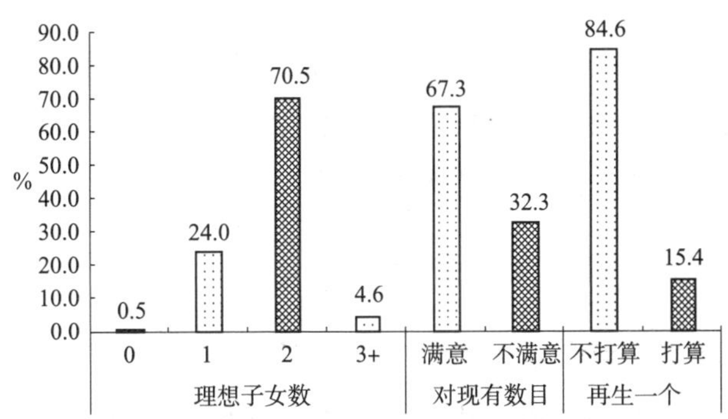

图 5-1　2015 年北京调查中一孩家庭从生育理想到生育意愿

把 2015 年北京调查和 1988 年湖北调查结果呈现在一张图中，如图 5-2 所示。尽管时隔 27 年，然而人们的生育观念非常相近，理想子女数为两个的占 70%左右。但是，人们的生育意愿发生了明显变化，对一个孩子数目不满意的比例从 51.3%降至 32.3%，想生二孩的比例从 62.8%大幅缩至 15.4%，减少了 3/4。在湖北调查中，虽然生育意愿弱于生育理想，分别是 62.8%和 69.2%，然而二者较为相近，仅相差

6.4%。而在北京调查中，生育意愿大大弱于生育理想，生育理想几乎是生育意愿的5倍。生育理想和生育意愿之间巨大的差距可能并非一直存在，而是随着社会经济发展而产生了差距。

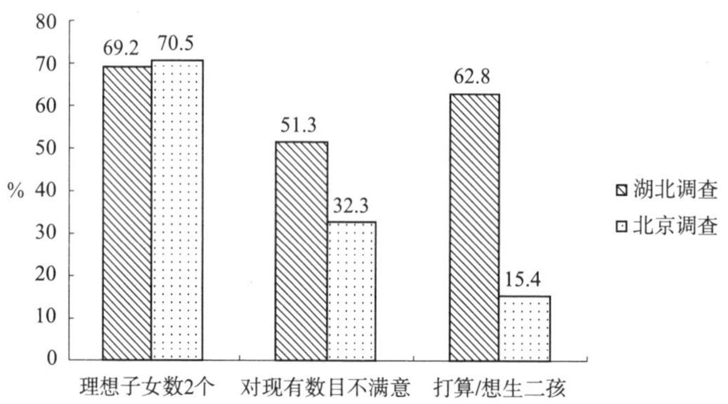

图 5-2　两次调查中一孩家庭从生育理想到生育意愿

4　性别

由于湖北调查只测量了生育数量维度，未涉及性别和时间维度，故下文无法进行跨时空比较分析。仿照对生育数量维度意愿的测量，我们相应地设计了生育性别维度意愿的测量工具。

4.1　是否满意现有子女性别

首先，考察已育人群对现有子女性别的满意情况。一般而言，如果一个人对现有的子女性别感到满意，那么表明他在性别维度的生育意愿已得到满足。北京调查结果显示，97.0%的被访者对现有子女的性别都表示满意。总体说来，不论是拥有男孩，还是女孩，或是儿女双全的父母，他们对于已有子女性别的满意度不存在显著差异，具体情况如表5-10所示。

通过重听访问录音，我们明显地发现，人们在回答“对现有子女数目是否满意”时，常常会思索几秒或是表现出一些犹豫，然后才会做出选择，而在提及现有子女性别的满意度时，绝大多数人都会非常痛快、干脆地回答“满意”，甚至，他们的语气还透露出一种无以言表的自豪和满足。

一位被访者曾这样解释道："原本想要个男孩的，结果却生了女孩，但后来发现她很乖巧、伶俐，还很有出息，感觉非常好，已经知足了，所以也就不再想要男孩了。"事实上，尽管有人希望生育男孩，但是已经生育女孩，面对既成的现实，天下父母哪有不爱自己的孩子的呢？即便那些具有强烈性别偏好的人，也多少会受到社会整体氛围的影响，毕竟时代在进步，城市化水平越来越高，女性受高等教育的规模越来越大，男孩相对于女孩的绝对优势不再那么明显了。

表 5-10　2015 年北京调查中现有子女性别结构满意情况　单位：人,%

项目	满意情况		人数
	满意	不满意	
全男	95.8	4.2	239
全女	98.1	1.9	215
儿女双全	97.4	2.6	38
	$\chi2$（2）= 2.092，P = 0.351		

4.2　理想子女性别

其次，测量人们心目中理想的子女性别结构，以期了解人们对子女性别的期望。由于性别和孩次有关，所以我们以分孩次的方式询问被访者的态度，即"在您看来，第 1 孩子最理想的性别是？1. 男孩，2. 女孩，3. 男女均可""在您看来，第 2 孩子最理想的性别是？1. 男孩，2. 女孩，3. 男女均可，4. 与第一个不同"。北京调查结果如表 5-11 所示。

结果发现，如果人们生育两个孩子，他们对于子女性别的态度呈现出 3 个特点：（1）在生第 1 个孩子时，更希望是男孩，但对于第 2 个孩子，则更偏好于女孩；（2）偏好单一性别的极少，喜欢儿女双全的占多数。只想要男孩或只想要女孩的分别占 1.3%和 1.5%，合计占 2.8%。希望"男女"组合占 23.6%，"女男"组合占 13.2%，第 1 个孩子男女均可而第 2 个与第 1 个不同占 23.2%，累计占 60.0%；（3）50.5%的人认为第 1 个孩子男女均可，而 29.6%的人认为第 2 个孩子也是男女均可，两个孩子都是男女均可观点的占25.8%。综合而言，执着于某一性别的人只是极少数。

表5-11　2015年北京调查中理想子女性别情况　　单位：人，%

项目	第一个孩子		第二个孩子	
	人数	比例	人数	比例
男孩	339	28.2	182	15.2
女孩	223	18.8	317	26.4
男女均可	608	50.4	356	29.6
与第一个不同			315	26.2
缺失	31	2.6	31	2.6

4.3　对男孩的预期

在传统的农业社会中，只有生男孩才能保证家族香火的传递，提高家庭的经济地位和社会地位。现在人们对男孩还是寄予如此高的期望吗？本次调查就此开展了测量，“当您的孩子都年满30岁以后，您觉得，您有男孩会比没有男孩，您的经济地位？1. 更高，2. 更低，3. 一样”“当您的孩子都年满30岁以后，您觉得，您有男孩会比没有男孩，您的受尊重程度？1. 更高，2. 更低，3. 一样”。

北京调查结果显示，被访者普遍表示：有没有男孩并不会改变其在周围圈子中的经济地位和受尊重程度。例如，有78.77%的人认为，无论有没有男孩，自身的经济地位都是一样的；仅有12.91%的人认为，有男孩比没有男孩，更有助于提升自己的经济地位；相比之下，还有8.33%的人认为，有男孩比没有男孩，会使自己的经济地位下降。相近似地，有86.09%的人认为，有没有男孩，自己的受尊重程度基本一样；只有12.66%的人认为，有男孩比没有男孩，可以增进自己的受尊重程度；极少数人（占1.25%）表示这样会使其受尊重程度降低，具体情况如表5-12所示。显而易见，绝大多数人都不会再将自己的某些期望寄托在生男孩上面，但也有一成多的人还是觉得男孩便意味着财富、地位和希望，当然，少数人可能也已经意识到：男孩不一定就是财富的创造者，恰恰相反，他们更容易成为“消耗者”。

另外在后续访谈中发现，一部分人非常期望第 1 孩子是女孩，因为他们就是特别偏好女孩，觉得女孩乖巧好学，易于养育。甚至有的人还表示：第 1 个是女孩的好处就在于，可以为第 2 个孩子的性别预留下余地，也就是说，第 2 个不论是男孩，还是女孩就无所谓了；但如果第 1 个是男孩，那么自然会希望第 2 个是女孩，但万一还是男孩，恐怕就真的要“抓狂”了，两个儿子的负担过于沉重。可见，以前那种“重男轻女”的性别偏好已经发生了根本性的改变。

表 5-12　2015 年北京调查中有男孩比没有男孩的预期经济地位和受尊重程度

单位：人,%

项目	人数			比例		
	更高	更低	一样	更高	更低	一样
经济地位	155	100	946	12.9	8.3	78.8
受尊重程度	152	15	1 034	12.7	1.2	86.1

4.4　现有子女性别结构

在北京调查中，拥有 1 个子女的家庭，子女性别比为 110.2，男孩多于女孩。但拥有两个或三个子女的家庭，就整体而言，第 1 个孩子的性别比高达 140.0，男孩明显多于女孩，但第 2 个孩子的性别却下降为 93.6，呈现出男孩少于女孩的趋势，具体情形如表 5-13 所示。

表 5-13　2015 年北京调查现有子女性别分布　　单位：人,%

项目	1 个子女		2 个或 3 个子女			
			第 1 个		第 2 个	
	人数	比例	人数	比例	人数	比例
男孩	227	52.4	35	58.3	29	48.3
女孩	206	47.6	25	41.7	31	51.7
总计	433	100.0	60	100.0	60	100.0
性别比		110.2		140.0		93.6

4.5　子女性别：理想与实际之间的差异

在子女性别结构上，人们的理想与现实也存在一些差异。“儿女双全”是大多数人向往的理想结构，特别是那些只有男孩的家庭，更希望能生育一个女孩，但只有女孩的家庭，期望再生一个男孩的占比相对较低。还有超过三成的人明确表示对性别并不在意，他们觉得男孩女孩都一样好。有意思的是，一些只有女孩的家庭表现出对女孩特别钟爱，如 11.2%的全女孩家庭认为家中至少要有 1 个女孩，而在全男孩家庭中，持此观点的比例仅为 2.4%，前者是后者的 4.5 倍。

表 5-14　2015 年北京调查现有与理想的子女性别结构比较　单位：人，%

项目		理想子女				人数
		至少有 1 男	至少有 1 女	儿女双全	男女均可	
现有子女	全男	3.4	2.4	63.2	31.0	239
	全女	1.4	11.2	48.6	38.8	214
	儿女双全	5.3	7.9	52.6	34.2	38
	总计	2.7	6.7	56.0	34.6	491
χ^2（6）= 21.858，P=0.001						

5　年龄

生育年龄不仅受到生理因素影响，还会受到社会、文化、个人事业发展等因素影响。由于女性是生育的主体，因此对其生育年龄进行研究有着重要的社会意义。尽管男性在生育问题上，也会受到年龄的影响，但相比于女性，他们受到生理因素的影响相对较小。这里，我们暂且只关注女性群体的生育年龄。以下首先分别考察女性理想和实际的生育年龄状况，然后将两者结合起来分析它们之间的关联。

5.1　理想生育年龄

在调查中，我们向被访者询问了理想中的初育年龄和再育年龄，问题依次为“在您看来，女性多大年龄生第 1 个孩子最理想”“在您看来，女性多大年龄生第 2 个孩子最理想”。结果表明，人们的平均理想初育年龄为 26.4 岁，理想再育年龄为 30.0 岁，二孩间隔在 3.6 岁，具体情况可见表 5-15。

表 5-15　2015 年北京调查理想女性初育年龄和理想女性再育年龄

单位：岁

	初育年龄	再育年龄
均值	26.4	30.0
标准差	2.0	2.5
众数	25.0	30.0
异众比例	72.1	64.7
中位数	26.0	30.0
最小值	18.0	20.0
最大值	35.0	45.0
极差	17.0	25.0

不同类别的被访者对于理想初育和再育年龄的认识不同。根据统计结果，男性被访者认可的女性理想初育年龄和再育年龄，都比女性认为的女性生育年龄要小一些。而被访者的年龄与其认为的理想初育年龄呈显著负相关关系，也就是说，被访者年龄越小，其理想初育年龄越大。相比之下，未婚人群平均理想初育年龄显著大于已婚人群的。而居住在城市地区被访者的平均理想初育年龄显著大于农村地区的。再者，年龄、婚姻状况和居住地对理想再育年龄没有显著的影响作用，具体情况如表 5-16 所示。

在现实生活中，越来越多的年轻人，不论男女，为了追求个人事业和自由快乐地生活而有意或无意地延迟婚龄，自然而然地，其生育年龄也就被相应推迟了。特别是一些尚未迈入婚姻门槛的人群，在心理层面上，他们也会想当然地认为生育还是相对遥远的事情。而居住在农村地区的年轻人可能更多受到传统因素的影响，因此婚育年龄还是会比城市人群要早一些。

表 5-16　2015 年北京调查分类别的理想女性初育和理想女性再育年龄

单位：人，岁

项目	初育年龄			再育年龄		
	人数	均值	标准差	人数	均值	标准差
性别						
男	578	26.2	2.1	577	29.6	2.6
女	591	26.6	1.9	589	30.3	2.4
	t（1 167）＝－3.390，P＝0.001			t（1 164）＝－4.605，P＝0.000		

续表

项目	初育年龄			再育年龄		
	人数	均值	标准差	人数	均值	标准差
年龄						
20~29岁	613	26.7	1.9	612	30.0	2.4
30~39岁	285	26.4	2.1	284	30.1	2.6
40岁及以上	264	25.9	2.0	264	30.0	2.6
	F（2，1159）=15.436，P=0.000			F（2，1157）=0.466，P=0.627		
婚姻状况						
未婚	544	26.7	2.0	543	29.9	2.5
已婚	625	26.1	2.0	623	30.0	2.5
	t（1 167）=5.160，P=0.000			t（1 164）=-0.319，P=0.750		
居住地						
城市	1 043	26.5	2.0	1 041	30.0	2.5
农村	126	26.1	2.1	125	29.8	2.7
	t（1 167）=2.186，P=0.029			t（1 164）=0.499，P=0.618		

5.2 实际生育年龄

在本项调查中，总共有479位被访者回答了结婚年份和第一个孩子出生年份的问题。根据计算，他们的平均婚育间隔为2.7年（标准差2.7年），也就是说，人们通常会在结婚后的平均2~3年后生育第1个子女。如果以95%的把握进行推断，那么，北京市居民的婚育间隔均值在2.4~2.9年。

大约有478个被访者对第1个孩子和本人出生年份作出了有效回答，他们的平均初育年龄为27.8岁（标准差为4.1岁），即不论男女，他（她）们拥有第1个孩子时，平均年龄为27.8岁。其中，有女性被访者275人，她们的平均初育年龄为27.2岁（标准差为3.9岁）。如果以95%的把握推断，北京市居民的平均初育年龄即为27.4~28.2岁，女性平均初育年龄为26.7~27.6岁。

仅有60个被访者回答了第2个孩子和本人的出生年份，其平均再育年龄为31.9岁（标准差5.2岁），也就是说，不论男女，当他们拥有第2个孩子时，平均年龄在31.9岁。其中包括34位女性，她们的平均再育年龄为30.7岁（标准差4.4岁）。若再以95%的把握推断，北京市居民的平均再育年龄为30.6~33.3岁，而女性的平均再育年龄为29.2~32.3岁。

随后，我们进行了分类比较，相关结果如表5-17所示。总体看来，无论是理想中女性初育年龄还是女性再育年龄，男性被访者的回答均显著大于女性；不同年龄段的人群，初育年龄存在显著差异，再育年龄的差异并不显著，其中，30岁及以上人群的初育年龄显著大于20~29岁人群，单就女性群体而言，基本上也是类似的情况；城市人口的初育年龄显著大于农村人口的，二者的再育年龄不存在显著差异，同样地，女性群体也是如此。

表5-17 2015年北京调查实际初育年龄和再育年龄 单位：人，岁

项目	初育年龄			再育年龄		
	人数	均值	标准差	人数	均值	标准差
总计	478	27.8	4.1	60	31.9	5.2
性别						
男	203	28.7	4.2	26	33.5	5.8
女	275	27.2	3.9	34	30.7	4.4
	t（476）=4.010，P=0.000			t（58）=2.100，P=0.040		
年龄						
20~29岁	52	25.3	2.3	3	26.7	1.2
30~39岁	180	28.2	3.2	29	31.5	3.0
40岁及以上	246	28.0	4.7	28	33.0	6.7
	F（2，475）=11.468，P=0.000			F（2，57）=2.360，P=0.104		
其中：女						
20~29岁	28	25.5	1.6	2	26.0	0.0
30~39岁	92	27.9	3.2	16	32.1	3.4
40岁及以上	155	27.0	4.4	16	30.0	5.0
	F（2，272）=4.252，P=0.015			F（2，31）=2.315，P=0.116		

续表

项目	初育年龄			再育年龄		
	人数	均值	标准差	人数	均值	标准差
居住地						
城市	424	28.0	4.1	51	32.2	5.2
农村	54	26.5	3.8	9	30.3	5.2
	t（476）= 2.506，P=0.013			t（58）= 1.002，P=0.321		
其中：女						
城市	243	27.3	3.9	27	30.6	4.2
农村	32	25.7	3.5	7	31.3	5.4
	t（273）= 2.241，P=0.026			t（32）= −0.369，P=0.714		

5.3 理想与实际生育年龄

在调查中，我们一共访问到275位已生育子女的女性，她们的平均实际初育年龄和理想初育年龄分别为27.2岁和26.1岁，即她们实际生育第1个孩子的年龄比她们认为理想的初育年龄要晚1岁多。通过个案访谈，我们获悉，大多数女性其实希望尽早地、趁着生育的“黄金期”生下第1个孩子，但往往出于各种原因，最终身不由己地推迟了生育。比较而言，这些女性平均的理想再育年龄与实际再育年龄不存在显著差异，依次为30.3岁和30.7岁，具体情况如表5-18所示。

表5-18　2015年北京调查女性理想和实际初育、再育年龄 单位：人，岁

项目	初育年龄			再育年龄		
	人数	均值	标准差	人数	均值	标准差
理想	275	26.1	1.9	275	30.3	2.3
实际	275	27.2	3.9	34	30.7	4.4
	t（274）= −4.381，P=0.000			t（33）= −0.236，P=0.815		

理想的初育年龄和实际的平均相差1岁，这在统计意义上是一种具有显著差异的现象。对于被访者，他（她）们又是如何看待这两者的呢？对此，我们在问卷中设置了一道题目，即“您觉得当初生孩子的年龄是否合适，自己是否满意？答案包括：1. 满意，2. 实际比理想早

了，3. 实际比理想晚了”，相关的结果分布状况可见表 5-19 中“自评”一列。同时，我们也已经知晓了事实上的理想初育年龄和实际初育年龄，这样便可以对两者进行差异性分类，具体说来，就是分为“实际早于理想”“实际等于理想”和“实际晚于理想”三类。通过计算，便可以得出新的一组结果分布，详见表 5-19 中“实际等于理想”一行。如果把事实上的“实际初育年龄完全等于理想初育年龄”等同于自评中的“满意”的话，便可以发现，事实上的情形与自评存在显著差异，因为事实上，“实际等于理想”的比例非常低，仅为 16.7%，“实际晚于理想”和“实际早于理想”的比例相对较高，相对于自评结果，被访者选择“满意”的比例最高，达到了 76.7%，详细情况如图 5-3 所示。

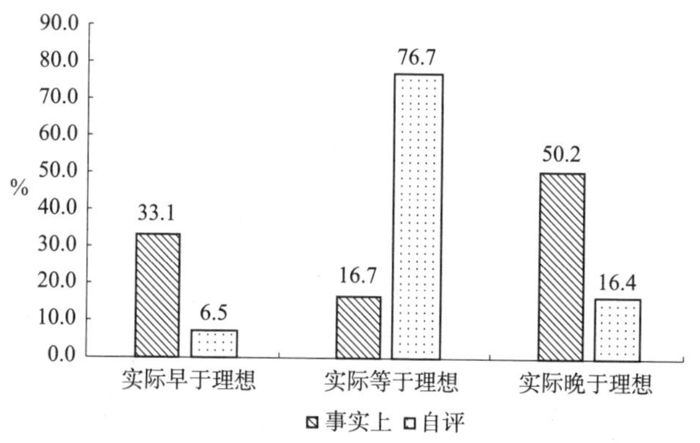

图 5-3　2015 年北京调查女性事实上和自评的实际、理想初育年龄差异（a）

在访谈中，当我们问及理想生育年龄时，绝少有被访者会准确地说出某个年龄数字，大多都是某年龄段。可以看出，人们对于通过想象、思考做出的年龄判断，通常都会预留一定的“容忍”尺度。那么，在初育年龄方面，人们的容忍度是多少岁，即实际初育年龄加减多少岁就会被认为是与理想初育年龄大体相当的、是可以接受的或是令人感到满意的？如表 5-19 所示，我们做了以下几种尝试：第一，上下各加 1 岁，结果表明，事实上和自评存在着显著差异；第二，上下各加 2 岁，二者仍然存在显著差异；第三，上下各加 3 岁，结果发现显著差异消失了，相关的结果分布状况如图 5-4 所示。这意味着，如果实际年龄进入一个特定的范围，即理想年龄上下各加 3 岁的区间，人们都会认为自己的初育年龄是令人满意的。

表 5-19　2015 年北京调查女性事实上和自评的理想、实际初育年龄差异

单位：人，%

项目	自评	事实上			
		完全相等	上下加 1 岁	上下加 2 岁	上下加 3 岁
实际早于理想	6.55	33.09	21.09	14.18	9.45
实际等于理想（满意）	76.73	16.73	40.00	55.64	69.45
实际晚于理想	16.36	50.18	38.91	30.18	21.09
χ^2		202.09	78.12	28.26	4.09
df		2	2	2	2
P		0.000	0.000	0.000	0.129

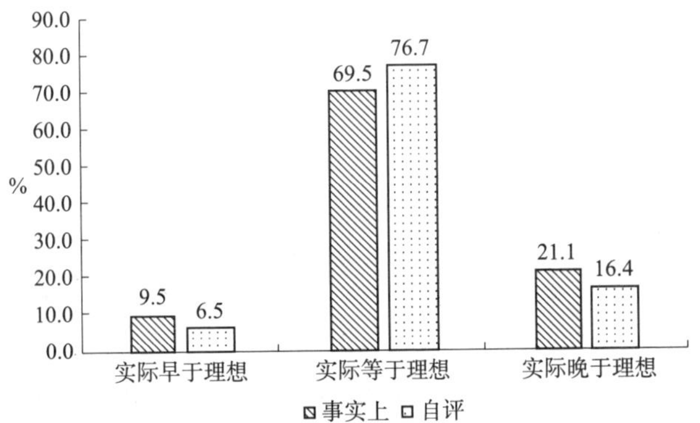

图 5-4　2015 年北京调查女性事实上和自评的实际、理想初育年龄差异（b）

6　结论与讨论

在本研究中，我们以 2015 年北京调查为例，与 1988 年湖北调查相比较，透过数量、性别和年龄这三个维度对生育意愿与生育行为之间的内在关系进行了探讨，基本上可以得出以下结论：

第一，在数量方面，人们意愿生育子女数大大低于理想子女数。在大多数中国人的心目中，两个孩子是一个较佳的理想值。不过，真的要将理想转化为现实，却又是一个难之又难的抉择。站在理性的角度，人们已经明白，多生一个孩子，也许能够增加自身的幸福感，但不会明显改善自身的社会经济地位和受尊重程度。在现实生活中，对于大多数仅有一个孩子的家庭而言，丈夫与妻子还是满意的，由此反映出中国家庭低生育率的客观事实。当然相关数据也为之提供了佐证，例如，在拥有一个孩子的家庭中，仅有 15.4%的人打算再生育 1 个子女。

湖北的调查结果则显示，有两个孩子既是大多数人的理想子女数，也是大多数人的意愿子女数，只是因为受到生育政策限制，生育意愿和生育行为难以一致。而现今，生育意愿与生育理想也已存在差距，人们对子女数目的偏好由“多子多福”转变为“一个两个，各有所爱”。

第二，在性别方面，儿女双全是大多数人理想的子女性别结构。但事实上，相当多的人对现有子女的性别结构表现出了很高的满意度。值得注意的是，现如今中国公众的子女性别取向呈现日益多元化的趋势，那种传统的、强烈的“重男”观念已经失去了主导地位，相反地，越来越多的家庭开始对女孩产生了独特的感情，尤其是那些已经拥有一个女孩的家庭表现出明显的女孩偏好，拥有一个男孩的家庭则希望能再生一个女孩，而有一个女孩的家庭则大多并不希望再生个男孩。

第三，在年龄方面，对已生育子女的女性而言，其平均实际初育年龄显著大于平均理想初育年龄，二者分别为 27.15 岁和 26.11 岁，前者比后者高出 1 岁多。之所以这样，主要是社会现实造成的。伴随着女性社会角色的改变，她们中的相当一部分人更愿意将时间、精力投放到事业发展和个人追求上，因此导致了婚育年龄的普遍延迟。相对地，平均实际再育年龄和理想的再育年龄并不存在显著差异，分别为 30.74 岁和 30.28 岁。究其个中缘由，一方面可能是因为年龄不饶人，从而拖延不起；另一方面可能是女性在选择生育第二孩子时，其想法、状态和价值判断已经与之前（生育第 1 个孩子时）大不一样了。此外，一个新的发现是，如果实际年龄落入理想年龄上下相差的 3 岁的范围内，人们就会认为自己的初育年龄是令人满意的。

尽管本文仅采用了来自北京的数据，但在很大程度上，本项研究依然具有较强的全国代表性，因为在人口大迁徙、大流动的背景下，北京聚集了来自全国各地、各阶层、各族群的人们，不同的文化、观念在这里相互融合、交汇与碰撞。故而，我们可以透过北京，窥到全国公众生育意愿与行为的一般性情况。

综上所述，在中国社会急剧变迁的当下，人们的生育理念、生育意愿、生育行为都已经发生了全新的改变。即便打算生育第二个孩子，人们也不一定会立即将理想转化为现实。尽管全国已经实施了新的生育政策，但实际上，这无法从根本上转变生育率日渐下降的趋势。人口学研究的经验已经证实，控制生育绝非易事，而鼓励生育更是难上加难。考虑到既有的社会现实问题，国家相关部门理应尽快着手研究、制定全面放开二孩的政策，以便做到未雨绸缪、防患于未然。[①]

① 本部分内容公开发表于 2015 年 10 月，巧合的是，发表后不久，中央正式宣布：实施“全面两孩”政策。考虑历史性的现场感，在本报告中，我们未做修改，保留了原文。

第六章　生育意愿：是确定值还是区间

1　研究背景

性生活和生育行为的分离标志着人类生育的重大转变。伴随安全、有效、便利、多样的避孕技术的快速发展和普及，夫妻自主理性选择生育成为可能，从而可以避免非意愿生育的发生，于是生育数量呈显著减少的态势。生育行为不再是听天由命，而是可以进行规划的事情，即有目的、有计划、有选择地实施。生育行为从自然生育转向理性控制，生育决策成为直接影响生育行为的关键因素（郑真真，2014）。个体的生育意愿结合现实因素产生生育行为，每个体的生育行为构成一个人口的生育水平（顾宝昌，2011）。

自 1980 年以来，各地区乃至全国范围开展的与生育有关的调查，几乎都包含生育意愿的内容。对生育意愿的高度关注，一直以来与生育政策密切相关。按照调查动机大致可以划分为三个阶段：第一阶段（1980—1999 年），为了解人民群众生育观念是否发生转变，是否与生育政策相一致，少生的观念是否深入人心；第二阶段（2000—2012 年），为生育政策调整做准备，试图了解如果没有生育政策限制，人们的生育行为可能会发生哪些改变；第三阶段（2013 年之后），“单独两孩”“全面两孩、三孩”政策陆续实施，政府部门和一些研究机构开展了一系列的生育意愿调查，目的在于预估与政策调整相关人群的生育潜力，预判可能出现的生育水平和生育堆积及其对人口形势的影响。与此同时，学界也在积极反思改进生育意愿的测量方法，以期能对生育水平进行更为精准的预测。比如，郑真真（2014）把生育意愿划分为理想子女数、期望子女数和生育计划三个层次；风笑天和沈晖（2016）则从年龄、性别、计划生育政策属性等方面解答了“生育意愿应该调查谁”的问题。

需要注意的是，多数调查测量时都假定人们的生育意愿是以“几个孩子”为单位的一个确定值，暗示生育意愿是“非此即彼”的。事实上，相当一部分人群的生育目标并不十分确定，其生育意愿所表达的孩子数更不是一个固定、具体的“值”，而是徘徊于某个特定区间，比方说，有的人表示理想子女数为“1 到 2 个”；相当一部分人对理想的子女性别结构既表示“最好是儿女双全”，也表示“不是（儿女双全）也无所谓”。多项追踪调查研究都发现，明确只想生育 1 个子女的人仅有极低甚至可以忽略不计的可能性生育第 2 个子女，明确想生育两个子女的人大多数都生育了第 2 个子女。也就是说，生育意愿在一个区间范围内的人的生育行为更有可能不确定。因而，甄别出这类人群，掌握其生育意愿转化为生育行为的影响因素作用机制，将有助于增强对人们未来生育行为的预测性。

因此，本研究提出，在已经开展了大量的关于生育意愿调查研究（风笑天，张青松，2002；姚从容等，2010；侯佳伟等，2014；Basten 等，2014）的基础上，现在有必要反思生育意愿的测量范畴。我们认为，不仅群体的生育意愿存在区间现象，而且个体的生育意愿亦存在区间范围。群体生育意愿区间比较好理解，比如：有人不想生，有人想生 1 个，有人想生 2 个，还有人想生 3 个，那么这个人口的意愿生育数量在 0~3 个孩子的区间范围内。但是，对于个体而言，意愿生育数量真的是一个确定值吗？把理想子女数表述为“1 到 2 个”是个别现象，还是具有普遍性？如果个体生育意愿果真存在一个区间范围，这对于生育水平预测又具有何种意义？在今后，我们该如何对之进行有效测量？此外，生育同时包含数量、性别和时间三个维度（顾宝昌，1992），那么，在这三个维度上，个体生育意愿是否都会呈现出区间特性？它们又是如何呈现出来的？在此，我们将结合相关的实证数据对这些问题开展讨论。

2　研究数据

2015 年 6 月，即在“单独两孩”政策实施近一年半之后，本课题组开展了一项“北京市居民生育意愿和行为调查”（以下简称“北京调查”）。参与调查的访问员均为在校本科生，访问形式为计算机辅助电话调查（CATI），访问对象为年龄 20~50 岁、在北京市的家中或工作单位安装有固定电话的成年人。调查以固定电话号码为抽样框，采用 RDD 抽样法，即局号（前 4 位）+随机号码（后 4 位）。调查最终获得有效样本 1 021 份，从中随机抽取 453 份，笔者对其逐一进行了细致的录音整理，并重新编码。在这 453 位被访者中，男性为 217 人，女性为 236 人，所占比例分别为 47.9%和 52.1%，被访者的平均年龄为 32.7 岁，标准差为 9.1 岁。在婚姻方面，未婚有 193 人，已婚有 260 人，所占比例分别为 42.6%和 57.4%。经检验，453 份的核查样本与 1 021 份的调查样本结构无显著差异。

正是基于北京调查样本的录音资料，我们意识到人们对于生育意愿的理解可能存在“区间现象”。于是，课题组便设计了一些以“区间”选项来测量生育意愿的题目，并将其运用到“2015 年天津市女性居民生育意愿和行为调查”（以下简称“天津调查”）中，以此来检验生育意愿区间现象是否真实存在。“天津调查”开展的时间为 2015 年 11 月 14 日至 15 日，即在“全面两孩”政策公布后不久。调查员为在校大学生，调查方式为面访问卷，采用多阶段抽样方法。访问对象为年龄在 20~49 岁、有配偶、至少已生育 1 个子女且在天津市居住半年及以上的女性居民。调查结束后，研究人员对数据进行了双录核查审核，最终共获得有效问卷 482 份。被访者的平均年龄为 35.5 岁，标准差为 7.1 岁。

3　调查结果

认真分析被访者提供的答案，我们便不难发现生育意愿所表现出的区间现象。这个现象其实一直存在，只是过去未被重视而已。同时，区间现象在数量、性别和时间三个维度上均有体现。

3.1　数量

生育数量是“生多生少”“生几个”的问题。生育意愿区间在数量维度上的表现为：被访者所表述的理想子女数或期望子女数往往并不是一个确定的值，而是某个范围。比方说，“1 到 2 个”“1 个、2 个、3 个都行”“2 个左右”“至少 2 个”“5 到 6 个”。理解这个概念需要注意：①生育意愿区间特指测量某一指标时，人们给出的一个范围。如果被访者认为，理想子女数为 3 个，期望子女数为 2 个，已生子女数为 1 个。这是生育意愿和行为的三个指标，并不构成生育意愿区间。②人们回答的多个数值，通常是连续的，在某一个区间范围内，这个区间可能是闭合的，如“1 到 2 个”“2 到 4 个”，也有可能是开放的，如“至少 2 个”“2 个左右”。③人们的理想子女数甚至期望子女数并不受限于 1 个或 2 个。尽管现在大多数人实际生育数量为 1 个或 2 个子女，但是人们的理想子女数是多样化的、更具想象力的，譬如“3 到 6 个”。

通过分析“北京调查”中有关生育意愿数量的问答记录，我们发现被访者对理想子女数的回答丰富多样，如“1 个就够了，好儿不用多”“1 到 2 个”“2 个最好，1 个也够”“2 到 3 个”“至少 2 个”等。总共多达 18 种，大体可分为 3 类：①有确定值，例如，“不要孩子”“1 个”“2 个”“3 个”“4 个”，累计占 78.0%；②给出区间范围，如“1 到 2 个”“至少 1 个”“1 个、2 个、3 个都行”“2 到 3 个”“2 个左右”“至少 2 个”“2 到 4 个”“3 到 4 个”“4 到 5 个”“5 到 6 个”，累计占 20.2%；③答案无数量表示，如“不一定”“无所谓”“没考虑过”，累计占 1.8%。

受此启发，我们改进了题目设计思路。为了更真实地反映出被访者的生育意愿数量，把以往要求给出确定值的填空题，改作包括确定值、区间范围和无数量答案的单项选择题：

这一生，您总共打算生育几个子女？

1）0 个，2）1 个，3）1 到 2 个，4）2 个，5）2 到 3 个，

6）3 个，7）4 个及以上，8）无所谓，9）没想好

随后，根据这样的设计应用到“天津调查”之中。结果显示：①有确定值：“0 个”占 1.5%，“1 个”占 40.9%，“2 个”占 30.1%，“3 个”占 0.6%，累计占 73.0%；②区间范围：“1 到 2 个”占 22.2%，“2 到 3 个”占 2.3%，“4 个及以上”占 0.4%，累计占 24.9%；③无答案：“无所谓”占 0.2%，“没想好”占 1.5%，缺失占 0.4%，累计占

2.1%。而在“北京调查”中，此三类比例依次是78.0%、20.2%和1.8%，“天津调查”结果与之相类似，如图6-1所示。可见，某些人群的生育意愿数量的确不是唯一的确定值，而是存在一个区间范围。根据这两项调查结果，属于这种情形的比例占到20%~25%，也就是说，每4或5个人中，就有1个人的生育意愿数量是处在某个区间范围内的，而不是一个确定的值。

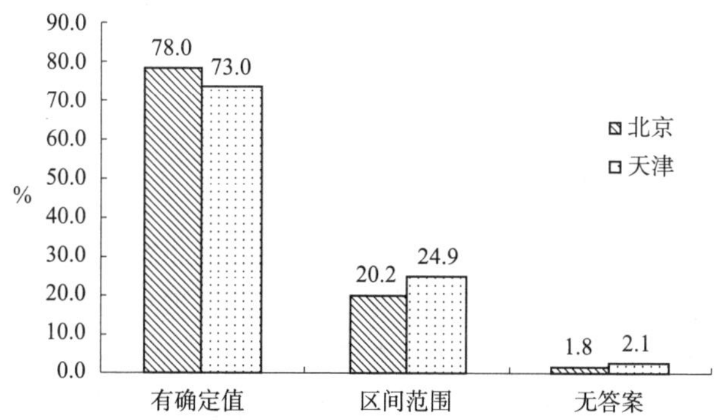

图6-1　意愿生育数量确定值和区间范围

甄别出存在生育意愿区间的人群的主要意义在于，他们生育行为的不确定性可能更大。为了进一步探究生育第2个孩子的可能性，我们在天津向已有一孩的女性询问了这样的问题：“如果现在意外怀上孩子，您会因为不想多要孩子，而去流产吗?”调查结果显示，在打算生“1个”“1到2个”“2个”这三类被访者中，打算生“1个”的人意外怀孕后，有44.9%会选择流产，其流产可能性几乎是另外两类人的2倍。而打算生“2个”的人意外怀孕后，仅有24.6%会流产，52.3%选择不会流产，不会流产的比例在这三类人中最高。打算生“1到2个”的人选择看情况的比例相对最多，占30.9%，不会流产的比例与打算生“2个”的人相接近。这三类被访者流产的可能性存在统计上的显著差异，具体情况如表6-1所示。显然，打算生育子女数与意外怀孕流产可能性呈现负相关关系，即打算生育子女数越多，意外怀孕流产可能性越小，反之，打算生育子女数越少，意外怀孕流产可能性越大。

表 6-1　意愿生育数量与意外怀孕后流产可能性　　单位:%，人

	会	不会	看情况	人数
1 个	44.9	32.6	22.5	187
1 到 2 个	21.0	48.1	30.9	81
2 个	24.6	52.3	23.1	65
总计	35.1	40.2	24.6	333
x^2 (4) = 19.8，$P=0.001$				

诚然，调查、研究意愿生育数量的主要目的还是预测生育水平。在研究中，我们尽可能地收集了现有的相关文献，结果发现研究者往往会报告意愿子女数为“0 个”“1 个”“2 个”“3 个”等的比例，但几乎没有人提到区间现象，也未曾说明遇到此类情况时该如何记录或处理。在“北京调查”中，我们规定访问员遇到此类情况，需要进一步询问，被访者需要在模棱两可的答案中迫选一个数值。如表 6-2 所示，结果呈现向“2”趋近的趋势。“1 个、2 个、3 个都行”“2 个左右”“至少 2 个”“2 到 4 个”“不一定”等回答的人，选择确切数值时都会选择 2。回答“1 到 2 个”的人选择 2 个比 1 个多，分别占 68.2%和 31.8%，二者之比为 2.1∶1。回答“2 到 3 个”的人选择 2 个比选择 3 个多，分别占 78.9%和 21.1%，二者之比为 3.7∶1。

以“北京调查”的比例结构分配，计算后可获得 2015 年天津女性居民平均意愿生育水平为 1.50。如果假定以往调查遇到区间现象选取众数“2”，那么由此计算出平均意愿生育水平为 1.60，比区间方法多 0.1。根据王军和王广州 2016 年的研究，“在育龄人群完全按照生育意愿进行生育的假设下，意愿生育水平每增加或减少 0.1，中国每年出生人数会相应增加或减少 100 万人，意愿生育水平的上下波动对出生人口规模存在较大影响”。

表 6-2　意愿生育数量趋向“2”的现象　　单位:%，人

	确切值							人数
	0	1	2	3	4	5	缺失	
没有孩子	100.0							6
1 个		100.0						80

续表

	确切值							人数
	0	1	2	3	4	5	缺失	
1 到 2 个		31.8	68.2					44
至少 1 个			100.0					1
1 个、2 个、3 个都行			100.0					1
2 个			100.0					249
2 到 3 个			78.9	21.1				19
2 个左右			100.0					2
至少 2 个			100.0					19
2 到 4 个			100.0					1
3 个				100.0				15
3 到 4 个				50.0	50.0			2
4 个					100.0			2
4 到 5 个						100.0		1
5 到 6 个						100.0		1
不一定			100.0					2
无所谓							100.0	4
没考虑过							100.0	2

3.2　性别

绝大多数的孩子从一出生就伴随着确定的生理性别。目前，人们若想在子女性别方面获得满意的结果，通常会在三个阶段中实施人为选择或进行应对。一是在孕前，通过服用药物或采用民间传统偏方等方式促使女方怀上理想性别的孩子，但这些方法缺乏相应的科学性，且其效果不稳定，故而成功的概率很低。二是在怀孕期间，使用 B 超查看胎儿性别，如果是理想的性别，则继续孕育直至完成生产，反之则会进行人工流产终止妊娠。此种行为在我国是被严厉禁止的。三是在产后，人们通过增加孩子的数量，以期获得理想性别的孩子。比如说，一个家庭特别希望生育一个男孩，如果妻子生出的是女孩，她便会继续怀孕，以期能够生出一个男孩，甚至会不生男孩誓不罢休。过去，也曾有人使用溺弃女婴的手段进行选择，由于此类行为在伦理道德、心理、法律上的成本太大，现在已经很少有人选择。

“儿女双全”往往是大多数人对自己子女性别的理想，但这个偏好就一定会促使人们至少生育两个孩子以满足有儿有女的愿望吗？在“北京调查”中，有7.4%的被访者在回答中，既表示了“最好是儿女双全”，也表述了“没有（儿女双全）也无所谓”，反映出一种两可的态度。这表明理想子女性别结构方面亦可能存在意愿区间，既有上限——美好的理想，如“儿女双全”，也有下限——可接受的现实，如“没有（儿女双全）也无所谓”。或许，大多数人都会抱有一种美好的子女性别期待，但在现实生活中，究竟会有多少人尝试并坚持要实现它呢？

于是，我们在“天津调查”中加入了一道题目，即“您认为，儿女双全是：1. 必须的；2. 能实现最好，实现不了也无所谓；3. 可有可无”。调查结果显示，有63.3%的人认为期望子女性别结构是“儿女双全”，这个比例与现今大量的调查结果相近（尹文耀等，2000；徐志豪，2000；莫丽霞，2005；许传新，2012；等等）。但其中，认为儿女双全是“必须的”仅占12.9%，另外87.1%的人都只是想想而已，并不认为是一定要实现的事情。也就是说，在天津市女性受访居民中，可能仅有8.2%（63.3%×12.9%）的人不仅希望子女“儿女双全”而且认为这是必须的。在理想转化为实际行为时，现实中的种种因素甚至会进一步降低这个比例，最后为了获得“儿女双全”而一定生育两个子女的人可能都达不到8.2%。“北京调查”此比例为7.4%，二者相近。

从63.3%到8.2%，相差十分悬殊，前者几乎是后者的8倍。如果仅是简单粗略地测量出有63.3%的人期望“儿女双全”，并由此推断得出：有63.3%的人会为了“儿女双全”至少生育2个孩子，这可能会大大高估生育数量。实际上，只有8.2%的人既希望有儿有女，又认为儿女双全是必需的。倘若估算为实现“儿女双全”而生育两个孩子的人所占比例，可能8.2%比63.3%更合适，因为它剔除了仅是想想但并不一定落实的那部分人群。显然，希望子女儿女双全的比例为63.3 %，反映的只是人们在生育子女的性别问题上的愿望，但对大多数人来说，并非是一定要实现的生育目标。

持“男孩偏好”的人情况也类似，“要男孩”多为理想而非必须。还是以“天津调查”为例，对于目前仅有一孩并打算再生育的妇女，希望第2个孩子是男孩的比例为23.0%，其中仅有14.3%的人会因为怀的不是男孩而打算去流产。也就是说，在计划生第2个孩子的妇女中，想要男孩但因为怀的是女孩而去流产的比例仅占3.3%（即23.0%×14.3%）。如果仅看期望男孩的比例为23.0%，显然又会高估了人们为要男孩而坚持生育的数量。也有调查（尹文耀等，2000）报告了类似的情况，“在希望有男孩的人中，有将近一半的人坚持非要男孩不可，而另一半人则有弹性，有男孩最好，没有也不强求”。

如果换个角度，从现实情况来看，天津现有1个孩子的妇女，对这个孩子期望的性别是“男孩”的占27.0%。其中，81.7%的人生育的是男孩，她们全部都对这个孩子的性别表示满意。这有可能是受到“禀赋效应”的影响，即拥有的就是最好的、是想要的。换言之，可能是因为他们生育了男孩，所以他们会认为理想子女性别是男孩最好。另外18.3%的人生育的是女孩。尽管实际与期望不一致，但是，在生育女孩的人中，仍然有70.6%的人对孩子的性别感到满意，并没有因为期望的男孩未实现而影响她们的满意度，仅有29.4%的人觉得是女孩不是男孩而感到不满意。由此可见，所谓偏好男孩的人群也不是非要男孩不可。

我国出生人口性别比从20世纪80年代中期开始偏离正常范围，并不断升高，2004年达到峰值121.2，随后几经波动，从2008年的120.6开始下降，2014年降到115.9，但仍然远高于正常范围上限107。我国出生人口性别比偏高现象持续时间长、涉及范围广、影响深远。然而，造成如此之高的出生性别比，并不需要特别多的人都进行性别选择，而是只需要几万甚至几十万人采取了性别选择，就可导致如此异常的性别比出现。按照胡耀岭和原新（2012）的测算，“如果有10%的孕妇或家庭具有强烈的男孩偏好且能够便捷地获得性别选择技术和顺利实施性别选择性流产、引产的话，那么，其出生性别比将从107上升到118.89；如果将这一比例提高到20%，出生性别比将从107上升到133.75”。以2008年为例，当年全国出生人口约为1 612.2万人，以107为正常值，出现120.6的出生性别比，大约需要缺失女婴92.7万人，也就是有约

100万的选择性人工流产发生，占出生人口总数的5.7%。换言之，在全国范围内，只要有5.7%的出生人口被人为选择为男孩，就能导致出生性别比达到120.6。再看天津，2010年出生人口约为8.2万人，出生性别比为113.7，还是以107为正常值，至多缺失女婴2500人，约占出生人口总数的3.0%。这个比例恰恰与“天津调查”中强烈想要男孩的比例3.3%相近。

由此看来，我们不仅需要了解人们期望的子女性别结构，更要了解其期望的程度。仅用前者去预测，可能会大大高估性别偏好的影响作用。人们对期望子女性别可接受的下限可能更有助于对人们未来生育行为的预测。

3.3 时间

孩子的出生都发生在某一具体的时间。在时间计量单位上，这一时间点可以标记为某年某月某日某时。从与父母的关系上来看，可以看作是孩子出生时母亲或父亲的年龄，还可以记为婚后多少年生的，或是在上一次生育之后多少年生的。母亲或父亲生育第一个孩子时的年龄记为“初育年龄”，生育第二个孩子时的年龄则记为“再育年龄”，或“第二次生育年龄”，两次生育之间为“生育间隔”。

如同子女数量和性别一样，人们对生育年龄也存在预期，即希望自己多大年龄生孩子。由于受到生理、婚配、工作等各种现实因素的影响，加上怀孕生育并非一蹴而就，至少要经历7个月的时间，很难做到在理想生育年龄那一年生育孩子，所以人们对生育年龄的期望往往是在一个区间范围内。在天津调查中，初育年龄表述为一个区间范围的占17.0%，比如，“20~23岁”“20多岁”“二十六七岁”“28岁左右”“不要超过35岁”等。

实际生育年龄和理想生育年龄相差多少岁之内，都可以被认为是满意的？或者说，理想生育年龄大概的区间范围有多大？以“初育年龄”为例，在“天津调查”中，我们设置了这样的题目：“您觉得自己生第1个孩子的年龄是否合适？1. 合适，2. 实际比理想早，3. 实际比理想晚”。此题主要是为了测量自评初育年龄满意度，其中3个选项可依次理解为："实际等于理想""实际早于理想"和"实际晚于理想"。同时，还可将实际和理想初育年龄的差值也分成类似的三类情况，以此作为事实上初育的年龄情况，并与自评情况进行对比。

我们进行了以下几种尝试，如图 6-2 所示：第一，将实际初育年龄完全等于理想初育年龄定义为"实际等于理想"，实际小于理想定义为"实际早于理想"，实际大于理想定义为"实际晚于理想"，再将其结果与自评相比较，发现两者存在统计上的显著差异，χ^2（2）= 350.7，$P=0.000$；第二，把理想上下各加 1 岁都认为是等于实际初育年龄，结果仍然存在显著差异，χ^2（2）= 119.7，$P=0.000$；第三，上下各加 2 岁，事实上和自评仍然存在显著差异，χ^2（2）= 34.2，$P=0.000$；第四，上下各加 3 岁，结果显示，显著差异消失，χ^2（2）= 1.3，$P=0.529$。

这意味着，理想初育年龄上下各加 3 岁所构成的区间，是人们对实际初育年龄的可接受区间，也就是说，在这个年龄范围内生育，人们都是满意的。"天津调查"与"北京调查"所证明的结果一致——理想初育年龄存在区间现象，即实际初育年龄落入理想初育年龄加减 3 岁所构成的区间中，都属于满意状态（张银锋，侯佳伟，2015）。同样道理，计算天津女性居民平均理想初育年龄为 22~28 岁，即 25±3 岁。

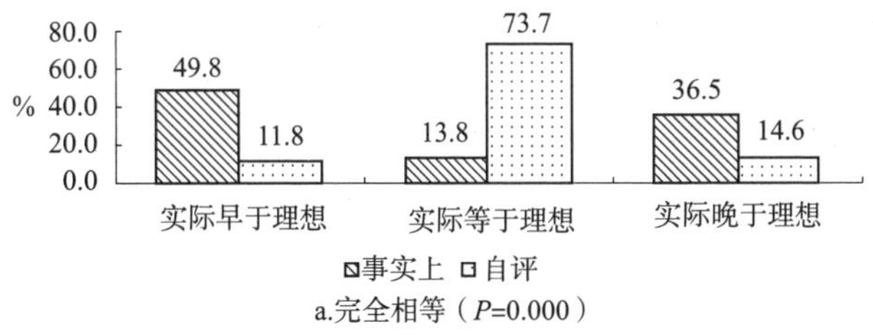

a.完全相等（P=0.000）

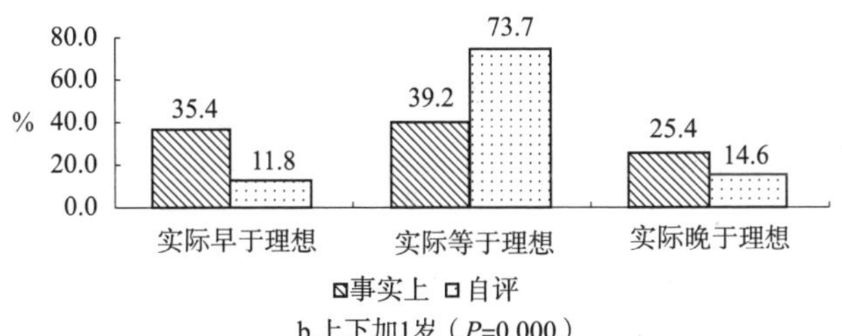

b.上下加1岁（P=0.000）

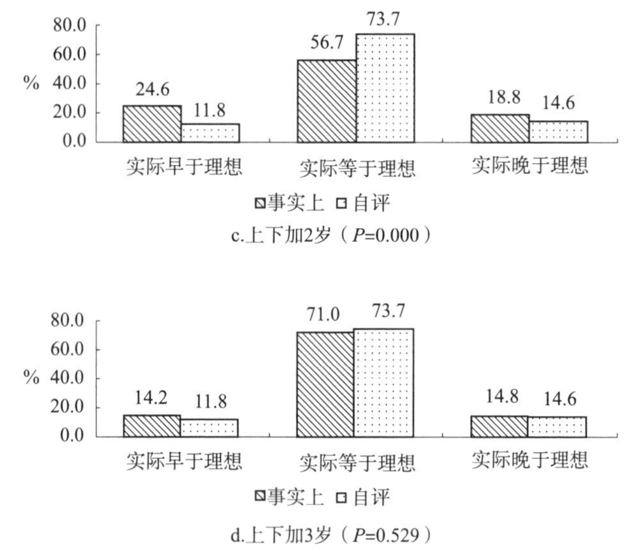

c.上下加2岁（P=0.000）

d.上下加3岁（P=0.529）

图 6-2　意愿生育年龄的区间范围

4　结论与讨论

人口学者希望通过了解个体的生育意愿，从而预估个体生育行为，进而预测人口的生育水平（顾宝昌，2011；郑真真，2011；杨菊华，2008）。长期以来，研究者都把个体的生育意愿假定为一个确定值进行测量。事实上，对于许多人而言，生育意愿可能并不是一个确定值而更可能是一个可以接受的区间范围。我们把这个区间范围称作“生育意愿区间”。把生育意愿测量为区间，可能会更恰当地反映人们的实际想法，有助于更确切地预见人们在未来从意愿向行动的转化，从而增强对未来生育水平的预估。因此，生育意愿区间的提出和探讨具有重要的学术意义和现实意义，既是对生育意愿概念的再认识，也有对生育意愿调查的问卷设计、实施及结果解读等方法论的启示。特别是在“全面两孩、三孩”政策实施的背景下，这对于我们从新的角度充分认识、恰当解读有关生育意愿的调查结果会大有裨益。

以 2015 年先后在北京和天津开展的“居民生育意愿和行为研究”为例，研究发现：在生育数量方面，两成以上的人在意愿层面上不是“非

1即2”，而是觉得1个或2个其实是差别不大的，如果这些人意外怀上第2个孩子后，她们可能根据现实情况来决定是否会生育。我们需要进一步探究对其抉择具有重要影响的因素，更好地认识和预估人们的生育行为。

在性别方面，常规问法测量出的结果往往是社会个体在社会整体文化氛围影响下的美好理想，即理想子女性别结构区间的上限，而与人们实际行为相联系的测量，反映的则是个体将意愿或理想转化为行为的可能性，即区间的下限，比方说，“儿女双全”是大多数中国人的美好愿望，但有多少人会非常执着地为此而生育呢？实际上，为此多生、选择性生育的仅是很少一部分人。可能仅有不到一成的人愿意为了“儿女双全”而生育两个孩子。有性别偏好不意味着就会选择子女性别，只有持有强烈性别偏好的人群才与出生性别比升高密切相关，测量出此人群规模有助于预测出生性别比的未来趋势。

在年龄方面，研究者如果具有一定的区间意识，就可以理解理想的生育年龄其实是具有较强的弹性的。人们感到满意或者认为生育的实际年龄与自己的理想年龄一致，并非要求实际年龄完全等同理想年龄，而是存在一个上下加减3岁的心理接受度，只要落在这个范围之内，就会无意识地感到“相等”。

基于以上分析，以天津调查数据为例，我们把按照确定值思路和区间思路估计的生育三维情况整理如表6-3所示。很明显，确定值思路预估的数量以及性别偏好的影响都高于区间思路的估计值。

表6-3　以确定值思路和区间思路估计的生育三维比较

	确定值	区间
数量		
计划生育子女数	1.60	1.50
计划生育子女数处于区间范围的比例	—	24.9%
性别		
为了“儿女双全”而一定生育两个子女的比例	63.3%	8.2%
为要男孩而坚持生育的数量的比例	23.0%	3.3%
年龄		
个体理想初育年龄	x岁	x±3岁
群体理想初育年龄	25岁	22~28岁

总而言之，运用一种“弹性”的意识去理解生育意愿的概念和解读生育意愿调查的结果，可能更有助于我们深入认识生育意愿与生育行为之间的影响关联，并有利于把握未来生育水平的变化趋势。

需要讨论的是，现有绝大多数调查尽管同时考查了意愿生育数量、性别和时间，却还是把这三个维度分开来进行分析，用意愿生育数量预估生育水平，用意愿子女性别预判出生性别比，用时间推断生育时间、高峰等。事实上，三个维度彼此之间存在紧密联系。以性别偏好与生育数量之间的关系为例，有学者就发现，对于不同理想子女数的人而言，所希望的子女性别结构存在显著差异，想要两个孩子的人则大多希望“儿女双全”（梁宏，2008）；还有的学者发现，不同性别偏好的家庭所对应的生育数量之间具有显著的差异，“儿女双全”偏好会显著提升家庭生育数量（宋健，陶椰，2012）。然而遗憾的是，已有研究的重点都在于讨论数量与性别的关系，而并未由此预测出生育水平。人们对子女性别偏好如何影响生育水平变化？影响有多大？如果大多数人对子女性别有偏好但并不十分强烈时，预估的生育水平又该是多少呢？人们对生育年龄的期望如何影响生育水平和性别偏好，等等。这些都是仍需继续探讨的问题。

第七章 生育政策调整前后生育水平的变化

1 引言

当前，我国处于生育意愿高于生育水平的阶段，即人们实际生育子女数少于理想子女数。先后实施的“单独两孩”和“全面两孩”政策旨在满足生育意愿，放开生育行为，提高生育水平，缩小生育意愿与生育行为、生育水平之间的差距。本章拟分析生育政策调整前后生育水平的变动情况，分年龄、分城乡、分孩次进行对比研究，旨在探讨生育行为和生育水平在政策调整前后的变化规律。

2 数据

本研究使用国家统计局公布的历年国民经济和社会发展统计公报、2010 年全国人口普查、2015 年全国 1% 人口抽样调查、2011—2014 年和 2016—2017 年年度调查数据进行分析，数据来自 2011—2019 年《国民经济和社会发展统计公报》《中国 2010 人口普查资料》《全国 1% 人口抽样调查资料 2015 年》和 2012—2018 年《中国人口和就业统计年鉴》。下文不再重复标记。

3 总体

3.1 出生人口规模和出生率

在“单独两孩”政策实施前，2011—2013 年，每年的出生人口数在 1 604 万~1 640 万人。“单独两孩”政策实施后的第一年出现了一个出生的小高峰，即 2014 年出生人口数为 1 687 万人。2015 年出生人口数小幅减少，但是仍然比 2011 年、2012 年、2013 年多，为 1 655 万人，2015 年恰逢羊年，可能生肖避讳的原因导致出生人口有所减少。2015

年 10 月底，中央宣布实施“全面两孩”政策，从 2016 年 1 月 1 日起，全国不分地区、不分民族，所有家庭都可以生育两个子女。于是，2016 年出生人口大幅增加，达到 1 786 万人，但随之又出现不断下降。2017 年降为 1 723 万人，比 2016 年减少了 63 万人。2018 年大幅减少，降至 1 523 万人，不仅比 2017 年减少了 200 万人，而且比 2011 年出生人口数还少 81 万人。2019 年的全国出生人口又继续下降到 1 465 万人，首次跌破 1 500 万人。

与此同时，出生率也呈现出与出生人口数相似的上升和下降的变化，具体情况如图 7-1 所示。在生育政策调整之后一年，被约束的生育愿望得以快速释放。2014 年和 2016 年分别出现了两次出生的小高峰，出生率分别为 12. 37‰和 12. 95‰，后者略高于前者，“全面两孩”政策比“单独两孩”政策释放出更多的生育潜力。相比于 2016 年，2017 年、2018 年的出生率连续下降，分别降至 12. 43‰和 10. 94‰，2018 年比 2016 年下降了 2. 01‰，比 2011 年下降了 1‰。2019 年的出生率又降到 10. 48‰。

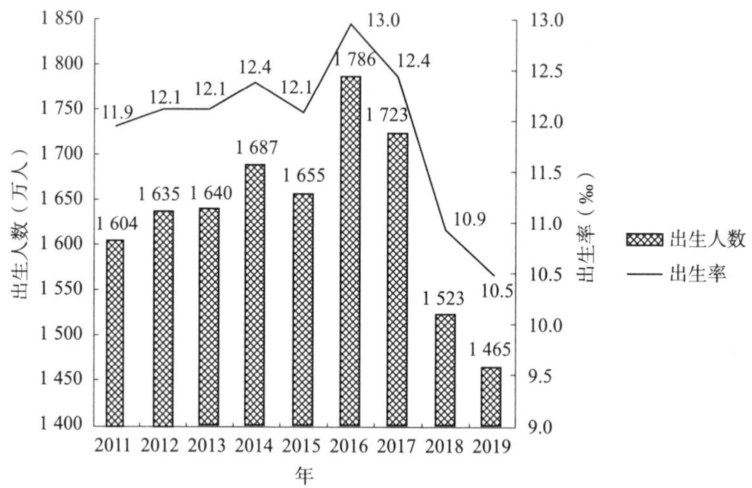

图 7-1　2011—2019 年全国出生人口数和出生率

3. 2　总和生育率

我们再来看总和生育率的变化情况。基于 15～49 岁育龄妇女的规模和结构，图 7-2 显示的总和生育率所反映出的生育水平的变化趋势与出生人口数、出生率相同的是，政策实施后的一年生育水平高于政策实施当年，即 2014 年生育水平高于 2013 年，总和生育率从 2013 年的 1.24 增加到 2014 年的 1.28，提升了 0.04。与之相类似，2016 年生育水平高于 2015 年，总和生育率从 2015 年的 1.05 增加至 2016 年的 1.25，增加了 0.2，后者比前者增幅大，再次说明"全面两孩"政策可能比"单独两孩"政策对生育水平提升效果显著。

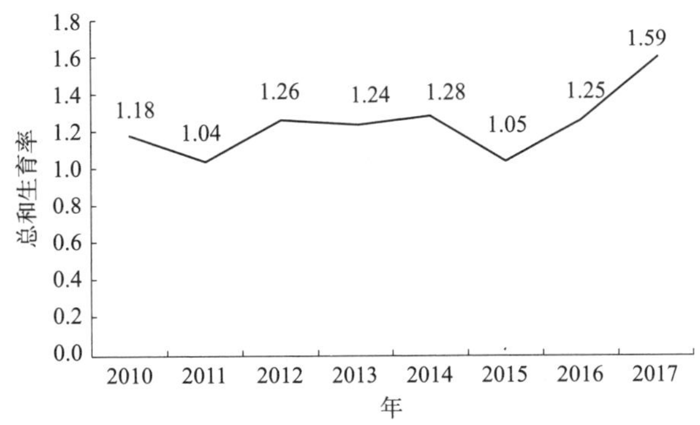

图 7-2　2010—2017 年全国总和生育率

与出生率不同的是，2017 年总和生育率比 2016 年上升了 0.34，从 2016 年的 1.25 升高到 2017 年的 1.59，非但未下降，而且上升到 21 世纪前所未有的高值（见图 7-2）。根据 2018 年和 2017 年的《中国人口和就业统计年鉴》所报告的 2017 年和 2016 年年度人口抽样调查数据，2017 年平均育龄妇女人数少于 2016 年，而出生人数多于 2016 年，如表 7-1 所示。分母少，分子多，分数值自然会高。这个现象出现的原因尚需进一步探究。

表 7-1　2016 年和 2017 年平均育龄妇女人数和出生人数　　单位：人

	2016 年	2017 年	2017—2016 年的差值/总计
平均育龄妇女人数	311 350	292 794	-18 556
出生人数	11 263	13 771	2 508
一般生育率	36.17	47.03	10.86

4 分年龄

2013年，中央宣布实施“单独两孩”政策，即夫妻双方中有一方为独生子女就可生育两个孩子。与2013年相比，2014年20~24岁育龄妇女的生育率从69.5‰提高到79.8‰，提高了51.2‰，其比例从28.1%提升至31.2%，提升了3.1%，25岁及以上年龄组的分年龄生育率均呈现下降趋势，增减相抵，总和生育率增加了0.04，达到1.28。与2014年相比，2015年30岁以下年龄组的生育率及其占比均减少，20~24岁年龄组的生育率减少最多，减少了124.1‰，30~34岁年龄组的生育率减少18.6‰，比例增加2.3%，35~49岁年龄组的生育率及其占比均有所增加，推延强劲，补偿乏力，因而总和生育率减少了0.22。“单独两孩”政策对20~24岁年龄组的生育率可能产生了立竿见影的效果，但是未能持续，随后，在30岁及以上的年龄组中，那些有生育意愿且有生育能力的女性也生育了孩子。

2015年10月底，中央宣布实施“全面两孩”政策，该项政策从2016年1月1日起正式开始实行。与2015年相比，2016年20岁及以上年龄组的分年龄生育率均有所增加，增长幅度最大的是25~29岁年龄组，增加了68.7‰，其次是30~34岁年龄组，增长了34.8‰，再次是35~39岁年龄组，增长了32.0‰。总和生育率由2015年的1.05增长到2016年的1.25，增加了0.20，但仍然远低于更替水平2.1。2017年与2016年相比，15~39岁各年龄组的生育率增加，40~49岁各年龄组的生育率减少，30~39岁年龄段生育率占总和生育率的比例增加，具体情况如表7-2所示。“全面两孩”政策释放的主要是30岁及以上各年龄组的生育潜力，特别是30~39岁的年龄组。

表7-2 2012—2017年全国分年龄生育率和总和生育率

	2012年	2013年	2014年	2015年	2016年	2017年	2013—2014年	2014—2015年	2015—2016年	2016—2017年
分年龄生育率（‰）										
15~19岁	6.7	7.8	11.2	9.2	8.3	8.5	16.8	-10.0	-4.3	0.9
20~24岁	72.8	69.5	79.8	55.0	61.1	71.1	51.2	-124.1	30.8	50.2

续表

	2012年	2013年	2014年	2015年	2016年	2017年	2013—2014年	2014—2015年	2015—2016年	2016—2017年
25~29岁	96.8	94.0	93.6	74.3	88.1	109.7	-1.7	-96.6	68.7	107.9
30~34岁	50.8	50.8	49.0	45.3	52.3	79.4	-9.1	-18.6	34.8	135.7
35~39岁	17.2	18.7	17.0	18.6	25.0	37.8	-8.2	7.8	32.0	64.2
40~44岁	5.5	4.7	4.0	5.4	9.1	8.9	-3.5	7.0	18.5	-0.9
45~49岁	1.6	1.8	1.1	3.1	6.1	2.2	-3.4	10.2	15.0	-19.5
占总和生育率的比例（%）										
15~19岁	2.7	3.2	4.4	4.4	3.3	2.7	1.2	0.0	-1.0	-0.6
20~24岁	29.0	28.1	31.2	26.1	24.5	22.4	3.1	-5.1	-1.6	-2.1
25~29岁	38.5	38.0	36.6	35.2	35.2	34.5	-1.4	-1.4	0.0	-0.7
30~34岁	20.2	20.6	19.2	21.5	20.9	25.0	-1.4	2.3	-0.6	4.1
35~39岁	6.8	7.6	6.7	8.8	10.0	11.9	-0.9	2.2	1.2	1.9
40~44岁	2.2	1.9	1.6	2.5	3.6	2.8	-0.3	1.0	1.1	-0.8
45~49岁	0.6	0.7	0.4	1.5	2.4	0.7	-0.3	1.1	1.0	-1.7
总和生育率	1.26	1.24	1.28	1.05	1.25	1.59	0.04	-0.22	0.20	0.34

5 分城乡

生育政策调整前后，城、镇、乡的总和生育率呈现出相同的变化趋势，只是幅度不同，而且生育水平从高到低一直是乡、镇、城。2014年比2013年有小幅增长，镇增长幅度最大，增加了0.053，其次是城0.046，乡增长幅度最小，增加了0.038。2015年比2014年均有下降，乡下降幅度最大，减少了0.352，其次是镇，再次是城，分别减少了0.136和0.111，乡减少幅度是城的3倍之多。2016年比2015年又有一次增幅，而且大于上次增幅，是上次的2~6倍。城增幅最大，增加了0.263，是上次的5.7倍，而且超过了之前的生育水平，2012—2015年城的总和生育率均在1以下，2016年达到1.080。其次是乡，增加了0.161，是上次的4.2倍，但是总和生育率仍然低于2012—2014年的水平，仅为1.436。镇的增幅最小，增加了0.146，仅是上次的2.8倍，总和生育率略高于2012—2014年的水平，具体情况如图7-3所示。从“单独两孩”政策中受益的主要是城镇地区，“全面两孩”使城、镇、乡的人口均有所受益，特别是城市人口。

图7-3 2010—2017年全国总和生育率

城市人口分年龄的生育率呈现出的态势为：2014年即“单独两孩”政策后第一年，15~29岁人口生育率增加，30~49岁人口生育率减少，增加幅度大于减少幅度，总和生育率上升。2015年，30~49岁人口生育率上升，出现了补偿效应，而15~29岁人口生育率下降，推延效应远大于补偿效应，总和生育率下降。2016年各年龄组生育率均上升，总和生育率上升。在生育政策调整阶段，城市经历了“低龄—高龄—全面”响应的过程。详情如表7-3所示。

表7-3 2012—2017年城市分年龄生育率和总和生育率 单位：‰，%

	2012年	2013年	2014年	2015年	2016年	2017年	2013—2014年	2014—2015年	2015—2016年	2016—2017年
分年龄生育率										
15~19岁	3.0	2.3	4.4	2.6	3.6	3.1	10.5	-9.0	5.0	-2.5
20~24岁	34.3	33.8	39.6	27.2	39.0	43.0	29.0	-62.0	59.0	19.9
25~29岁	78.5	74.1	79.8	63.8	83.1	95.0	28.5	-80.0	96.5	59.6
30~34岁	44.4	46.4	42.7	43.9	50.3	80.3	-18.5	6.0	32.0	150.2
35~39岁	13.5	15.3	15.2	19.0	24.0	41.8	-0.5	19.0	25.0	88.8
40~44岁	3.4	3.8	3.5	4.8	9.3	11.1	-1.5	6.5	22.5	9.0
45~49岁	0.9	0.6	0.5	2.3	6.6	2.9	-0.5	9.0	21.5	-18.5

续表

	2012年	2013年	2014年	2015年	2016年	2017年	2013—2014年	2014—2015年	2015—2016年	2016—2017年
占总和生育率的比例										
15~19岁	1.7	1.3	2.4	1.6	1.7	1.1	1.1	-0.8	0.1	-0.6
20~24岁	19.3	19.1	21.3	16.6	18.0	15.5	2.2	-4.7	1.4	-2.5
25~29岁	44.1	42.0	43.0	39.0	38.5	34.3	1.0	-4.0	-0.5	-4.2
30~34岁	24.9	26.3	23.0	26.8	23.3	29.0	-3.3	3.8	-3.5	5.7
35~39岁	7.6	8.7	8.2	11.6	11.1	15.1	-0.5	3.4	-0.5	4.0
40~44岁	1.9	2.1	1.9	2.9	4.3	4.0	-0.2	1.0	1.4	-0.3
45~49岁	0.5	0.4	0.3	1.4	3.1	1.0	-0.1	1.1	1.7	-2.1
总和生育率	0.890	0.882	0.928	0.817	1.080	1.386	0.046	-0.111	0.263	0.306

与城市相类似，镇也经历了从低龄（20~24岁和30~34岁）到高龄（35~49岁），再到全面（15~49岁）响应生育政策调整的过程。2015年比2014年，推延效应较为强劲，导致总和生育率减少了0.176，补偿效应较为微弱，仅增加了0.040，二者相互抵消之后，总和生育率减少了0.136。详情如表7-4所示。

表7-4　2012—2017年镇分年龄生育率和总和生育率　　单位：‰，%

	2012年	2013年	2014年	2015年	2016年	2017年	2013—2014年	2014—2015年	2015—2016年	2016—2017年
分年龄生育率										
15~19岁	4.5	6.7	9.0	6.5	7.1	6.4	11.5	-12.5	3.0	-3.7
20~24岁	75.5	64.3	78.1	61.2	68.4	80.1	69.0	-84.5	36.0	58.4
25~29岁	96.5	93.8	89.6	77.7	87.1	119.3	-21.0	-59.5	47.0	160.8
30~34岁	44.1	44.5	49.2	45.3	50.9	81.3	23.5	-19.5	28.0	152.0
35~39岁	16.1	17.4	15.0	18.3	23.1	37.5	-12.0	16.5	24.0	71.9
40~44岁	5.1	4.8	2.6	5.3	6.1	8.9	-11.0	13.5	4.0	13.8
45~49岁	1.4	2.6	1.0	3.1	3.8	1.4	-8.0	10.5	3.5	-12.0
占总和生育率的比例										
15~19岁	1.9	2.9	3.7	3.0	2.9	1.9	0.8	-0.7	-0.1	-1.0

续表

	2012年	2013年	2014年	2015年	2016年	2017年	2013—2014年	2014—2015年	2015—2016年	2016—2017年
20~24岁	31.0	27.5	31.9	28.1	27.7	23.9	4.4	-3.8	-0.4	-3.8
25~29岁	39.7	40.1	36.6	35.7	35.3	35.6	-3.5	-0.9	-0.4	0.3
30~34岁	18.1	19.0	20.1	20.8	20.7	24.3	1.1	0.7	-0.1	3.6
35~39岁	6.6	7.4	6.1	8.4	9.4	11.2	-1.3	2.3	1.0	1.8
40~44岁	2.1	2.0	1.1	2.4	2.5	2.6	-0.9	1.3	0.1	0.1
45~49岁	0.6	1.1	0.4	1.4	1.5	0.4	-0.7	1.0	0.1	-1.1
总和生育率	1.216	1.17	1.223	1.087	1.233	1.674	0.053	-0.136	0.146	0.441

与城镇不同，“单独两孩”政策在乡的生育水平提升方面表现微弱，2014年仅是15~24岁生育率上升，25~49岁生育率均下降，上升幅度略大于下降幅度，总和生育率小幅上升。2015年比2014年，15~39岁生育率均减少，减少了0.367，40~49岁生育率仅增加0.014，由此导致总和生育率大幅下降。2016年，仅是25~49岁生育率上升。“全面两孩”政策发挥着一定作用。详情如表7-5所示。

表7-5　2012—2017年乡分年龄生育率和总和生育率　单位:‰,%

	2012年	2013年	2014年	2015年	2016年	2017年	2013—2014年	2014—2015年	2015—2016年	2016—2017年
分年龄生育率										
15~19岁	10.5	12.9	17.7	15.4	12.2	13.4	24.0	-11.5	-16.0	6.1
20~24岁	103.5	102.1	115.0	81.4	79.9	96.6	64.5	-168.0	-7.5	83.4
25~29岁	114.5	113.0	109.7	83.2	94.7	120.2	-16.5	-132.5	57.5	127.4
30~34岁	61.4	59.8	56.3	46.9	55.4	77.1	-17.5	-47.0	42.5	108.4
35~39岁	20.9	22.6	20.2	18.5	27.4	33.2	-12.0	-8.5	44.5	29.0
40~44岁	7.1	5.3	5.2	5.9	10.7	6.7	-0.5	3.5	24.0	-20.0
45~49岁	2.1	2.0	1.5	3.6	7.0	2.1	-2.5	10.5	17.0	-24.4
占总和生育率的比例										
15~19岁	3.3	4.1	5.4	6.0	4.2	3.8	1.3	0.6	-1.8	-0.4

续表

	2012年	2013年	2014年	2015年	2016年	2017年	2013—2014年	2014—2015年	2015—2016年	2016—2017年
20~24岁	32.4	32.1	35.3	31.9	27.8	27.7	3.2	-3.4	-4.1	-0.1
25~29岁	35.8	35.6	33.7	32.6	33.0	34.4	-1.9	-1.1	0.4	1.4
30~34岁	19.2	18.8	17.3	18.4	19.3	22.1	-1.5	1.1	0.9	2.8
35~39岁	6.5	7.1	6.2	7.2	9.5	9.5	-0.9	1.0	2.3	0.0
40~44岁	2.2	1.7	1.6	2.3	3.7	1.9	-0.1	0.7	1.4	-1.8
45~49岁	0.7	0.6	0.5	1.4	2.4	0.6	-0.1	0.9	1.0	-1.8
总和生育率	1.599	1.589	1.627	1.275	1.436	1.746	0.038	-0.352	0.161	0.310

6　分孩次

生育政策调整前后，一孩生育率不断下降，二孩生育率不断上升，三孩及以上生育率保持低位稳定，具体情况如图7-4所示。二孩生育率从2013年的0.390上升到2014年的0.459，到2015年进一步上升至0.534，2016年上升到0.605，2017年达到0.811，超过一孩的生育率0.671。

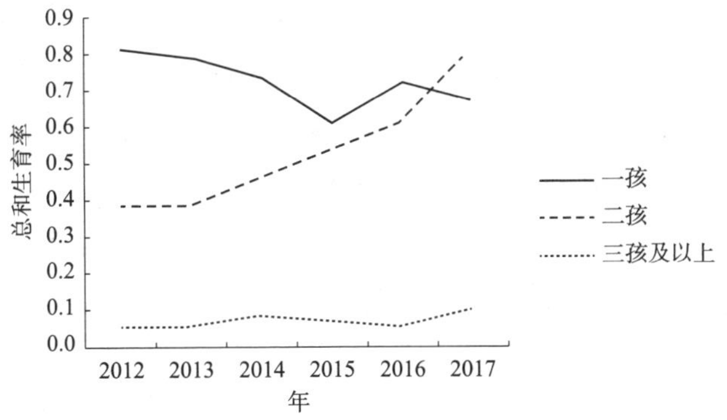

图7-4　2012—2017年分孩次的总和生育率

生育一孩的大部分年龄组的生育率在2014年和2015年呈现下降趋势，2016年与2015年相比，25~49岁各年龄组的生育率有所增加，具体情况如表7-6所示。

表 7-6　2012—2017 年一孩分年龄生育率和总和生育率　单位:‰,%

	2012 年	2013 年	2014 年	2015 年	2016 年	2017 年	2013—2014 年	2014—2015 年	2015—2016 年	2016—2017 年
分年龄生育率										
15~19 岁	6.4	7.3	10.1	13.3	10.3	6.7	14.0	16.0	-15.0	-18.2
20~24 岁	60.2	58.2	60.5	56.1	56.0	47.7	11.5	-22.0	-0.5	-41.6
25~29 岁	65.7	61.2	54.1	36.5	41.7	51.3	-35.5	-88.0	26.0	48.1
30~34 岁	22.2	22.8	17.0	10.5	14.5	19.8	-29.0	-32.5	20.0	26.7
35~39 岁	4.8	6.0	4.3	3.5	9.1	5.6	-8.5	-4.0	28.0	-17.5
40~44 岁	1.5	1.5	0.8	1.5	6.0	2.0	-3.5	3.5	22.5	-20.0
45~49 岁	0.8	0.8	0.2	1.1	5.5	1.1	-3.0	4.5	22.0	-22.3
占总和生育率的比例										
15~19 岁	4	4.6	6.8	10.9	7.2	5.0	2.2	4.1	-3.7	-2.2
20~24 岁	37.3	36.9	41.2	45.8	39.1	35.5	4.3	4.6	-6.7	-3.6
25~29 岁	40.6	38.8	36.9	29.9	29.1	38.2	-1.9	-7.0	-0.8	9.1
30~34 岁	13.7	14.5	11.6	8.6	10.1	14.8	-2.9	-3.0	1.5	4.7
35~39 岁	3.0	3.8	2.9	2.8	6.4	4.2	-0.9	-0.1	3.6	-2.2
40~44 岁	0.9	1.0	0.5	1.2	4.2	1.5	-0.5	0.7	3.0	-2.7
45~49 岁	0.5	0.5	0.1	0.9	3.9	0.8	-0.4	0.8	3.0	-3.1
总和生育率	0.808	0.789	0.734	0.612	0.716	0.671	-0.055	-0.122	0.104	-0.045

二孩总和生育率不断上升，2017 年是 2012 年的 2 倍之多。2014 年与 2013 年相比，15~34 岁各年龄组的生育率均呈现增加态势，35~49 岁各年龄组的生育率有所减少，增加幅度远大于减少幅度。2015 年各年龄组生育率均呈现增加态势，到 2016 年和 2017 年，25~44 岁各年龄组生育率仍然持续增加且增加幅度也在增大，少数年龄组生育率下降，减少幅度较小，由此导致二孩总和生育率不断上升。具体情况如表 7-7 所示。

表 7-7　2012—2017 年二孩分年龄生育率和总和生育率　单位:‰,%

	2012 年	2013 年	2014 年	2015 年	2016 年	2017 年	2013—2014 年	2014—2015 年	2015—2016 年	2016—2017 年
分年龄生育率										
15~19 岁	0.3	0.5	0.9	2.0	1.7	1.8	2.0	5.5	-1.5	0.6
20~24 岁	11.8	10.7	18.0	22.6	21.6	21.4	36.5	23.0	-5.0	-1.0

续表

	2012 年	2013 年	2014 年	2015 年	2016 年	2017 年	2013—2014 年	2014—2015 年	2015—2016 年	2016—2017 年
25～29 岁	28.4	29.8	34.8	39.7	46.8	52.5	25.0	24.5	35.5	28.5
30～34 岁	24.5	24.2	25.7	28.0	32.8	51.8	7.5	11.5	24.0	95.2
35～39 岁	9.9	10.0	9.7	10.2	13.7	27.9	-1.5	2.5	17.5	71.1
40～44 岁	2.9	2.4	2.2	2.8	3.2	5.7	-1.0	3.0	2.0	12.7
45～49 岁	0.6	0.6	0.5	1.6	1.1	1.0	-0.5	5.5	-2.5	-0.6
占总和生育率的比例										
15～19 岁	0.3	0.6	1.0	1.9	1.4	1.1	0.4	0.9	-0.5	-0.3
20～24 岁	15.0	13.7	19.6	21.1	17.9	13.2	5.9	1.5	-3.2	-4.7
25～29 岁	36.3	38.1	37.9	37.2	38.7	32.4	-0.2	-0.7	1.5	-6.3
30～34 岁	31.2	30.9	28.0	26.2	27.1	32.0	-2.9	-1.8	0.9	4.9
35～39 岁	12.7	12.7	10.6	9.6	11.4	17.2	-2.1	-1.0	1.8	5.8
40～44 岁	3.7	3.0	2.4	2.6	2.6	3.5	-0.6	0.2	0.0	0.9
45～49 岁	0.7	0.8	0.6	1.5	0.9	0.6	-0.2	0.9	-0.6	-0.3
总和生育率	0.392	0.390	0.459	0.534	0.605	0.811	0.069	0.075	0.071	0.206

三孩及以上的总和生育率保持低位波动，未超过 0.1。相比于 2013 年，2014 年各年龄组均有所增加，30～34 岁年龄组生育率增加幅度最大，2015 年与 2014 年相比，生育的主力军——25～34 岁各年龄组的生育率均呈现下降态势，其他年龄组的增加也极其微弱。到 2016 年，所有年龄组的生育率均下降。具体情况如表 7-8 所示。

表 7-8　2012—2017 年三孩及以上分年龄生育率和总和生育率 单位：‰，%

	2012 年	2013 年	2014 年	2015 年	2016 年	2017 年	2013—2014 年	2014—2015 年	2015—2016 年	2016—2017 年
分年龄生育率										
15～19 岁	0.0	0.0	0.2	0.1	0.1	0.0	1.0	-0.7	-0.1	-0.3
20～24 岁	0.8	0.6	1.3	1.4	1.2	2.1	3.5	0.4	-1.1	4.4
25～29 岁	2.7	3.0	4.7	4.0	3.4	5.9	8.5	-3.7	-3.0	12.5
30～34 岁	4.1	3.8	6.3	4.9	4.4	7.8	12.5	-6.7	-2.8	17.0
35～39 岁	2.4	2.7	3.0	3.0	2.4	4.3	1.7	0.0	-3.0	9.4

续表

	2012年	2013年	2014年	2015年	2016年	2017年	2013—2014年	2014—2015年	2015—2016年	2016—2017年
40~44岁	1.1	0.8	1.0	1.1	0.9	1.2	1.0	0.5	-1.0	1.5
45~49岁	0.2	0.4	0.4	0.6	0.4	0.2	0.1	1.3	-1.4	-0.9
占总和生育率的比例										
15~19岁	0.4	0.2	1.3	0.5	0.6	0.1	1.1	-0.8	0.0	-0.5
20~24岁	7.0	5.6	7.9	9.4	9.4	9.7	2.3	1.5	0.1	0.2
25~29岁	23.8	26.7	27.9	26.3	26.7	27.5	1.2	-1.6	0.4	0.8
30~34岁	35.8	33.5	37.1	32.6	34.5	36.3	3.6	-4.5	1.9	1.8
35~39岁	21.6	23.9	17.9	20.0	19.1	20.2	-6.0	2.1	-0.8	1.0
40~44岁	9.5	7.0	5.8	7.1	7.0	5.5	-1.2	1.3	-0.1	-1.5
45~49岁	2.0	3.1	2.2	4.2	2.8	0.8	-0.9	2.0	-1.4	-2.0
总和生育率	0.057	0.056	0.084	0.075	0.063	0.107	0.028	-0.009	-0.012	0.043

7 结论与讨论

综上所述，“单独两孩”和“全面两孩”政策实施之后的第一年，人口出生率均有所提升，但是随后就发生了回落，甚至降至更低水平。生育政策的调整主要释放了30~39岁女性的生育潜力，但是30~49岁女性生育乏力的补偿，抵不过20~29岁女性生育强劲的推延。生育政策对生育水平的下滑发挥了一定的阻滞作用，“全面两孩”政策力量大于“单独两孩”政策，然而效果仍然有限。城市和镇在生育政策的两次调整中均有所受益，总和生育率增长幅度较大，经历了“低龄—高龄—全面”生育率提升的过程，乡主要是在“全面两孩”政策推行后受益较多。一孩生育率呈现下降趋势，二孩生育率呈现上升趋势，在2017年，二孩生育率可能超过了一孩生育率，三孩及以上生育率保持低位小幅波动。伴随生育政策不断深化调整，我们可以观测到生育水平的相应变化，但是二者之间的因果关系还需做进一步的验证。

第八章　性别偏好对生育意愿和生育行为的影响

1　引言

自新中国成立以来，我国在妇女解放和促进性别平等方面取得了长足进步。2015 年全国 1%人口抽样调查数据显示，1949 年及以前出生人口中，女性平均受教育年限为 4.29 年，不足男性 6.53 年的 2/3；而"80 后"女性平均受教育年限提高至 10.92 年，仅比男性少 0.17 年；在"90 后"群体中，女性提升至 12.18 年，甚至超过男性 0.23 年（国家统计局，2016）。党的十九大报告再次明确提出："坚持男女平等基本国策，保障妇女儿童合法权益。"然而，在世界经济论坛 2017 年度《全球性别差距报告》对 144 个国家和地区的男女平等情况排位中，中国位居第 100，导致这种结果的重要原因之一是中国长期处于出生性别比失衡状态（World Economic Forum，2018）。

出生性别比（Sex Ratio at Birth，SRB）是指活产婴儿的性别比，即某段时期内、某地区的活产新生婴儿中，每一百个活产女婴所对应的活产男婴人数。在没有外力干扰的情况下，大多数国家和地区出生性别比为 102~107。出生性别比是反映生命之初性别平等状况的重要衡量指标（杨雪燕，李树茁，2008）。国家统计局调查数据显示，1979 年出生性别比为 105.8，尚处于正常范围内。1982 年出生性别比为 108.5，超出正常值范围。此后不断攀升，1990 年达到 111.7，2000 年进一步上升至 116.9，2004 年高达 121.2，然后，在 120 上下波动。2008 年之后，出生性别比开始呈下降趋势，从 2008 年的 120.6 降到 2010 年的 117.9，到 2015 年已降至 112.6，迄今尚未恢复到正常范围。韩国、格鲁吉亚、印度、阿塞拜疆、亚美尼亚、阿尔巴尼亚、巴基斯坦和越南等国的出生性别比也先后出现偏高现象（United Nations，2017）。但相比之下，中国的出生性别比增长速度最快，偏离程度最大，波及范围最广，持续时间最久（顾宝昌，李建新，2010；翟振武等，2015）。

20世纪80年代伊始，一些国外学者和国际组织以出生性别比偏高为据，质疑中国的计划生育政策和男女平等的实现（李成瑞，1985；Terence H. Hull，1990；Sten Johansson and Ola Nygren Source，1991；穆光宗，1995）。1991年，国家计划生育委员会主任彭珮云提出把出生性别比的研究工作纳入国家计生委“八五”期间第一批研究课题，从此打破了国内出生性别比研究和宣传的禁区（顾宝昌，徐毅，1994）。经历了十年左右的争论，政府部门和学界逐渐达成共识：中国出生性别比偏高真实存在，而并非由统计漏报所致。大量实证分析表明，出生性别比问题在全国范围普遍存在，不分城乡、不分地区，孩次越高出生性别比越高（乔晓春，2004；原新，石海龙，2005；郭志刚，2007；翟振武，杨凡，2009；石人炳，2013；王军，郭志刚，2014；王军，2016）。

目前，“婚姻挤压”及其可能引发的一系列社会危害是学界、公众和社会舆论最为担忧的后果（Shripad Tuljapurkar，Nan Li and Marcus W. Feldman，1995）。数年前，新闻媒体就发出过“2020年中国光棍数量将达3000万”的预警（霍霞，2004）。还有学者指出，在出生性别比的后果上，人们的担忧仍然是以男性利益为中心，事实上，出生性别比异常偏高往往是对女性生命权、生存权和发展权的严重剥夺与损害的结果（马焱，2004）。

多数研究者认为，男孩偏好、低生育水平和人工流产技术等因素相互影响，共同造成了中国出生性别比偏高的结果。具体而言，当生育水平快速下降，特别是生育水平下降到更替水平之下，就会对子女性别结构形成强烈挤压，导致长期存在的男孩偏好凸显（顾宝昌，2011）。与此同时，B超和人工流产技术的普及推广应用，又为“选生”提供了实现手段（陈友华，2007；岩复，陆光海，1995）。因此，男孩偏好被认为是导致出生性别比偏高的最主要原因。但在男孩偏好的强弱及变化趋势上，一直存有争议。一些调查结果显示，中国人的男孩偏好比较强烈（钟声，1986；虞积生，林春，1992；尤丹珍，郑真真，2002；宋健，陈芳，2010）。另一些调查结果则表明，中国人的男孩偏好并不很强烈（李洁萍，1987；顾大男等，1995；马小红，侯亚非，2008；曹玮丽，2014）。有学者对比了 1979 年至 1998 年的 11 项调查结果，认为城市居民和农村居民的男孩偏好均随年代更替有所减弱（风笑天，张青松，2002）。那么，在中国出生性别比失衡的过程中，男孩偏好到底是在增强还是减弱，抑或先强后弱？如何解释男孩偏好减弱，而出生性别比却依然处于上升之中？不澄清两者之间的关系，不但难以解释出生性别比的变动趋势，而且容易在男女平等方面继续为人诟病。

实际上，出生性别比是一个相对数概念（分子是男性出生人口数，分母是女性出生人口数），反映了生育结果；而男孩偏好是生育意愿的表达，意愿对于行为和结果的影响并非单向度或直接性的，因此不能将这二者简单地关联起来。为了更清晰地呈现出生性别比与男孩偏好的关系，本研究引入理想子女性别比作为中间变量。理想子女性别比是指某个人群终身期望生育的孩子中，每 100 个女儿所对应的儿子数，即理想儿子数与理想女儿数之比。在无性别偏好或性别偏好均衡的人口中，理想子女性别比为 100；男孩偏好主导时，理想子女性别比大于 100；女孩偏好主导时，理想子女性别比小于 100。一些研究早已表明：与男孩偏好相对应，女孩偏好也长期存在（风笑天，张青松，2002）。男孩偏好和女孩偏好体现为理想男孩数和理想女孩数，两者的比值即理想子女性别比，反映人们的生育性别意愿，并与结果层面上的相对数——出生性别比相对应。

本研究认为，总体来看，从 1979 年到 2017 年，任何一个时点上，男孩偏好都强于女孩偏好，但是，纵向比较而言，男孩偏好和女孩偏好都在趋弱，社会文化氛围从有性别偏好向无性别偏好转变。在这个转变过程中，会出现一种“相对数变动效应”，而人们在思想认识上又可能存在“锚定效应”。

“相对数变动效应”是指分子和分母的变动方向、速度共同导致相对数值的增减。在本研究中，男孩偏好和女孩偏好在减弱过程中会出现不同步现象，首先是女孩偏好趋弱速度快于男孩偏好，然后是男孩偏好趋弱速度快于女孩偏好，由此导致理想子女性别比先升后降。人们的生育行为受到社会相对性别偏好的影响，首先是女性出生人口数减少速度快于男性出生人口数，然后是男性出生人口数减少速度快于女性出生人口数，从而造成出生性别比呈现先升后降的变化过程。

查阅相关文献资料可知，1979 年以来，尚未有全国范围内持续性的关于生育子女性别意愿的调查，但在此期间，研究者在不同时间、地区开展了大量相关调查。在很大程度上，这些历史横截面的调查资料为当下的研究奠定了坚实基础，我们拟借助横断历史元分析方法整合并分析以往的调查结果，对上述假设进行严谨的实证分析。

2 数据与方法

本文所用出生人口数和出生性别比统计数据均出自国家统计局的全国人口普查、全国 1%人口抽样调查和年度人口抽样调查，具体来源详见标注。所涉及的理想男孩数、理想女孩数、理想男女均可数和理想子女性别比等生育意愿的数据均来自横断历史元分析结果。

2.1 文献收集标准

我们设法收集了 1978 年以来公开发表的关于生育子女性别意愿的研究成果，并按这些研究开展调查的时间进行了接续式排序，在此基础上考察理想子女性别结构的变化趋势。为保证研究质量，本研究在收集文献时严格遵循如下标准：①文中明确报告了理想生育子女的性别结构，选项中包含“男女均可”，并可进行计算；②调查地区为中国大陆的 31 个省（区、市），不包括香港、澳门和台湾地区；③被访者年龄在 15~59 岁；④文献发表于 1978 年 1 月 1 日至 2018 年 7 月 1 日；⑤若同一次调查获取的数据被多次采用并发表，则选用数据最为完整且最先发表的一篇；⑥部分大规模、高质量的调查，通过与调查方联系，获得所需数据。

依据上述标准，我们在中国知网上共检索到 121 篇论文。最早一项调查是 1979 年张子毅等人在北京郊区进行的调查。数据库录入时，以省级地区作为单位，某个省某年的某一项调查为一个个案。倘若论文中报告了两个以上地区综合的结果，且无法细分至省，地区名称则录入为“两个及以上地区”。在这 121 篇论文中，仅报告一个地区一年 1 项调查数据的论文有113篇，报告2项的有6篇，另外有2篇综述性论文（其中部分资料未能找到原文），我们采用转引方式对其进行编码，共获得17项调查数据，另有调查数据10项，这样，便累计获得省级及以上地区的152项调查结果。

需要说明的是，调查年份均以文中报告的调查年份为准。有106项调查报告了调查年份，其中42.5%的调查发表年份距离调查年份在1年及以内的时间，21.7%的调查相距2年，35.8%的调查相距3年及以上，发表年份与调查年份相差年数的中位数为2年。还有36项调查未报告调查时间，按照惯例，使用中位数替代缺失值，即用发表年份减去2年获得调查年份（辛自强等，2012）。10项调查数据都有明确的调查年份。

2.2　文献基本情况

在这152项调查中，从样本量来看，仅有1项调查未报告被访者人数，被访者人数最少的为75人，最多的为63 451人，中位数为930人，共涉及被访者46.6万人。考虑到如果以样本量为权数加权，那么超大样本量的调查结果可能会“淹没”样本量较小的调查结果，所以本研究未进行加权处理。就资料来源而言，所有论文均发表在正规学术期刊上。从调查地区来看，中国大陆的31个省（区、市）全覆盖，每个地区都至少有1项调查，涉及两个及以上地区的调查有19项。从调查时间来看，自1979年到2017年，除1980年、1982年、1987年、1988年、1992年以外，其余年份每年都至少有1项调查，最多达15项。从调查对象来看，仅调查城市人口有34项，仅调查农村人口进行的调查有50项，有11项调查既调查城市也调查了农村，并且分城乡报告了结果，有47项调查城乡均进行了调查，但是未报告分城乡的结果，有6项关于流动人口的调查，还有4项未说明调查地区。由于文献中均未报告抽样误差，因此本研究无法计算抽样误差，属于非等概率抽样范畴。这152项调查几乎覆盖了绝大部分年份和地区，以年代来划分，每个年代有22项以上的调查，1项及以上的全国性调查，而且均覆盖东、中、西部地区。

2.3 测量工具

生育意愿包含理想、期望和计划三级测量。理想子女数量和结构适用于对群体生育观念的测量，反映的是生育文化变迁；期望子女数量和结构可视为群体有可能达到的最高终身生育水平；生育计划更有可能直接转化为生育行为，有助于预测个体生育行为和预估群体生育水平（郑真真，2014）。受文献限制，无法细分期望和计划子女性别结构情况，仅能反映理想子女性别结构。这恰与我们探讨性别偏好文化变迁的目的相匹配，故而本文使用了“理想”一词。

需要注意的是，个体和群体的性别偏好是存在区别的。在任何时候、任何地方，针对任何事物，不同的人都可能持有不同的偏好。在调查中，有的被访者无性别偏好，有的偏好男孩，有的则偏好女孩（冯立天,马瀛通，1996）。个体对子女性别偏好有强有弱，强烈到一定程度时，他们可能在产前或产后实施人为干预进行性别选择；偏好较弱时，则偏好仅会停留在“想一想”层面，不会落实到实际行为（张银锋等，2017）。个体的偏好可以汇聚形成群体偏好，并反映为生育文化氛围。本研究测量的理想子女性别结构实则是一种生育文化氛围的表现。当生育文化氛围宽松时，个体的子女性别偏好更有可能淡化，不去做子女性别选择；当生育文化氛围保守时，个体的子女性别偏好更有可能强化，强烈到一定程度就会发生“选生”行为。

梳理现有文献，测量子女性别偏好的题目（即题干）大致可以分为三类：第一类，与生育数量意愿结合提问。例如，“您认为一个家庭最理想的孩子数是几个？其中几个男孩，几个女孩，几个无所谓男女？”（尤丹珍，郑真真，2002）。第二类，询问理想核心家庭孩子性别结构，甚至包括不同性别的先后顺序，少则列出 3 种结构，多则列出 20 种结构。例如，对一个家庭来说，您认为什么样的孩子组合是最理想的（温勇等，2000）。第三类，分孩次询问性别偏好。例如，如果只生一孩，是生男还是生女好？若允许生两孩，最好是什么（周长洪等，2000）。

2.4　计算方法

测量结果（即选项）的报告形式又可分两种，上述第一类和第三类题目通常可获得第一种结果，第二类题目的结果有两种。

第一种，文献报告了理想子女的性别和数量交叉分布，据此可直接求得分性别理想子女数。比如，某调查结果是：不要孩子 4 人，1 个孩子不分男女 140 人，1 个男孩 20 人，1 个女孩 11 人，2 个孩子不问男女 27 人，1 个男孩 1 个女孩 178 人，2 个男孩 6 人，2 个女孩 8 人，3 个孩子 0 人，共 394 人（洪良华等，1984）。这项调查的平均理想男孩数为 0.533 =（1×20+1×178+2×6）/394，平均理想女孩数为 0.520 =（1×11+1×178+2×8）/394，平均理想男女均可数为 0.492 =（1×140+2×27）/394。需要说明的是，考虑到“儿女双全”是“均好”而非“偏好”，其实质是希望既有男孩也有女孩，故未单独考虑“儿女双全”情况，计算时其人数或比例乘以 2 后平分至理想男孩数和理想女孩数中。有 66 项调查结果使用此方法进行计算，占 152 项的 43.4%。

第二种，文献仅报告了男孩偏好、女孩偏好、男女均可和儿女双全等前 3 种或 4 种情况的人数或比例，有 86 项调查结果如此报告，占 152 项的 56.6%。假定男孩偏好和女孩偏好的理想子女数均为 1，儿女双全的理想子女数为 2，男女均可的理想子女数为调查所得平均理想子女数，有 12 项调查未报告平均理想子女数，以 1.82 替代（侯佳伟等，2014）。以各种情况的人数或比例作为权数，用加权算术平均数方法，求得理想男孩数、理想女孩数和理想男女均可数。比如，某调查结果是：偏男 53 人，偏女 25 人，儿女双全 344 人，无偏好 200 人，合计 622 人；平均理想子女数为 1.755 人（尹文耀等，2000）。这项调查的理想男孩数为 0.638 =（1×53+1×344）/622，理想女孩数为 0.593 =（1×25+1×344）/622，理想男女均可数为 0.564 =（1.755×200）/622。

本文关于理想子女性别比计算分为三步：第一步，分时期计算理想子女数的简单算术平均数，描述理想男孩数、理想女孩数和理想男女均可数的变化趋势，用方差分析法比较这三类平均数在不同时期是否存在统计上的显著差异。第二步，在每一项调查中，把理想男女均可数平分两部分，分别加至上一步计算获得的理想男孩数和理想女孩数，得到理想子女性别比的分子和分母。第三步，分子比分母得到理想子女性别比。此时得到的是4个时期的平均水平，以上升期（前3个时期）的数据为基础线性拟合出1979—2008年理想子女性别比趋势线，以下降期（后2个时期）的数据为基础线性拟合出2008—2017年理想子女性别比趋势线。由此得到的拟合理想子女性别比趋势线与出生性别比计算相关系数，考虑到2008年是出生性别比的转折点，以2008年为界，分别拟合上升期和下降期出生性别比和拟合理想子女性别比的皮尔森相关系数。

理想男孩数的减少可能是因理想子女的减少而减少，也可能是因为男孩偏好减弱而减少。为了消除前者（数量）的影响，仅考察后者（结构）的影响，故计算理想男孩比例，即理想男孩数占理想子女数的比例。

3 男孩偏好变动趋势

基于对152项调查结果开展的横断历史元分析表明，1979年以来，中国人的理想男孩数一直在显著减少，从未增长，由1979—1989年的0.59人减少到2010—2017年的0.43人，几乎减少了1/3。理想女孩数则是先减后增，由1979—1989年0.53人显著减少到2000—2009年的0.34人，2010—2017年略有回升，为0.43人。理想男女均可子女数的增加不具有统计上的显著差异，暂且不考虑。

理想男孩数的减少可能是因理想子女的减少而减少，也可能是因为男孩偏好减弱而减少。为了消除前者（数量）的影响，仅考察后者（结构）的影响，故计算理想男孩比例，即理想男孩数占理想子女数的比例。表8-1显示，理想男孩比例在1979—1989年和1990—1999年基本稳定在34.5%，2000—2009年降到29.5%，到2010—2017年降至27.9%。理想女孩比例从1979—1989年的30.9%减少到2000—2009年的23.2%，之后有所回升，2010—2017年升至27.8%。而理想男女均可比例呈现大幅增长，从1979—1989年的34.6%增加到2000—2009年的47.3%，2010—2017年有所下降，为44.3%。总体而言，中国人理想男孩和女孩的比例均呈现明显的下降趋势，男女均可的比例呈现上升趋势，这表明人们对子女性别的偏好在不同程度地减弱。值得注意的是，在2010—2017年，尽管理想女孩比例仍然低于理想男孩比例，但是二者已经非常接近，仅相差0.1%。

表 8-1　分性别理想子女数及结构　　单位：人，%

	理想子女人数			理想子女结构			样本量	
	男孩	女孩	男女均可	男孩	女孩	男女均可	项目数	样本人数
1979—1989 年	0.586	0.526	0.589	34.5	30.9	34.6	22	33 140
1990—1999 年	0.533	0.466	0.541	34.6	30.2	35.2	22	45 875
2000—2009 年	0.439	0.344	0.703	29.5	23.2	47.3	47	154 816
2010—2017 年	0.430	0.429	0.684	27.9	27.8	44.3	61	232 277
F 值	3.451	3.875	1.571					
P 值	0.018	0.011	0.199					

与以往多数调查不同，近几年，在一些调查报告中明确写道，偏好女孩比例超过偏好男孩比例，甚至在农村地区也出现此现象（宋健，秦婷婷，宋浩铭，2018；靳永爱，宋健，陈卫，2016；韩晓雨，2016；李艳霞，2016；沈费伟，陈晓玲，2013）。十多年前，如果谈起“男孩偏好”，人们会觉得习以为常，如果有人说起“女孩偏好”，却会吸引来众多惊异的目光；时至今日，“女孩偏好”已为人们所熟知、理解并接纳，甚至逐渐成为一种流行趋势，即：越来越多的人表示就是想生女孩。不难理解，出现了理想女孩数和理想女孩比例有所上升的现象。

无论是城市还是乡村，理想男孩和女孩的数量及其比例均呈现出显著减少趋势，如表 8-2 所示。比较而言，乡村的理想男孩数和理想女孩数均高于城市。乡村理想男孩和女孩的数量及其比例也一直处于减少态势，城市从 20 世纪 90 年代开始呈现下降趋势，晚于乡村。城市和乡村的理想男女均可比例均呈现上升趋势，城市上升幅度大于乡村。这表明城乡的子女性别偏好都在弱化，城市比乡村弱化得更为明显。

表 8-2　分城乡、性别的理想子女数及结构　　单位：人，%

	理想子女人数			理想子女结构			样本量	
	男孩	女孩	男女均可	男孩	女孩	男女均可	项目数	样本人数
城市								
1979—1989 年	0.383	0.354	0.559	29.5	27.3	43.1	4	3 641
1990—1999 年	0.449	0.430	0.478	33.0	31.7	35.2	5	18 253

续表

	理想子女人数			理想子女结构			样本量	
	男孩	女孩	男女均可	男孩	女孩	男女均可	项目数	样本人数
2000—2009 年	0.333	0.315	0.748	23.8	22.6	53.6	16	63 377
2010—2017 年	0.271	0.302	0.890	18.5	20.6	60.8	20	29 200
乡村								
1979—1989 年	0.630	0.558	0.544	36.4	32.2	31.4	18	22 289
1990—1999 年	0.556	0.509	0.547	34.5	31.6	33.9	12	25 472
2000—2009 年	0.498	0.375	0.671	32.3	24.3	43.5	19	74 590
2010—2017 年	0.391	0.338	0.786	25.8	22.3	51.9	12	14 248

受“锚定效应”影响，人们容易将出生性别比的上升归因于“男孩偏好”的增强。但事实上，已有的 152 项调查结果显示，理想男孩比例持续显著下降，男孩偏好一直在减弱，从未增强过，而出生性别比却呈现出先升后降的趋势，具体情况如图 8-1 所示。值得注意的是，在出生性别比偏高的乡村，理想男孩比例也一直呈现出减少趋势，从 1979—1989 年到 2000—2009 年下降较为缓慢，从 2000—2009 年到 2010—2017 年下降较为迅速，具体情况如图 8-2 所示。

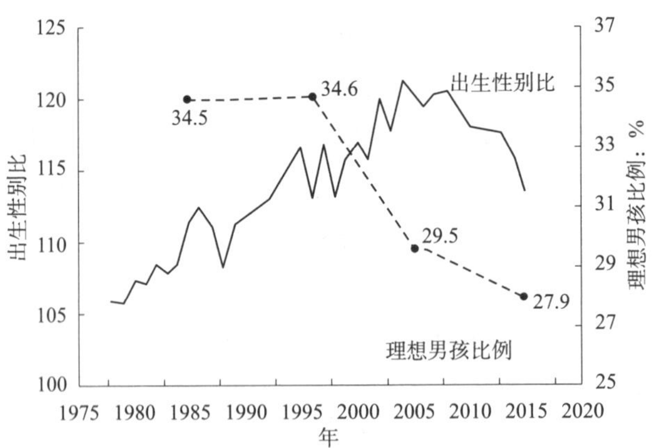

图 8-1 理想男孩比例与出生性别比

数据来源：出生性别比：1978—1981 年、1983—1989 年数据来自顾宝昌、徐毅：《中国婴儿出生性别比综论》，《中国人口科学》1994 年第 3 期。1990—1999 年数据来自原新：《对我国出生性别比失衡人口规模的判断》，《人口研究》2007 年第 6 期。1982 年、2000—2015 年数据来自国家卫生计生委计划生育基层指导司、中国人口与发展研究中心：《人口与计划生育常用数据手册 2016》，北京：中国人口出版社，2017 年。

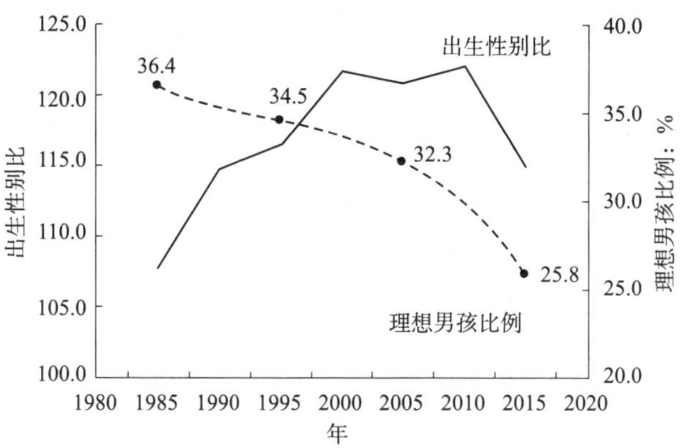

图 8-2　乡村理想男孩比例与出生性别比

数据来源：出生性别比：1978—1981 年，1983—1989 年数据来自顾宝昌、徐毅：《中国婴儿出生性别比综论》，《中国人口科学》1994 年第 3 期。1990—1999 年数据来自原新：《对我国出生性别比失衡人口规模的判断》，《人口研究》2007 年第 6 期。1982 年、2000—2015 年数据来自国家卫生计生委计划生育基层指导司、中国人口与发展研究中心：《人口与计划生育常用数据手册 2016》，北京：中国人口出版社，2017 年。

不仅中国如此，韩国也曾出现类似的情况。根据韩国统计局的调查结果，15~44 岁已婚妇女认为必须要有儿子的比例不断下降，从 1991 年的 40.5%降到 1994 年的 26.3%，再降至 1997 年的 24.8%，2000 年进一步降至 16.2%，2003 年降至 14.1%（韩国统计局，2018）。与此同时，韩国出生性别比先上升后下降，从 1991 年的 112.4 上升到 1993 年的 115.3，随后开始下降，到 2003 年降至 108.7。具体情形如图 8-3 所示。韩国出生性别比发展的趋势表明，男孩偏好一直在弱化，男孩偏好的下降先于出生性别比下降，随后二者共同下降。

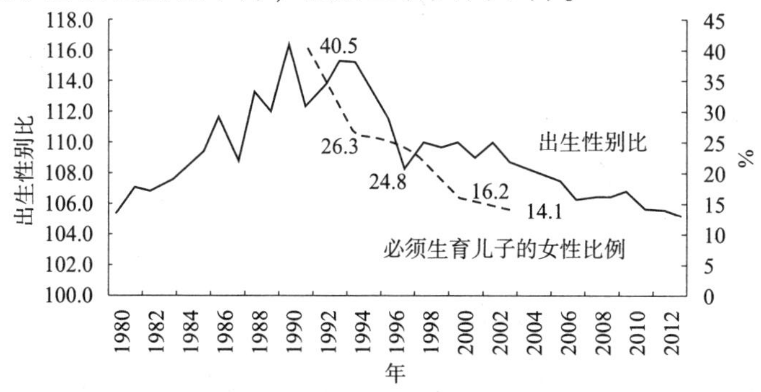

图 8-3　韩国出生性别比与必须生育儿子的女性比例

数据来源：韩国统计局官方网站。

另一个典型的例子是印度。印度4次全国家庭与健康调查（NFHS）结果如表8-3所示。1992年至2015年，该国15~49岁女性的平均理想男孩数从1.6人减少到1.1人，平均理想女孩数从1.1人减少到0.9人，希望“儿子多于女儿”的比例从41.4%降至18.8%，希望“至少一个儿子”和“至少一个女儿”的比例也均呈现出下降的趋势。由此可以推断，印度的性别偏好尤其是男孩偏好在减弱，但是男孩偏好仍然强于女孩偏好。与此同时，印度的出生性别比在1990—1995年为109，超出正常范围，1995—2000年升高至110，2000年之后一直保持在111（United Nations，2018）。印度理想男孩数快速、大幅下降的同时，出生性别比却在缓慢、小幅上升，以致停留在略超出正常范围的水平上。

表8-3　印度15~49岁女性分性别理想子女数　单位：人，%

年份	平均数			百分比				人数
	儿子	女儿	任一性别	儿子多于女儿	女儿多于儿子	至少一个儿子	至少一个女儿	
1992—1993	1.6	1.1	0.2	41.4	2.6	90.0	84.6	80 466
1998—1999	1.4	1.0	0.3	33.2	2.2	85.1	80.1	82 939
2005—2006	1.1	0.8	0.4	22.4	2.6	77.4	74.0	121 143
2015—2016	1.1	0.9	0.2	18.8	3.5	82.3	78.9	694 605

数据来源：印度NFHS1、NFHS2、NFHS3和NFHS4。

4　理想子女性别比变动趋势和分解

1979年以来，理想子女性别比呈现出“先上升，后下降”的发展趋势，具体情况如表8-4所示。理想子女性别比均值从1979—1989年的107.3上升到2000—2009年的113.6，2010—2017年回落到100.2，几乎接近标志男女平等的100。比较而言，理想子女性别比上升的时间持续几乎长达30年，而下降则是近十年才发生的情况。

表8-4　理想子女性别比

年份	理想子女性别比	平均人数		环比增长速度	
		分子	分母	分子	分母
1979—1989	107.3	0.880	0.820		

续表

年份	理想子女性别比	平均人数		环比增长速度	
		分子	分母	分子	分母
1990—1999	109. 2	0. 804	0. 737	-0. 086	-0. 102
2000—2009	113. 6	0. 790	0. 696	-0. 017	-0. 056
2010—2017	100. 2	0. 773	0. 771	-0. 022	0. 109

中国人的理想男孩和女孩人数及其比例在显著减少。为何理想子女性别比出现先升后降的现象？揭示子女偏好与理想子女性别比相互关系的关键点在于：理想子女性别比是“比”（ratio），即相对数，其变动方向由分子和分母的变动方向和大小决定。如果分子增加，分母减少，比值会增加。当我们看到理想子女性别比、出生性别比上升时，受到“锚定效应”影响，很容易想到这种情况，认为是男孩偏好增强，或女孩偏好减弱。正是由于陷入这种逻辑，以致多年以来我们都认为出生性别比上升主要由人们想“多生男孩或少生女孩”造成的。事实上，分子和分母变动方向并不一定相逆，也存在相一致的可能，比如当分子、分母同时下降，但下降速度并不相同时，会导致其比值增加或减少。理想子女性别比的变动恰好符合这种情况。这一现象表明“相对数变动效应”是客观存在的。

分年代而言，从 1979—1989 年到 1990—1999 年，分子减少了 0. 076 人，下降速度为 0. 086。分母减少了 0. 084 人，下降速度为 0. 102。分子减少幅度小于分母，分子下降速度慢于分母，因此使二者比值呈现增强趋势，理想子女性别比从 107. 3 增长到 109. 2。也就是说，分子和分母都在减少，仅是由于分子下降速度慢于分母下降速度，其比值——理想子女性别比便表现出上升趋势。

从 1990—1999 年到 2000—2009 年，继续保持上述趋势，且愈演愈烈。具体而言，分子仅减少了 0. 014 人，下降速度为 0. 017，而分母却减少了 0. 041 人，下降速度为 0. 056。二者比值继续上升，理想子女性别比从 109. 2 增加到 113. 6。这便促成了男孩偏好的相对增强，由此也造成一种表象：男孩偏好是助推理想子女性别比乃至出生性别比升高的主要因素。

从 2000—2009 年到 2010—2017 年，分子仍然保持减少趋势，分母有所增加。分子减少 0.018 人，下降速度为 0.022。分母增加 0.076 人，增长速度为 0.109。分子减少，而分母增加，二者比值呈现下降趋势，理想子女性别比从 113.6 下降到 100.2。

由此可知，理想子女性别比会因分子（男孩偏好）和分母（女孩偏好）的变动方向、幅度、速度不同而出现上升或下降趋势。进一步来说，理想子女性别比的上升或下降并不意味着男孩偏好的增强或减弱。值得注意的是，男孩偏好尽管一直在减弱，但并未完全消失，并且男孩偏好强于女孩偏好的现象仍然存在。

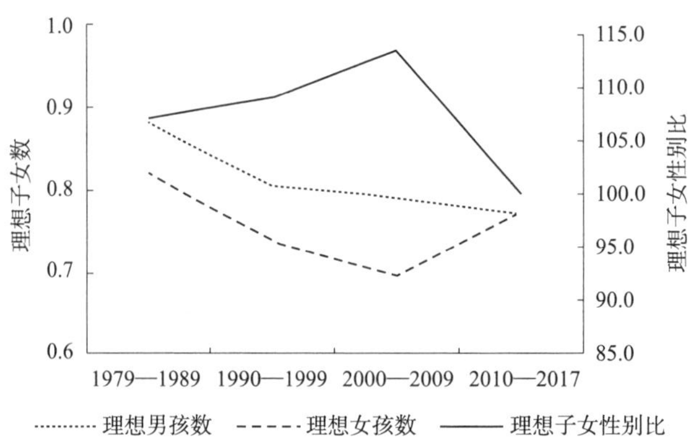

图 8-4　理想男孩数、理想女孩数和理想子女性别比

值得注意的是，印度的 NFHS 调查结果也显示，理想子女性别比从 1992—1993 年的 145.5，下降到 1998—1999 年的 140.0，到 2005—2006 年降至 133.3，2015—2016 年进一步降至 122.2。这种变化主要源自理想男孩数的下降速度快于理想女孩数的下降速度，具体情形如表 8-3 所示。

5　出生性别比的“相对数变动效应”

如果把理想子女性别比和出生性别比的变动趋势绘制在一张图中，便会发现二者变化趋势恰好相吻合，具体情况如图 10-5 所示。第一阶段（2008 年及以前），出生性别比和理想子女性别比均上升，二者高度正相关，相关系数为 0.825（$P=0.000$）；第二阶段（2008 年以后），出生性别比和理想子女性别比均下降，二者仍然高度正相关，相关系数为 0.932（$P=0.001$）。显而易见，生育文化氛围、生育意愿与生育行为、生育结果表现出了高度的一致性。对理想子女性别比变动逻辑进行深入分析，这在很大程度上可以增进我们对于出生性别比变动机制的理解和认识。

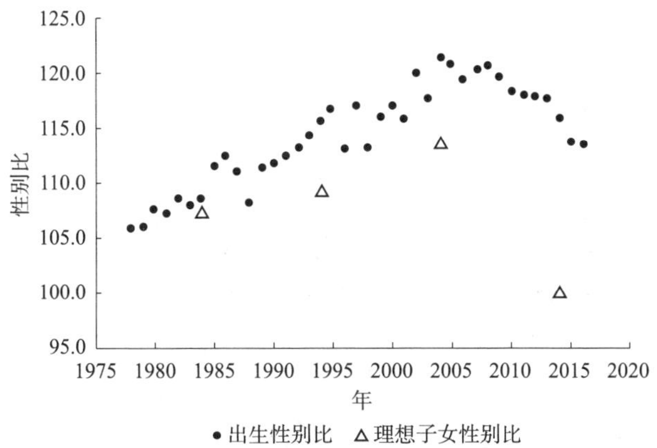

图 8-5　理想子女性别比和出生性别比

数据来源：1980 年、1981 年、1983—1989 年数据来自顾宝昌、徐毅：《中国婴儿出生性别比综论》，《中国人口科学》1994 年第 3 期。1990—1999 年数据来自原新：《对中国出生性别比失衡人口规模的判断》，《人口研究》2007 年第 6 期。1982 年，2000—2015 年数据来自国家卫生计生委计划生育基层指导司、中国人口与发展研究中心：《人口与计划生育常用数据手册 2016》，北京：中国人口出版社，2017 年。

出生性别比亦表现出“相对数变动效应”的规律性。表 8-5 列出了第四次全国人口普查、第五次全国人口普查、第六次全国人口普查和两次全国 1%人口抽样调查的分性别出生人口数及其环比增长速度。如表 8-5 所示，从 1990 年到 2000 年，男性出生人口减少速度慢于女性，从 2000 年到 2005 年仍是如此，此时，出生性别比统计呈现增长趋势。从 2005 年到 2010 年，男性出生人口减少速度快于女性，出生性别比统计呈现下降趋势。从 2010 年到 2015 年，男性出生人口仍然在减少，而女性出生人口略有增加，出生性别比统计呈现出明显的下降趋势。由此可见，在男性和女性出生人口数都减少的情况下，分子减少速度快于分母，导致出生性别比呈现增长趋势。这与之前的研究发现相一致（马忠东、王建平，2009；陈卫，2016）。当男性出生人口数减少，而女性出生人口数增加时，即分子减少而分母增加，会导致出生性别比呈现下降趋势。

表 8-5　分性别出生人口数　　单位：人

年份	出生人口数		环比增长速度		出生性别比
	男	女	男	女	
1990	12 969 084	11 655 803			111.3
2000	7 606 007	6 508 529	-0.414	-0.442	116.9
2005	7 557 811	6 373 132	-0.006	-0.021	118.6
2010	7 487 489	6 348 698	-0.009	-0.004	117.9
2015	7 275 355	6 461 742	-0.028	0.018	112.6

数据来源：国务院人口普查办公室、国家统计局人口统计司：《中国 1990 人口普查资料》，北京：中国统计出版社，1993 年 4 月。国务院人口普查办公室、国家统计局人口和社会科技统计司：《中国 2000 人口普查资料》，北京：中国统计出版社，2002 年 8 月。国家统计局人口和社会科技统计司：《全国 1%人口抽样调查资料 2005 年》，北京：中国统计出版社，2006 年 11 月。国务院人口普查办公室、国家统计局人口和就业统计司：《中国 2010 人口普查资料》，北京：中国统计出版社，2012 年 8 月。国家统计局人口和就业统计司：《全国 1%人口抽样调查资料 2015 年》，北京：中国统计出版社，2016 年 11 月。

6　结论与讨论

1979 年以来，我国社会经济快速发展，城市化水平不断提升，年轻女性受教育水平和就业参与率日益提高，男女平等观念更加深入人心，女性的自主权和社会地位明显提高，社会性别关系愈加趋向平等。然而，在此背景下，出生性别比却出现了异常偏高的情况，并直接影响到中国在全球性别差距方面的排名（World Economic Forum，2018）。出生性别比是人口结构的起点，更是性别平等在生命之初的直接体现（高凌，1995；杨雪燕，李树茁，2008）。出生性别比的严重失衡必然会对中国未来的发展产生长远、深刻、持久的影响。

以往，人们易将出生性别比升高的原因归结于“男孩偏好”趋强，这其实是“锚定效应”的表现。也就是说，出生性别比这一相对数的上升给人们留下了强烈的第一印象，会让人们先入为主地认为这主要是由想生男孩、男孩数上升所造成，即分子的上升直接助推了比值的升高。之所以出现这种情况，主要原因：现有大多数研究受到调查时空限制，而不得不在一种静态的框架下去认识、分析出生性别比的变动机制。有鉴于此，本研究尝试采用横断历史元分析方法，结合国家统计局数据，从动态、相对的视角重新审视男孩偏好、理想子女性别比和出生性别比的变动趋势。

首先，基于 152 项调查结果的综合分析显示，从 1979 年以来，男孩偏好呈现明显弱化趋势，中国人理想男孩数从 1979—1989 年的 0.6 人减至 2010—2017 年的 0.4 人，其占理想子女数的比例由 34.5%降至 27.9%。由于出生性别比是一个相对概念，在将男孩偏好作为一个变量引入分析出生性别比变化态势时，应与女孩偏好相对照，而不是孤立地、单向度地评估它是趋强或趋弱。虽然在任何一个时点上，都表现出男孩偏好强于女孩偏好，但纵向比较而言，无论是男孩偏好，还是女孩偏好，均不同程度地减弱。以一种宏观性的历史视角观察近 40 年我国推动社会性别平等的发展历程，中国社会正在从有性别偏好向无性别偏好悄然转变。韩国和印度也提供了相应的佐证，尽管这两个国家没有实行一孩生育政策，却与中国一样都出现了出生性别比偏高的现象，更为相似的是，在此过程中其性别偏好均呈现出弱化的趋势。

其次，从 1979 年到 2017 年，我国理想子女性别比经历了先升后降的过程。尽管理想男孩数一直呈现下降趋势，但是由于“相对数变动效应”的存在，理想子女性别比先升后降。从 1979—1989 年到 2000—2009 年，理想女孩数的下降速度快于理想男孩数的下降速度，此时，男孩偏好呈现相对增强的态势，并直接导致理想子女性别比上升，同时也造就了一种社会表象：似乎是由于“男孩偏好”的强化推升了实际出生性别比。从 2000—2009 年到 2010—2017 年，理想男孩数的下降速度快于理想女孩数，由此导致理想子女性别比下降。讨论至此，又出现了一个新问题，即在不同时期，理想男孩数和理想女孩数的减少速度为何不同？究竟是与父母对不同性别子女预期的相对效用有关（李兵，孙永健，2001），还是与城市化、受教育水平、就业参与率等其他社会影响因素有关？这些问题还有待于我们今后做进一步的探讨。

最后，生育结果与生育意愿表现出较强的一致性，实际出生性别比和理想子女性别比高度相关，并且两者的变化趋势和内在机制基本相同。在生育率不断下降的过程中，男性和女性出生人口均在减少，先是女性出生人口减少快于男性，导致二者比值——出生性别比呈现上升趋势，然后是男性出生人口持续减少而女性出生人口略有增加，导致出生性别比呈现下降趋势。这意味着出生性别比升高并非因为男孩偏好比以前增强了，而是男孩偏好相对于女孩偏好增强所致。可能正如有学者所指出的，出生性别比的变动过程仅是一定历史时期的过渡现象（马瀛通，1994）。

改革开放后，城市化成为反映中国社会快速变迁与转型的显著表征。城市化极大地推动了中国社会由传统向现代转变的进程，也使得越来越多的人从乡村进入城市生活，这必然会引起人们谋生手段和生活方式的根本改变，必然会对人们的观念、思维和行为产生巨大的冲击，其中包括人们对生育子女的性别偏好，这样一来，人们便自然而然地减少了理想儿子数和理想女儿数，生育偏好也在无形中弱化了，相应地，“选生”也愈加不再成为人们生育行为中重要或首要的考虑。已有研究证明，出生性别比偏高现象是由少部分甚至是极少一部分人的选生行为所导致（胡耀岭，原新，2012）。随着城市化不断推进，男女平等观念深入人心，社会性别偏好趋于弱化，加之“全面两孩”政策的实施、推进，出生性别比必然会进一步下降并逐渐走向平衡。

需要说明的是，理想子女性别比是一个相对数，它仅能表达男孩偏好相对于女孩偏好的变动情况，不适合用来衡量男孩偏好的变动。同样，出生性别比也不能作为测度性别偏好强弱的指标（马瀛通等，1998）。再者，理想男孩数包含了数量和性别两个维度，也不能准确反映性别偏好的强弱。而理想男孩比例（即理想男孩数占理想子女数的比例）消除了数量的影响，是一个仅考察性别意愿的指标。因此，相比较而言，理想男孩比例是衡量男孩偏好变动趋势较为合适的指标。

在研究方法层面，本研究从长期纵贯的视角出发，借助于横断历史元分析方法，将以往研究按时间顺序排列拟合，进而针对出生性别比先升后降的现象提出了一个新的分析框架——“相对数变动效应”。简而言之，方法的改进为本研究的顺利开展奠定了坚实的基础，也为我们的成果更加接近事实的真相提供了前提保障。不过，横断历史元分析也有其自身的局限性，由于采用的数据均源于以往的调查和研究，难免会受到原始调查的目的、质量、报告内容和发表情况等各方面因素的限制，这无疑会影响到数据分析的深度和广度。

第九章　个体两孩生育意愿及其子女成本收益分析

1　引言

当前，我国正处在一个人口转变的新时期，人们的生育意愿和生育行为已经发生了巨大的改变。为了应对人口发展的新趋势、新问题，我国相继实施了“单独两孩”和“全面两孩”政策。由此，我国的生育政策进入一个适度宽松的新阶段。在某种意义上，这也意味着生育决策权已由国家层面部分地回归至家庭层面。也就是说，任何合法的家庭都可在生与不生，生一个还是生两个之间做出自主选择。青年人群是生育的主力军，因此，研究这部分群体的生育意愿有助于我们精准地把握未来人口发展的总体趋向。

自2013年以来，对于人们是否计划生育两孩的问题，政府部门和相关学者在全国各地展开了相关的调研，结果大致分为两类：一种是比较乐观的估计，有六成左右的人打算生育第2个孩子（庄亚儿等，2014；李龙，翟振武，2014；张晓青等，2016）；另一种是比较保守的估计，有两成左右的人打算生育第2个孩子（石智雷，杨云彦，2014；牛亚冬等，2015；张银锋，侯佳伟，2015；靳永爱等，2016）。这两个结果相差较为悬殊，前者认为大多数人会生育二孩，后者却表明仅有少部分人会生育二孩，前者得出的打算生育二孩的比例几乎是后者的3倍。究竟哪一种结果更具说服力，还有待于进一步研究和验证。

研究发现，对于那些不愿意生育第二个孩子的年轻人而言，“生不起，养不起”似乎是他（她）们经常提起的客观理由。实际上，生育不仅是一种社会文化行为，也是一种经济行为。人们的生育意愿既会受到现实条件因素的影响，同时也包含着“成本-收益”方面的经济衡量。早在1957年，美国经济学家Leibenstein就已把孩子比作“耐用消费品”。他提出，生养孩子需要付出直接成本和间接成本，直接成本是指直接花费在子女身上的生育和抚养资金和实物支付，间接成本是指父母因生养孩子而减少自身工作、休闲或接受教育等时间，以及由此失去的各种机会。同时，养育孩子有可能会获得消费、收入、保障和家庭等4个方面的效用（刘家强，2004）。Becker认为，与低质量的孩子相比较，父母从高质量孩子身上获得的效用往往更大，所以，父母情愿减少孩子数量，把更多的物质资源和人力资源投入提高现有孩子质量方面。在当前社会条件下，伴随着孩子抚养成本的上升和预期效用的下降，人们自然而然会主动降低生育的数量，同时也会尽可能地提高孩子本身的质量，这样才有可能获得更大的收益。人们的生育行为进入“成本约束”阶段（李建民，2009）。

同时，研究者在探讨生育二孩的问题时还发现，现如今，人们并非把两个孩子看作同样的“耐用消费品”，而是认为第1个孩子是“生活必需品”，第2个孩子则是“奢侈品”，是超出人们生存发展需要范围的消费品，非“生活必需品”，需要足够的购买力才能消费得起（张银锋，侯佳伟，2015）。随着社会进步、经济发展、人民收入的提高，生养孩子无论是直接成本还是间接成本都在快速、大幅上升。如果选择生育第2个孩子，那么，在孩子抚育上付出的总体成本（包括直接和间接）已经不再是“1+1=2”的情形，而是“1+1>2”。有的时候，生育第2个孩子的成本是第1个孩子的2倍甚至多倍。而与此同时，子女对父母的收入效用和保障效用逐渐减少甚至丧失（宋健，2016），这两个效用的实现与子女多少、甚至有无子女的关系越来越弱。此外，第1个孩子已经能够实现消费效用和家庭效用，对于第2个孩子所能增加的边际效用，人们的感受也会因人而异，如：有的人认为“1个孩子足够了”，而有的人还是倾向于“多子多福”。现实中，那些想生二孩的人多是从精神层面进行考虑（张银锋，2016）：一方面是增添家庭幸福感（谭雪萍，2015；李婷，范文婷，2016；张晓青等，2016），另一方面为第1个孩子“生个伴”（葛佳，2015），以便相互陪伴、共同成长。

在社会快速转型的背景下，人们的婚育观念已经发生了前所未有的改变，但即便如此，普婚普育在中国仍是社会主流，即青年群体普遍会结婚、生子。现在的问题是，随着生育政策的调整，由青年构建的核心家庭是否会生育第2个孩子呢？哪些具体的因素和条件会对他们的生育意愿形成影响或约束？从经济理性的角度来说，对于第2个孩子的成本及收益的预期又是如何影响家庭的生育意愿的？社会和政府部门又该如何帮助家庭实现生育意愿？本研究将试图回答这些问题。

2 数据和方法

2015年11月中旬，即在“全面两孩”政策公布的半个月后，本课题组实施一项“2015年天津市女性居民生育调查”。调查形式为问卷面访。访问对象为年龄20~49岁，有配偶，至少已生育1个子女，在天津市居住半年及以上的女性居民。调查采用多阶段抽样方法，首先，采用典型抽样方式抽取了南开区、红桥区、河西区、河东区、宝坻区、武清区、静海区和滨海新区等地的8个社区，然后再在其中选取符合条件的被访者。数据收集、录入完成后，又进行了双录核查审核，最终共获得有效样本482份。被访者平均年龄为35.5岁±7.1，其家庭类型为“双独（双方均为独生子女）”占15.4%，“单独（一方为独生子女）”占28.8%，“双非（双方均为非独生子女）”占55.2%。

在研究中，如果两个变量均是分类变量，我们在探讨它们之间关系时采用列联分析方法；在检验样本均值是否具有差异时，根据两组样本是否独立，选用两个独立样本 t 检验或两个配对样本 t 检验方法，如是三组及以上则使用方差分析；若应变量是分3类的分类变量，在考察自变量对应变量的影响作用时，则采用无序多分类 Logistic 回归方法。

3 生育决策权

研究生育意愿，首先要知晓了解谁的生育意愿。明确家庭中谁拥有生育决策权，有助于准确预测其家庭的生育行为。在决定是否生育二孩的问题上，家庭内部成员中谁的话语权更为重要呢？本次调查显示，生育决策主要是由家庭成员协商决定的，占47.3%。其次是由妻子决定，占28.2%，由丈夫决定的仅占4.6%，前者是后者的6倍之多。女性拥有较高于男性的生育决策权，这与以往的研究结果相一致（熊郁，1994；顾大男等，1995）。这种现象或许与调查对象全部为女性存在一定的关系，但无可争辩的事实是，女性是生育主体且其家庭地位在不断升高，故而女性在生育问题上比男性更有发言权和决定权。况且，在这个问题上，家庭内部的意见往往比较一致、分歧较少。而完全由家中老人或第1个孩子决定的家庭所占的比例极为少见，分别仅占3.9%和2.1%。还有13.7%的家庭持“顺其自然”的态度。

现如今，核心家庭基本与原生家庭在经济、居住等方面相脱离，基本都是自主决定各类家务事宜。特别是人口迁移流动使得子女常常与父母不在同一地区生活，父母无法干涉子女生活，子女也无须向父母禀报。于是，老人在家中的影响作用微乎其微。上海市和河北省的调查也发现同样的现象（蔡洪福等，1995；王金营等，2008）。

值得注意的是，在很多家庭中，第1个孩子对生育两孩也有自己的看法和一定的发言权。过去，一个家庭生育几个孩子主要由成年人决定的，很少会顾及现有子女的意见。根据一些媒体报道，某些家中“大宝”是不能接受“二宝”的，例如2015年1月，湖北省武汉市某13岁女孩以自杀相要挟，让父母放弃生育第2个孩子（李扬，2015）；甚至，青岛的一些小学生竟然发起成立了“反弟弟妹妹联盟”，……调查发现，在第1个孩子态度的问题上，表示“明确不想要”的比例最高，占30.7%；“明确想要”的比例为25.1%；仅有7.5%的孩子“有时想要，有时不想要”；选择“不懂事，能够被大人引导”的比例占19.3%；还有17.2%的孩子感觉“有没有都行”。由此可见，三成家庭选择生育第2个孩子时，可能会遭遇到来自第1个孩子的阻力。不过，他们的意见未必能够产生实质性的作用，例如在一些家庭中，母亲明确知道第1个孩子坚决不想要弟弟或妹妹，但超过一半的家庭在决策时不会考虑他（她）们的感受和意见。

伴随社会文化的不断变迁，孩子在家庭中的话语权是无法忽视的，因此，第1个孩子的态度应引起父母亲的足够重视，并应以合理的方式与之进行沟通、加以必要的引导，这将有助于实现家庭的幸福与美满。

4 生育二孩意愿——想不想生

4.1 夫妻终身计划生育子女数

表9-1展示本次调查结果中夫妻计划终身生育子女数，在一生中，妻子打算生育1.46个子女，丈夫则打算生育1.48个子女。两个配对样本t检验结果表明，妻子和丈夫打算生育子女的平均数不存在统计上的显著差异，t（464）=-1.7，P=0.082。无论是妻子还是丈夫，打算生育1个子女的比例最高，分别占40.9%和37.8%；其次是打算生育2个子女的比例，分别占30.1%和31.1%。值得注意的是，妻子和丈夫各有22.2%和24.9%的比例，打算生育1到2个子女，也就是说，近1/4的人处在1~2个子女徘徊的状态。此外，妻子和丈夫打算生育子女数完全一致的家庭占调查总数的81.1%。

表9-1 夫妻计划终身生育子女数 单位：人，%

	妻子		丈夫	
	人数	比例	人数	比例
0个	7	1.5	4	0.8
1个	197	40.9	182	37.8
1到2个	107	22.2	120	24.9
2个	145	30.1	150	31.1
2到3个	11	2.3	11	2.3
3个	3	0.6	2	0.4
4个及以上	2	0.4		
无所谓	1	0.2	3	0.6
没想好	7	1.5	9	1.9
缺失	2	0.4	1	0.2
平均计划生育子女数	1.46		1.48	

4.2 生育二孩意愿

目前仅有1个子女的被访者中，61.8%的人明确表示“不打算再生”，17.1%的人“打算等等看”，有 17.7%的人打算生但尚未怀孕，还有 3.4%的人打算生并已怀上第 2 个孩子，总计有 21.1%的人打算生育第 2 个孩子。天津的调查结果与湖北、广东、四川、山东、浙江和辽宁等地的调查结果相类似（石智雷，杨云彦，2014；牛亚冬等，2015；靳永爱等，2016），是山东、北京乃至全国 29 省市区平均水平的 1/3（张晓青等，2016；李龙，翟振武，2014；庄亚儿等，2014）。

根据计划生育政策，双独夫妇一直都拥有生育第 2 个子女的权利，从 2013 年年底开始，单独夫妇也被允许生育第 2 个孩子，2015 年 10 月底颁布的“全面两孩”政策，主要惠及的是双非家庭。对比分析双独、单独和双非这三类家庭的再育意愿，结果显示，双非家庭相对最弱，仅有 11.3%的人打算再生，而双独家庭的意愿则最强烈，25.7%的人打算再生，单独家庭居于中间，占 18.0%，三者之间存在显著差异，χ^2（4）= 35.7，$P=0.000$。这表明新政策所惠及的人群生育两孩的意愿最弱。

与 2015 年尚在实行“单独两孩”政策的“北京调查”相比较，尽管“天津调查”实施时已推行“全面两孩”政策，但是分家庭类型的生育意愿结构相似。男独女非家庭打算生育二孩的比例最高，其次是双独家庭，双非家庭打算生育二孩比例较低。如表 9-2 所示。

表 9-2　分家庭类型的生育二孩意愿　　单位：人，%

	天津调查				北京调查		
	人数	打算	不打算	等等看	人数	打算	不打算
双独	63	23.8	58.7	17.5	72	23.6	76.4
男独女非	58	29.3	50.0	20.7	35	28.6	71.4
男非女独	59	13.6	61.0	25.4	37	24.3	75.7
双非	163	14.1	72.4	13.5	289	10.7	89.3
总计	343	18.4	64.1	17.5	433	15.5	84.5
	χ^2（6）= 15.012，$P=0.020$				χ^2（3）= 15.431，$P=0.001$		

4.3　妻子年龄、家庭类型与生育意愿

值得注意的是，家庭类型与妻子年龄之间存在显著关联（Cramer's

V=0.161，P=0.001）。在双非家庭中，妻子年龄多集中在大龄阶段，以40~49岁最多，占39.9%，其次是30~39岁，占35.0%，两者合计占74.9%。在单独家庭中，妻子年龄主要集中在30~39岁，占47.0%，其次是20~29岁，占29.1%，40~49岁的比例相对较低，占23.9%，具体情况如图9-1所示。双非、单独和双独家庭妻子年龄中位数依次递减，分别是37岁、34岁和31岁。

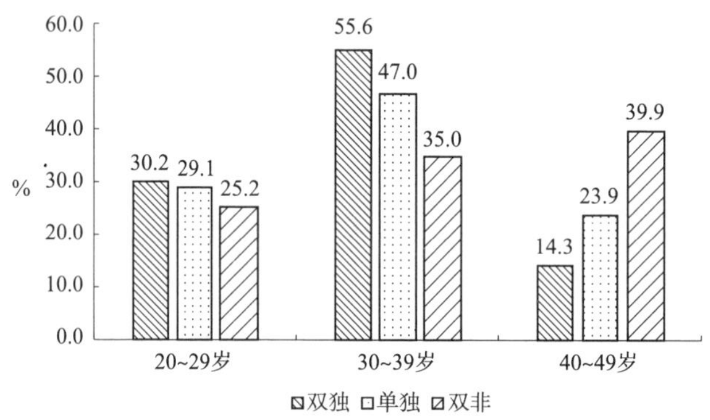

图9-1　家庭类型与妻子年龄

在此次调查的双非家庭中，妻子年龄在20~29岁，有36.6%的家庭打算再生育，在30~39岁的，此比例降到了8.8%，在40~49岁的则降至4.6%，具体情况如表9-3所示。考虑到双非家庭的妻子多处于大龄阶段，其生育会面临一定的生理性困难，由此可能会导致现仅有一孩的双非家庭再生育意愿相对较低，再育意愿弱从而进一步弱化再育行为发生的可能性。

表9-3　双非家庭的再育计划与妻子年龄　　单位：人，%

年龄（岁）	人数	再育计划		
		打算生	不打算生	等等看
20~29岁	41	36.6	43.9	19.5
30~39岁	57	8.8	73.7	17.5
40~49岁	65	4.6	89.2	6.2
χ^2（4）=31.5，P=0.000				

如表 9-4 所示，我们对比分析了双独、单独和双非这三类家庭的再育意愿，发现双非家庭相对最弱，仅有 11.3%的人打算再生，而双独家庭的意愿则最强烈，25.7%的人打算再生，单独家庭居于中间。一个不容忽视的事实是，在双非家庭中，有 36.1%的女性已生育第 2 个孩子。基于这种情形，我们或可以做出一种大胆的推测：某些特别想生第 2 个孩子的双非家庭，其实早在政策放开之前就已经生过了，现如今，即使一些大龄女性还想再生育，但不得不面临"年龄不饶人"的尴尬境地。

表 9-4　分家庭类型的再育情况　　单位：人,%

项目	人数	比例		
		已经有	打算生	未打算
双独	74	9.5	25.7	64.9
单独	139	15.8	18.0	66.2
双非	266	36.1	11.3	52.6
χ^2（4）= 35.7，P=0.000				

5　生育二孩条件——能不能生

时至今日，尽管政策方面的限制、约束已不存在，但人们的生育行为会受到生理、经济和照料等方面情况的制约，而且，后者的影响远远大于前者（张银锋，侯佳伟，2015；靳永爱等，2016）。

5.1　生理因素

客观上，一个家庭能否生育第 2 个子女，夫妻双方的身体状况是至关重要的先决条件，尤其是妻子，首先要能成功孕育新的生命，还要有足够的精力和体力养育并照料孩子。如表 9-5 所示，在已有一孩的家庭中，有再育打算的家庭相比于未打算的家庭，其妻子与丈夫的身体健康以及精力体力状况都显著更好，允许他们再生养一个孩子。由此也说明，大多数家庭在生育二孩的问题上都是比较理性、务实的。

表 9-5　生理因素与生育二孩意愿　　单位：人，%

	人数	打算生	不打算生	等等看
目前，您的身体健康状况允许您再生一个孩子吗？				
允许	230	24.3	53.0	22.6
不允许	83	2.4	91.6	6.0
说不好	31	16.1	71.0	12.9
		χ^2 (4) = 40.4，$P=0.000$		
目前，您丈夫的身体健康状况允许再生一个孩子吗？				
允许	244	23.4	55.3	21.3
不允许	74	2.7	87.8	9.5
说不好	26	15.4	76.9	7.7
		χ^2 (4) = 29.6，$P=0.000$		
目前，您的精力、体力允许您再生一个孩子吗？				
允许	170	31.2	50.0	18.8
不允许	121	2.5	87.6	9.9
说不好	53	13.2	54.7	32.1
		χ^2 (4) = 59.6，$P=0.000$		

5.2　经济因素

如果被问及“你为什么不打算再生一个孩子”，多数年轻人可能会不假思索地回答：“生不起，也养不起啊。”生活成本不断提高，孩子的教育成本直线上升，使得很多家庭不愿承受巨大的经济压力，因而不愿生育二孩（谭雪萍，2015）。湖北的调查数据显示，在符合“单独两孩”政策但不打算要二孩的家庭中，50%的家庭是因为经济压力大（石智雷，杨云彦，2014）。

表 9-6 显示，家庭的经济状况和住房条件允许再生一个孩子的家庭中，比不允许的家庭打算生育二孩的可能性更大。与以往研究结果相一致，家庭经济及住房状况对人们生育二孩意愿有重要影响作用。

表 9-6　经济因素与生育二孩意愿　　单位：人，%

	人数	打算生	不打算生	等等看
您觉得，您家经济状况允许再生养一个孩子吗？				
允许	181	28.7	54.7	16.6
不允许	112	3.6	86.6	9.8
说不好	51	13.7	47.1	39.2
		χ^2（4）= 55.7，$P=0.000$		
您觉得，您家住房条件允许再生养一个孩子吗？				
允许	195	25.6	55.4	19.0
不允许	110	5.5	83.6	10.9
说不好	39	17.9	51.3	30.8
		χ^2（4）= 32.3，$P=0.000$		

5.3　照料因素

婴幼儿的健康成长需要细心的呵护和照料。在我国，一方面，女性普遍就业，相当多的年轻女性在休完产假后就会重返工作岗位，此时，她们便难以陪伴在孩子身边进行照料。另一方面，由于社会支持体系尚未完善，3 岁以下的托幼服务严重不足。如果长期雇用专门的育儿嫂，普通家庭通常难以负担。于是，婴幼儿的日常照料工作自然便由家中的老人担负起来。对于很多家庭来说，家中老人是否愿意并且能够提供有效照料供给直接决定能否生育第 2 个孩子（顾宝昌，2015；靳永爱等，2016）。

表 9-7 表明，有无老人帮忙照料仍然具有非常显著的影响，打算再育的家庭更有可能需要老人帮忙照料孩子，未打算再生育和打算再生育的两类家庭中能有老人帮忙照料的比例分别为 42.5%和 74.7%，后者的比例约是前者的 2 倍。聘请保姆照料则和生育意愿无关。在已生育第 2 个孩子的家庭中，其第 2 个孩子在未满 3 岁之前，80.0%的家庭有老人帮忙照料。尽管老人照料不一定就是生育二孩的必要条件，在社会服务不健全的情况下，这一因素的确会对人们的生育决策产生重要的影响或作用。

表 9-7 照料因素与生育二孩意愿 单位：人,%

	人数	打算生	不打算生	等等看
再生一个孩子，您家是否会有老人照料孩子？				
有	166	28.3	52.4	19.3
没有	120	8.3	80.0	11.7
不好说	57	10.5	63.2	26.3
		χ^2 (4) = 30.8，P=0.000		
再生一个孩子，您家是否会聘请保姆照料孩子？				
会聘请	36	13.9	77.8	8.3
不会聘请	226	18.6	62.8	18.6
不好说	82	19.5	61.0	19.5
		χ^2 (4) = 3.7，P=0.445		

5.4 回归模型

以生育二孩计划为应变量，未打算生为参照类，将上述变量均纳入二分类 Logistic 回归模型，剔除妻子身体状况、丈夫身体状况、家庭住房状况和聘请保姆照料等影响不显著或存在多重共线性的变量之后，保留妻子精力体力、家庭经济状况和老人照料方面等影响显著的变量拟合回归模型，结果如表 9-8 所示。模型结果显示，三者均具有显著的正向影响作用，即妻子精力体力允许比不允许的家庭生育二孩意愿更强；自评家庭经济状况允许比不允许的家庭生育二孩意愿更强；有老人照料孩子比没有老人照料的家庭生育二孩意愿更强。简而言之，越是自我感觉具备或拥有这些条件的家庭越有可能有生育二孩的意愿。

表 9-8 生育二孩意愿条件的二分类 Logistic 回归模型

	回归系数	标准误	发生比
截距	-4.61***	0.67	0.01
妻子精力体力（参照：不允许）			
允许	1.90***	0.50	6.70
说不好	0.95	0.63	2.58
家庭经济状况（参照：不允许）			

续表

	回归系数	标准误	发生比
允许	1.79***	0.56	5.99
说不好	1.36*	0.66	3.91
老人照料孩子（参照：没有）			
有	0.84*	0.39	2.31
说不好	0.01	0.53	1.01
伪 R^2	0.301***		

注：* $-p<0.05$，*** $-p<0.001$。

6 生育二孩预期成本——值不值得生

人们生育意愿的形成或改变，都会受各种现实条件、因素的综合影响。而在作出生育决策的时候，作为经济理性的个体，人们通常会有意或无意地权衡生养孩子的成本与效用。

6.1 成本方面

调查结果如图 9-2 所示，无论是直接成本还是间接成本，认为“两个孩子差不多”的比例均占 48.4%。在直接成本方面，认为“第 2 个孩子比第 1 个孩子高”的比例高于“第 1 个孩子比第 2 个孩子高”的比例，二者分别为 29.7%和 21.8%，但其间的差距还不算太大。而在间接成本方面，选择此两种答案的比例分别为 36.0%和 15.6%，前者是后者的 2 倍多，其间的差距就变得较为悬殊了。大体看来，更多的人还是认为第 2 个孩子会比第 1 个孩子成本更高，尤其是间接成本。

为了进一步评估家庭生育第 2 个孩子可能付出的总体成本，笔者还考察了生育对家庭生活质量和女性就业可能产生的影响。

在家庭生活质量方面，31.0%的被访者认为再生一个孩子会降低家庭生活质量并且很在意，48.0%的被访者认为会降低但没关系，还有 21.0%的被访者认为不会降低。可见，绝大多数人都认为生育第 2 个孩子会影响到家庭生活质量。

图 9-3 显示，在女性就业方面，我们分别对工作状况和经济地位进行了考察。首先是女性对工作或就业的自我评估，主要从能否就业、

就业后是否会失业、事业发展等三个层次进行测量。结果表明，如果生育第 2 个孩子，认为“自己更难获得工作或赚钱机会”的比例（56.1%）明显高于认为“不会”的比例（43.9%），前者比后者多12.2%。有 31.2%的被访者担心并且很在意再育后失业或失去赚钱机会，还有 27.2%的被访者认为再育会阻碍自身事业发展，并对此很在意。显而易见，在现行社会背景下，如果生育第 2 个子女，极有可能会对女性的就业及事业发展造成明显不利的影响。

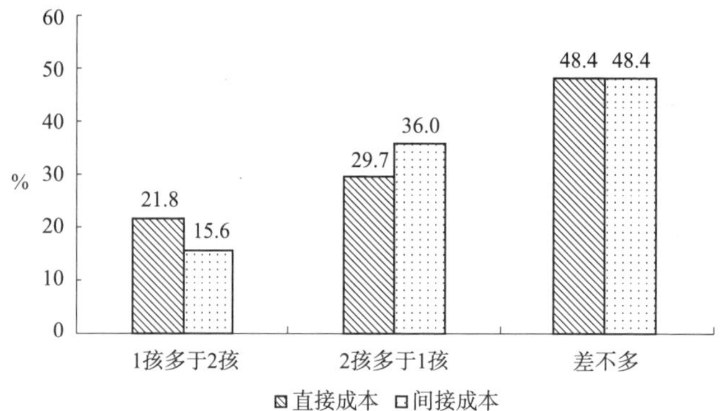

图 9-2　养育两个孩子直接成本和间接成本相比较

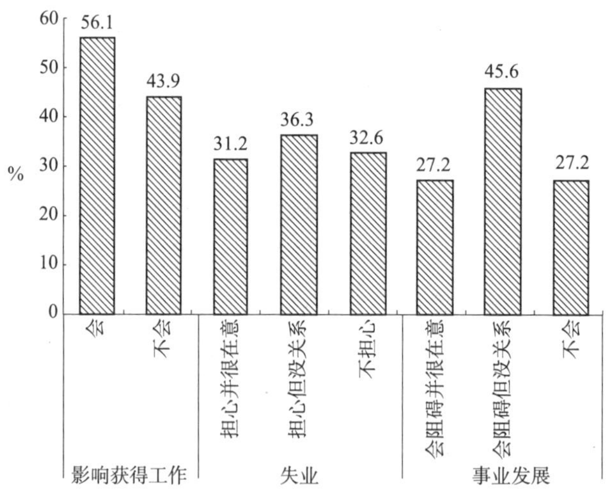

图 9-3　生育第 2 个孩子对女性就业的影响评估

其次是女性的经济地位，主要考察女性生育不同子女数时在家庭中相对经济地位的情况。图 9-4 表明，伴随子女数量的增多，“妻子比丈夫收入多”的比例在逐步下降，从生第 1 个孩子前的 11.0%下降到生育后的 9.1%，如果再生育第 2 个孩子，这个比例可能会下降到 4.0%。与之相似，“夫妻收入差不多”的比例也呈现出下降态势。而“妻子比丈夫收入少”的比例却随之上升，从生第 1 个孩子前的 37.1%上升到生育后的 51.6%，再升至生第 2 个孩子后的 62.3%。可见，女性生育第 2 个孩子，可能要面临双重风险：既要承受就业路径变窄或受限的绝对风险，还要承担家庭经济地位下降的相对风险。

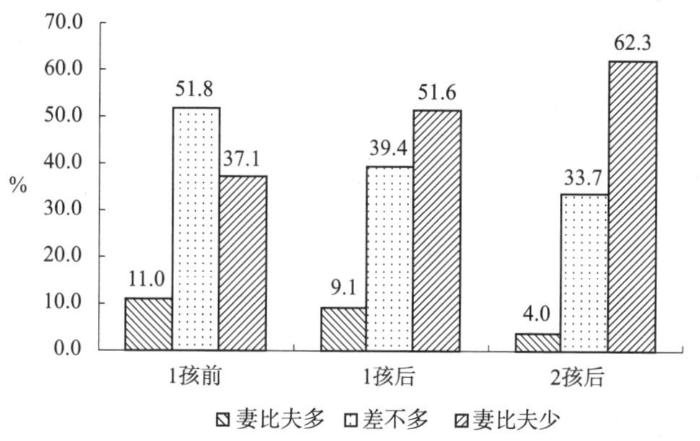

图 9-4　生育第 2 个孩子对女性收入的影响评估

以生育二孩意愿为因变量，不打算生作参照类，将上述成本变量纳入无序多分类 Logistic 回归模型中，结果如表 9-9 所示。仅有 3 个变量具有显著影响作用，即：降低家庭生活质量、阻碍事业发展、可能失业，而且其影响作用均为负向。也就是说，对这些问题越担心越在意，就越有可能不打算生育第 2 个孩子。再将此 3 个变量同时纳入回归模型中，结果发现，只有降低家庭生活质量这一变量具有显著的负向影响作用，另外两个变量的影响不显著。这意味着家庭生活质量的改变可能是家庭做出生育决策的直接影响因素，而女性就业和事业发展的目的在于改善、提高家庭生活质量，通过此变量间接影响家庭是否生育二孩。

表 9-9　生育二孩意愿成本的无序多分类 Logistic 回归模型发生比

	单变量模型		多变量模型	
	打算	等等看	打算	等等看
降低家庭生活质量（参照：不会）				
会降低，很在意	0.1***	1.3	0.1**	1.9
会降低，没关系	0.9	3.2*	0.6	3.5*
伪 R^2	0.123***			
阻碍事业发展（参照：不会）				
会阻碍，很在意	0.2**	0.6	0.5	0.5
会阻碍，没关系	1.3	1.4	1.4	0.8
伪 R^2	0.084***			
可能失业（参照：不会）				
担心，很在意	0.4*	0.7	1.5	1.0
担心，没关系	1.7	1.3	1.9	1.0
伪 R^2	0.058**			
伪 R^2			0.147***	

注：* $-p<0.05$，** $-p<0.01$，*** $-p<0.001$。

6.2　收益方面

表 9-10 数据显示，从长远来看，在子女年满 30 岁以后，尽管大部分人不把增加收入、提升经济地位和提高受尊重程度寄希望于生育两个子女，但是，认为两个子女比一个子女会提升的人比例明显多于认为不会提升的人。关于养老方面的预期，55.8%的人认为拥有两个孩子比 1 个孩子对自身以后的养老更有利，而认为“差不多”的比例占 37.7%，认为“1 个孩子更有利”的仅占 5.9%。尽管人们其实并不清楚多年后自己的养老情况将会是怎样的，但人多力量大的优越性似乎是毋庸置疑的。

从成长方面来看，90.7%的人相信，两个孩子长大以后能够相互依靠扶持，这对于子女的成长及其成年后的人生更为有利。在幸福感方面，认为“两个孩子和一个孩子同样幸福”的比例最高，占 42.2%，其次是“两个比一个幸福”，占 39.7%，仅有 6.5%的人认为“两个会比一个更不幸福”。同时，有57.8%的人认为“生养第2个孩子会对第1个孩子成长更有利”，33.7%的人认为“没有关系”，只有7.4%的人认为“会更不利”。总体上，就家庭的幸福与发展而言，多数人认为生育二孩是有利的。

从失独风险来看，有50.1%的人认为“生养2个孩子能否规避失去子女的风险”，但也有39.9%的人认为“不好说”，甚至有9.3%的人认为“规避不了”。可见，对于社会普遍关注的失独风险，有一半以上的人认为再生育一个能有效地规避这种风险。

表9-10　生育二孩可能带来的收益　　单位：%

	更好/能	更差/不能	一样/不好说	无所谓	缺失
1. 您估计，在孩子都工作以后，2个孩子比1个孩子，会让您家收入	42.8	13.6	42.2		1.4
2. 当您的孩子都年满30岁以后，您估计，您有2个孩子会比有1个孩子，您的经济地位	19.3	10.5	68.3		2.0
3. 当您的孩子都年满30岁以后，您估计，您有2个孩子会比有1个孩子，您的受尊重程度	21.8	2.5	74.5		1.1
4. 如果有2个孩子，您会觉得比1个孩子更幸福吗	39.7	6.5	42.2	11.0	0.6
5. 您认为，生养第2个孩子，对第1个孩子成长会更有利	57.8	7.4	33.7		1.1
6. 您认为，2个孩子长大成人后，能相互依靠、扶持吗	90.7	6.2			3.1
7. 您认为，生养2个孩子，能否规避失去子女的风险	50.1	9.3	39.9		0.6
8. 2个孩子与1个孩子相比，哪种对你们养老更有利	55.8	5.9	37.7		0.6

在以上所述的因素中，究竟哪些会对生育二孩计划产生影响作用？

以生育二孩意愿为应变量，不打算生为参照类，我们将这些因素逐一纳入无序多分类 Logistic 回归模型，表 9-11 的结果显示，只有“受尊重程度”“幸福感”“子女成长”和“养老”等 4 个变量具有显著的影响作用。具体而言，认为“有 2 个孩子相比于 1 个，未来个人受尊重程度更高”“有 2 个孩子会比 1 个更幸福”“有第 2 个孩子会对第 1 个孩子成长更有利”“有 2 个孩子对自身养老更有利”的人更有可能打算生育第 2 个孩子。如果把这 4 个变量同时纳入模型，则只有“养老”一个变量显著，也就是说，人们计划生育第 2 个孩子相对最为重要的收益是有利于以后自身的养老。

表 9-11　生育二孩意愿收益的无序多分类 Logistic 回归模型发生比

	单变量模型		多变量模型	
	打算	等等看	打算	等等看
受尊重程度（参照：一样）				
2 个比 1 个更高	2.3*	1.5	1.9!	1.4
2 个比 1 个更低	0.7	1.3	0.7	2.1
伪 R^2	0.023			
2 个比 1 个幸福（参照：无所谓）				
更幸福	5.3**	2.3	2.9	1.6
更不幸福	1.7	0.7	1.2	0.4
一样	2.1	1.7	2.1	1.6
伪 R^2	0.060**			
第 2 个对第 1 个成长（参照：没有关系）				
更有利	2.0*	2.0*	1.2	1.8
更不利	1.4	1.9	1.2	2.0
伪 R^2	0.027			
养老（参照：差不多）				
1 个孩子更有利	2.0	0.9	2.2	1.0
2 个孩子更有利	4.7***	1.5	3.9**	1.3
伪 R^2	0.074***			
伪 R^2			0.132**	

注：! $-p<0.1$，* $-p<0.05$，** $-p<0.01$，*** $-p<0.001$。

7　生与不生的家庭差异

在“天津调查”中，被访者可分为3类：已生育二孩、打算生育二孩和未打算生育二孩，比例依次为26.1%、15.6%和58.3%。这三类人群在表9-12所报告的家庭特征方面存在显著差异。具体而言，妻子年龄大的已生育二孩可能性大，打算生育的可能性小，而年龄小的未生育可能性小，打算生育的可能性大。受教育程度低的已生育二孩可能性大，打算生育二孩可能性小，而受教育程度高的已生育二孩可能性小，打算生育的可能性大。双非家庭已生育的可能性大，打算生育可能性小，而独生家庭已生育的可能性小，打算生育的可能性大。流动人口无论已生还是打算生的可能性都大于户籍人口。农业人口已生可能性大，农业和非农业打算生的可能性相近。非正规就业人口无论是已生还是打算生的可能性都大于正规就业人口。总之，具有年龄大、受教育程度低、农业户口、非正规就业、户口不在天津和双非家庭等特征的女性有三成以上的可能已经生育二孩。相反，具有年龄小、受教育程度高、非农业户口、正规就业、户口在天津和独生家庭等特征的女性已生育二孩的可能性相对较小。

表9-12　分类别的生育二孩意愿与行为　单位：%，人

	已生育二孩	打算生育二孩	未打算生育二孩	人数
妻子年龄				
20~29岁	15.4	33.3	51.3	117
30~39岁	27.2	15.5	57.3	213
40~49岁	32.5	2.0	65.6	151
	χ^2（4）=51.5，$P=0.000$			
妻子受教育程度				
初中及以下	47.9	12.7	39.4	165
高中/中专	20.6	16.3	63.1	141
大专及以上	10.3	17.7	72.0	175
	χ^2（4）=66.0，$P=0.000$			

续表

	已生育二孩	打算生育二孩	未打算生育二孩	人数
家庭类型				
独生	13.6	20.7	65.7	213
双非	36.1	11.3	52.6	266
	χ^2（2）= 33.1，$P=0.000$			
妻子户口在天津				
在	20.8	13.8	65.4	327
不在	37.3	19.6	43.1	153
	χ^2（2）= 22.0，$P=0.000$			
妻子户口性质				
农业	36.7	15.6	47.7	237
非农业	13.0	15.6	71.4	231
	χ^2（2）= 38.7，$P=0.000$			
妻子就业类型				
正规就业	12.9	14.7	72.4	116
非正规就业	30.0	15.4	54.6	357
	χ^2（2）= 14.6，$P=0.001$			

8 结论与讨论

“全面两孩”政策实施后，家庭便拥有了生育 1 个或 2 个孩子的自由选择权。通过对天津市已育一孩女性居民的调查发现，现今家庭中进行生育决策的人主要是夫妻双方，特别是妻子拥有重要的话语权，老人和孩子的影响力微乎其微。总体而言，青年夫妇双方的生育意愿基本相似，因此可以认为，妻子的意愿能够代表家庭的意愿。

从生育计划来看，一孩家庭打算生育二孩的意愿并不强烈，约 1/5 的家庭打算生育二孩，另约 4/5 的家庭暂不打算生育二孩。

从生育条件来看，身体健康、精力充沛的夫妻更有可能打算生育二孩，特别是妻子自我感觉精力充沛最为重要，因为她们是孩子直接的照料者和抚养者。自我感觉家庭经济和住房状况允许生育二孩的家庭更有可能再育。现阶段，由于缺乏社会性的托幼支持系统，对于大多数家庭而言，家中老人能否帮忙照料成为能否生育二孩的重要因素。

最后是如何才能使人们愿意并放心地生育二孩。现今，对于大部分家庭而言，一孩似乎是生活的“必需品”，而二孩已然成为某种意义上的“奢侈品”。诚然，只有当生养成本下降、效用增强，人们才更有可能选择生育二孩。从政策应对的角度，可将几个方面的工作作为着力点，如更多地考虑到女性的就业需求，帮助她们有效地降低由生育带来的各种成本付出；尽快地建立合理、规范、有效的托幼服务体系，解决女性在照料方面的后顾之忧；在医疗保健方面，为孕产妇尤其是大龄群体提供更为优质的服务和必要的人文关怀；在教育方面，减少竞赛式的教育竞争；等等。与此同时，社会各方都应积极行动起来，使公众能够重新认识、正确理解生育的价值与意义，并在全社会范围营造、树立起一种新型、和谐的生育文化观。

第十章　中国总和生育率为何如此低

1　引言

进入21世纪以来的几次全国人口普查/小普查连续报出了不断走低的总和生育率：2000年普查为1.22，2010年普查为1.18，2015年的小普查（1%全国抽样调查）为1.05。持续走低的生育水平引起了公众对数据质量的严重质疑和对“真实生育水平”的无穷争论。一种观点从统计核实的角度认为，所报告的普查结果并不反映中国实际的生育水平，而是由于大量的出生漏报和统计误差造成的（于学军，2002；Retherford等，2004；王金营等，2004；夏乐平，2005；翟振武，陈卫，2007；米红，杨明旭，2016）；另一种观点从发展水平的角度认为，相对于其他低生育率的发达国家，中国不可能达到这样低的生育水平（张青，2006；陈佳鞠，翟振武，2016）；也有的观点从进度效应的角度认为，时期生育率不仅没有反映而且扭曲了实际（终身）的生育水平（郝娟，邱长溶，2012；赵梦晗，2016）。

为此，人们借助了各种可能获得的数据来源，运用了各种可能应用的统计方法对普查数据进行调整，力图求得能够尽量反映真实生育水平的估计（于学军，2002；张为民，崔红艳，2003；袁建华等，2003；王金营，2003；丁峻峰，2003；Retherford等，2004；夏乐平，2005；张青，2006；蒋正华等，2007；翟振武，陈卫，2007；王谦，2008；周长洪，潘金洪，2010；杨凡，赵梦晗，2013；朱勤，2012；李汉东，李流，2012；杨凡，赵梦晗，2013；崔红艳等，2013；王金营，戈艳霞，2013；陈卫，高爽，2013；高爽，陈卫，2013；乔晓春，2014；陈卫，杨胜慧，2014；陈卫，张玲玲，2015；翟振武等，2015；赵梦晗，2015；赵梦晗，2016；陈佳鞠，翟振武，2016；王亚楠，钟甫宁，2017；贺丹等，2018；乔晓春，朱宝生，2018；朱宝生，乔晓春，

2019；王广州，王军，2019）。这些调整工作的结果并不尽一致，但大体来说认为，2000年的生育水平在1.8左右，2010年的生育水平在1.7左右，2015年的生育水平在1.6左右。

2000年、2010年和2015年历次普查公布的总和生育率和经过调整的总和生育率的比较如图10-1所示。从图10-1可以看出：①这些经过调整的生育水平的估计都明显地大大高于普查所报告的结果，使生育水平升高了40%～50%；②但同时我们也看到，即便是经过调整而大大调高了的生育水平仍然是远远低于实现世代交替所需的2.1的更替水平；③更值得注意的是，这些经过调整而大大调高了的生育水平仍然表现出与普查所报告的生育水平相类似的不断下滑的生育趋势。

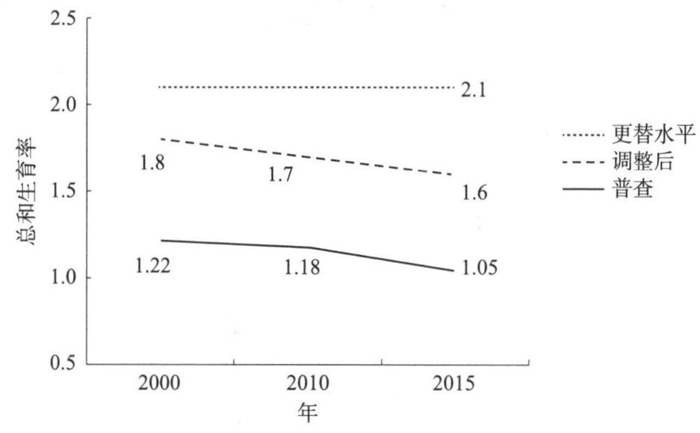

图10-1　国家统计局公布的和调整后的总和生育率比较

很有意思的是，尽管对于普查所报告的总和生育率的讨论已经开展得那么多，大多关注于什么是中国“真实的”生育水平，却很少讨论为什么中国的生育水平即便经过各种调整仍然很低，而且是越来越低（郭志刚，2013）。换言之，这些研究力图回答中国的生育水平并没有（或不可能）像普查所报告得那么低，但却没有回答中国的生育水平为什么会那么低。计迎春和郑真真（2018）最近发表的文章认为，“有必要从中国社会的制度和文化情景出发”“从社会性别和发展的视角审视中国的低生育率现象”，力图对中国的低生育水平做出一个社会学的解释。而本文的目的则是试图从“推延和补偿”互相博弈的视角对“我国的总和生育率为什么这么低”做出一个人口学的分析。

我们认为，对于普查所报告的总和生育率所反映的生育水平还是要回到总和生育率的本来意义来加以审视。总和生育率（Total Fertility Rate，TFR）是根据某个时期如某一年的15~49岁的妇女的分年龄生育率（Age-specific Fertility Rates，ASFRs）的总和而得出的。总和生育率作为一个时期指标，是各个年龄组的妇女在这个时期的生育行为的集中展现，是各年龄组妇女在这个时期的生育行为的真实写照。而总和生育率的任何变化必然是分年龄生育率的变化的结果，我们可以通过考察分年龄生育率的变化来了解总和生育率变化的缘由。换言之，总和生育率所反映的一个人口的生育水平的变化必然是由于各年龄组的妇女的生育行为的变化所带来的结果，我们可以通过各年龄组妇女的生育行为的变化来理解一个人口的生育水平的变化。既然总和生育率是分年龄生育率的总和，那么为了回答总和生育率为何不断走低，就必须从考察分年龄生育率的变化入手。

有关欧洲低生育率的研究表明，低生育水平下的人口总和生育率的波动往往是生育行为中的推延效应（postponement）和恢复效应（recuperation）互相博弈的结果（Sobotka，2017；Bongaarts and Sobotka，2012；McDonald，2008）。生育行为的推延效应可以对作为时期生育率反映的总和生育率产生压低作用，生育行为的补偿效应则可以对作为时期生育率反映的总和生育率产生抬高作用。在某个时期内，推延效应的强弱和补偿效应的强弱造成的它们之间的博弈的结果最终决定了这个时期的总和生育率的走向。因此，我们可以通过对各年龄组的生育率的变化来考察推延效应和补偿效应在生育行为中的体现及其对一个人口的时期生育水平的影响。

具体而言，生育行为的推延主要发生在年轻人群之中，即更多地体现在生育高峰期比如20~29岁妇女生育行为的推延中，因此会在年轻年龄组生育率（20~29岁的分年龄生育率）的下降中反映出来，并对反映时期生育水平的总和生育率产生压低作用。生育行为的补偿主要发生在年长人群之中，即更多地体现在晚育人群比如30~39岁的生育行为的补偿上，因此会在年长年龄组生育率（30~39岁的分年龄生育率）的上升中反映出来，并对反映时期生育水平的总和生育率产生抬高作用。如果在一个人口的某个时期，低年龄组的生育率下降幅度大，即反映推延效应强劲，而高年龄组的生育率抬高幅度小，也即补偿效应乏力，而不足以抵消推延效应，那么就会促使反映时期生育水平的总和生育率的下滑。反言之，如果在一个人口的某个时期，低年龄组的生育率下降幅度小，即反映推延效应微弱，而高年龄组的生育率抬高幅度大，也即推延效应不足以抵消补偿效应，那么就会促使反映时期生育水平的总和生育率的上抬。简言之，推延效应和补偿效应之间的博弈导致生育水平或升或降，推延效应大于补偿效应时，总和生育率呈现下降趋势，反之，推延效应小于补偿效应时，总和生育率呈现上升趋势。

2013 年，实施“单独两孩”政策，允许夫妇双方一方为独生子女的家庭生育两个孩子。2015 年，“全面两孩”政策推行，标志着执行了 35 年的独生子女为主的生育政策正式宣告终止。因此，2015 年的小普查也为我们从分年龄生育率的变化考察 2013 年单独两孩政策实施对生育水平的影响提供了机会。

2　数据和方法

本研究使用国家统计局公布的 2000 年和 2010 年人口普查以及 2015 年 1%人口抽样调查，并辅以国家统计局的年度人口调查数据进行分析。

根据《2000 年全国人口普查资料》《2010 年全国人口普查资料》和《2015 年全国 1%人口抽样调查资料》和历年《中国人口和就业统计年鉴》上关于生育的资料计算 15~49 岁妇女的分年龄生育率，并以分年龄生育率的加总计算总和生育率。

同时，我们计算了每个年龄组的生育率（ASFR）占总和生育率（TFR）的比例，得出每个年龄组生育率的构成比（P_i），以便考察不同年龄组的生育率对生育水平的总体结果的影响。

$$P_i = \frac{ASFR_i \times 5}{TFR} \times 100$$

比如，2000 年 i 为 20~24 岁年龄组的生育率为 114.5‰，其在当年的生育率中的构成比 $P_{20\sim24}$ 为（114.5×5）/1218.5×100＝47.0，也就是

说，20~24 岁组的生育占了 2000 年全年生育的 47%。

我们也计算了分年龄生育率的时期变化（T_i），即每个年龄组的生育率在二次调查中的差异乘以 5，以显示各个年龄组的变化是怎样在影响总和生育率的变化。

$$T_i = (ASFR_2 - ASFR_1) \times 5$$

比如，2000—2010 年的 20~24 岁组的生育率的时期变化 $T_{20\sim24}$ 为（69.5-114.5）×5=-225.0，即表明在 2000—2010 年的 11 年中，20~24 岁组的生育率减少了 225.0‰。

分年龄生育率的变动包括了水平和结构两种变动，计算分年龄生育率占总和生育率的比例，可获得控制水平变动的分年龄生育率结构变动，由此推断生育推延效应和补偿效应是否存在及其强度，试图从分年龄生育率的变化考察推延效应和补偿效应的博弈，以期对“中国生育水平为何如此之低”作出回答。

3　分析结果

3.1　2000 年以来我国生育率变化

表 10-1 是根据普查资料计算的 2000 年、2010 年、2015 年中国 15~49 岁妇女的分年龄生育率和总和生育率，各年龄组的构成比和时期变化。2000 年和 2010 年人口普查结果显示，生育高峰期的 20~24 岁生育率从 2000 年的 114.5‰下降到 2010 年的 69.5‰，减少了近一半，而 30~34 岁生育率从 28.6‰上升到 45.8‰，几乎翻了一倍。20~24 岁生育率占总和生育率的比例从 47.0%下降到 29.4%，而 30~34 岁的比例则从 11.7%提高至 19.4%。2010 年的 20~24 岁生育率与十年前的 2000 年相比减少了 225.0‰［（69.5‰-114.5‰）×5］，25~29 岁生育率也减少了 10.5‰，20~29 岁生育率的大幅下降表现出明显的推延效应。30~34 岁生育率增加了 86.0‰，35~39 岁、40~44 岁和 45~49 岁的生育率也呈现出不同程度的增加，30~49 岁生育率的提高则反映了补偿效应。但是，两相比较，推延效应远大于补偿效应，推延效应和补偿效应相互抵消后，生育率减少 37.5‰。可见，正是 20~29 岁年龄组的生育

率下降了 0.24（0.225+0.0105）和 30~49 岁年龄组生育上升了约 0.20（0.086+0.0625+0.030+0.020）从而使总和生育率从 2000 年的 1.22 降至 2010 年的 1.18。更确切地说，正是 20~29 岁年龄组生育率从 2000 年的 200.7‰（114.5‰+86.2‰）下降到 2010 年的 153.6‰（69.5‰+84.1‰），下降了 47.1‰，抵消了 30~39 岁年龄组的生育率从 2000 年的 34.8‰（28.6‰ + 6.2‰）上升到 2010 年的 64.5‰（45.8‰ + 18.7‰），上升了 29.7‰，这就形成了 17.4‰的下降，这是总和生育率下降的主要原因。

从 2010 年到 2015 年，20~24 岁年龄组生育率继续下降到不足 2000 年的一半（55‰），其构成比则从近乎一半下降到只占 1/4（26.1%）。与此同时，30~34 岁生育率及其占比则在此期间没有什么变化。更值得注意的是，从 30~34 岁到 45~49 岁年龄组的生育率在 2000—2010 年曾出现过上升趋势（即补偿效应），却在 2010—2015 年无一例外地均呈现出减少的态势，反映了补偿效应的乏力，即使是 2013 年的“单独二孩”政策的实施也无济于事。在 2010 年到 2015 年的 6 年间生育率减少了 126.5‰，导致了总和生育率从 1.18 下降到 1.05。

表 10-1　分年龄生育率和总和生育率（原始数据）单位：‰，%

	分年龄生育率			比例			分年龄生育率变化		
	2000 年	2010 年	2015 年	2000 年	2010 年	2015 年	2000—2010 年	2010—2015 年	2000—2015 年
15~19 岁	6.0	5.9	9.2	2.5	2.5	4.4	-0.5	16.5	16.0
20~24 岁	114.5	69.5	55.0	47.0	29.4	26.1	-225.0	-72.5	-297.5
25~29 岁	86.2	84.1	74.3	35.4	35.6	35.2	-10.5	-49.0	-59.5
30~34 岁	28.6	45.8	45.3	11.7	19.4	21.5	86.0	-2.5	83.5
35~39 岁	6.2	18.7	18.6	2.5	7.9	8.8	62.5	-0.5	62.0
40~44 岁	1.5	7.5	5.4	0.6	3.2	2.5	30.0	-10.5	19.5
45~49 岁	0.7	4.7	3.1	0.3	2.0	1.5	20.0	-8.0	12.0
Total	1 218.5	1 181.0	1 054.5	100.0	100.0	100.0	-37.5	-126.5	-164.0
总和生育率	1.22	1.18	1.05						

图 10-2 展示了 2000 年、2010 年和 2015 年的分年龄生育率。如果以 30 岁为界，图 10-2 可分为左右（30 岁上下）两部分。

左侧（30 岁以下）表现出明显的推延效应：①20~24 岁生育率直线下落，从 2000 年的 114.5‰下降到 2010 年的 69.5‰，再降至 2015 年的 55.0‰，减少了一半还多；②生育高峰向右推延了一个 5 岁组，从 2000 年的 20~24 岁推延到 2010 年的 25~29 岁，2015 年生育高峰尚保持在 25~29 岁；③生育峰值大幅下降，从 2000 年的 114.5‰降至 2010 年的 84.1‰，到 2015 年进一步降至 74.3‰。25~29 岁生育率在 2010 年和 2015 年为生育高峰期，但是其值已低于 2000 年同年龄组的生育率。

右侧（30 岁及以上）显示：①生育率呈现单调递减态势，随着年龄增加，分年龄生育率下降。2000 年下降相对迅速，而 2010 年和 2015 年下降相对迟缓；②从 2000 年到 2010 年存在明显的补偿效应，30 岁及以上各年龄组生育率均有提升，特别是 30~34 岁生育率提升幅度最大，从 28.6‰提高到 45.8‰；③从 2010 年到 2015 年未出现补偿效应，30 岁及以上各年龄组生育率均有小幅下降，40~44 岁生育率下降幅度最大，从 7.5‰下降到 5.4‰。这反映了补偿效应的乏力，即使是 2013 年的“单独两孩”政策的实施也无济于事。

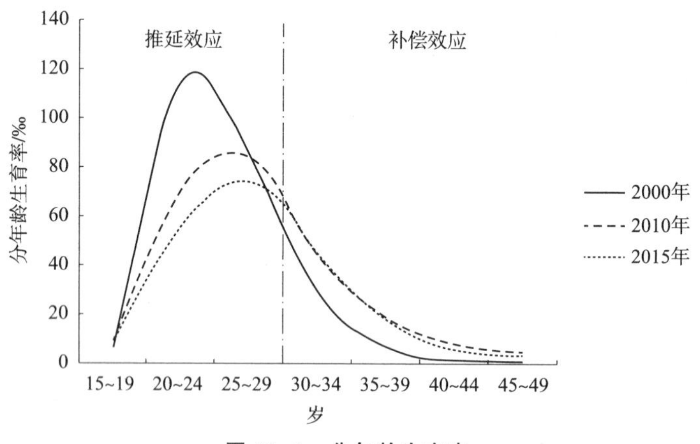

图 10-2　分年龄生育率

（1）图 10-3 为分年龄生育率占总和生育率的比例。如图 10-3 所示：①20~24 岁生育率占总和生育率的比例持续下降，从 2000 年的 47.0%下降到 2010 年的 29.4%，2015 年降至 26.1%。20~24 岁生育率对总和生育率的影响从主导转变为次要。这个比例转换成关于现实情况的表述是，女性在20～24岁生孩子的情况越来越少见，2000年时，每两个生孩子的女性就有1人年龄在20～24岁，而到2015年时，每4个生孩子的女性里仅有1人是20～24岁。

（2）25～29岁生育率所占比例稳定在35%。此年龄组在2000年时对总和生育率的影响作用位居于20～24岁之后，与之相差11.6%。在2010年时，25～29岁生育率所占比例则超过20～24岁，比之多出6.2%，成为对总和生育率影响最大的年龄组。到2015年，25～29岁比例与20～24岁比例差距愈大，扩大到9.1%。25～29岁生育率所占比例数值不变，而对总和生育率影响位次发生改变，这反映出生育时间在推延。

（3）30岁及以上的比例不断升高。30～34岁比例从2000年的11.7%增加到2010年的19.4%，再增长到2015年的21.5%，几乎翻了一倍。2015年的35～39岁、40～44岁和45～49岁的比例是2000年的4倍以上。30～49岁在2000年时累计比例为15.1%，与20～29岁比例82.4%相比，其对总和生育率影响相对较小。然而，到2010年时，30～49岁比例增至32.5%，2015年再增至34.3%，仅次于25～29岁比例，其对总和生育率的影响已经不可小觑。现实中，30～39岁生孩子的女性越来越多见，2000年时，每10个生孩子女性里只有1人是30～39岁，到2015年时几乎每3个生孩子女性里就有1人年龄在30～39岁。

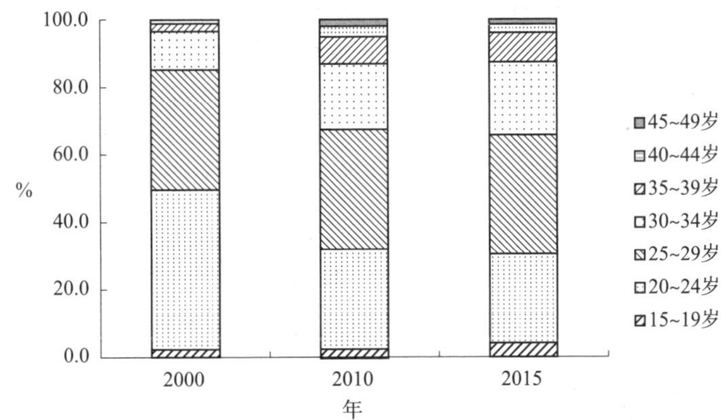

图10-3　分年龄生育率占总和生育率的比例

3.2 假设没有恢复效应

前面的讨论表明，2000 年到 2010 年和 2015 年的生育率的下降是由于低年龄组的生育率的下降和高年龄组的生育率的上升，即推延效应和补偿效应互相博弈的结果，并且推延效应强而补偿效应弱造成了总和生育率的下降。

但是，我们也可以看到，2000—2010 年的生育率变化也是由于年长年龄组的生育率有所上升而带来的恢复效应在一定程度上抵消了由于年轻年龄组的生育率下降而带来的推延效应对时期生育率的影响。因此，我们不妨设想如下的情景：如果这个时期的生育行为中只有推延效应而没有补偿效应，那么总和生育率作为时期生育率又会出现什么样的情况？

如果假定 2010—2015 年未出现补偿效应，即 2010 年和 2015 年这两个年份的 30~49 岁分年龄生育率等同于 2000 年的 30~49 岁的分年龄生育率，15~29 岁分年龄生育率为调查所得结果，那么时期生育水平会出现什么样的变化？在表 10-2 中，我们把 2010 年和 2015 年的 30~49 岁的年龄组生育率设在与 2000 年一致的水平上，即假定总和生育率的变化全部由于 20~29 岁年龄组生育率的下降而不存在 30~49 岁年龄组生育率的上升，换言之，只有推延效应而没有补偿效应，那么 2010 年的总和生育率将会更低，不是下降 0.04（1.22-1.18）而是下降 0.24，使生育水平低于 1（0.98），并且使 2015 年的总和生育率从小普查报告的 1.05 下降到 0.88。也就是说，如果没有补偿效应只有推延效应，那么生育水平将会下降得更低，甚至低于 1。

表 10-2　分年龄生育率和总和生育率（假设无补偿效应）　单位：‰，%

年龄	分年龄生育率			比例			分年龄生育率变化		
	2000 年	2010 年	2015 年	2000 年	2010 年	2015 年	2000—2010 年	2010—2015 年	2000—2015 年
15~19 岁	6.0	5.9	9.2	2.5	3.0	5.2	-0.5	16.5	16.0
20~24 岁	114.5	69.5	55.0	47.0	35.4	31.3	-225.0	-72.5	-297.5
25~29 岁	86.2	84.1	74.3	35.4	42.8	42.4	-10.5	-49.0	-59.5

续表

年龄	分年龄生育率			比例			分年龄生育率变化		
	2000 年	2010 年	2015 年	2000 年	2010 年	2015 年	2000—2010 年	2010—2015 年	2000—2015 年
30~34 岁	28.6	28.6	28.6	11.7	14.6	16.3	0	0	0
35~39 岁	6.2	6.2	6.2	2.5	3.2	3.5	0	0	0
40~44 岁	1.5	1.5	1.5	0.6	0.7	0.9	0	0	0
45~49 岁	0.7	0.7	0.7	0.3	0.3	0.4	0	0	0
Total	1 218.5	982.5	877.5	100.0	100.0	100.0	-236.0	-105.0	-341.0
总和生育率	1.22	0.98	0.88						

有意思的是，我们注意到如表 10-1 所示，在 2010—2015 年，不仅 20~29 岁的生育率继续下降，就连年长年龄组的生育率也都转而向下。正是由于年轻年龄组和年长年龄组的生育率同时都出现了下滑的趋势，使总和生育率从 2010 年的 1.18 下降到 2015 年的 1.05，即下降了 0.13，造成了所谓“世界上最低的生育率”（Guo，Basten and Gu，2018）。更值得注意的是，这种生育率的大幅下滑趋势发生在 2013 年的“单独二孩”政策之后，原本预期年长年龄组的生育行为会出现一些甚至强烈的补偿效应，从而促使生育率反弹，但该预期却并没有发生。

3.3　2000 年以来分城乡生育率变化

为了进一步考察推延效应和补偿效应在生育率变动中的作用，我们下面从分城乡、分孩次地展开讨论。表 10-3 为根据普查资料计算的我国城市地区 2000 年、2010 年和 2015 年 15~49 岁妇女的分年龄生育率和总和生育率。在城市地区，从 2000 年到 2015 年总和生育率一直处于 1 以下。20~24 岁生育率从 2000 年的 76.6‰下降到 2010 年的 44.7‰，到 2015 年进一步下降至 39.2‰，其占总和生育率的比例依次是 40.9%、23.6%和 21.4%，从 2000 年到 2015 年占比几乎减少了一半，表现出明显的推延现象。30~39 岁生育率及其占比在不断增加，表现出补偿效应。2000 年到 2010 年，补偿效应略强于推延效应，总和生育率略有上升，从 0.94 上升到 0.95。但 2010 年到 2015 年，几乎各年龄组生育率都呈现下降趋势，仅有 30~39 岁生育率上升了，从 2010 年的 56.8‰（40.2‰+16.6‰）上升到 2015 年的 63.1‰（44.4‰+18.7‰）；其占比也提高了，从 2010 年的 30.1%（21.3%+8.8%）提高到 2015 年的 34.4%（24.2%+10.2%），30~34 岁年龄组在 2015 年的占比（24.2%）甚至高于 20~24 岁年龄组在当年的占比（21.4%）。这可以视为 2013 年的生育政策调整产生的效应，但是，30~39 岁年龄组的生育率的上升幅度实在太小，补偿效应远不足以抵消推延效应的影响，总和生育率还是从 2010 年的 0.95 降到 2015 年的 0.92。

表 10-3 城市分年龄生育率和总和生育率 单位：‰，%

	分年龄生育率			比例			分年龄生育率变化		
	2000 年	2010 年	2015 年	2000 年	2010 年	2015 年	2000—2010 年	2010—2015 年	2000—2015 年
15~19 岁	2.4	3.1	4.1	1.3	1.6	2.2	3.5	5.0	8.5
20~24 岁	76.6	44.7	39.2	40.9	23.6	21.4	-159.5	-27.5	-187.0
25~29 岁	80.1	74.2	69.2	42.7	39.2	37.8	-29.5	-25.0	-54.5
30~34 岁	21.5	40.2	44.4	11.5	21.3	24.2	93.5	21.0	114.5
35~39 岁	5.1	16.6	18.7	2.7	8.8	10.2	57.5	10.5	68.0
40~44 岁	1.1	6.4	5.0	0.6	3.4	2.7	26.5	-7.0	19.5
45~49 岁	0.5	3.9	2.7	0.3	2.1	1.5	17.0	-6.0	11.0
Total	936.5	945.5	916.5	100.0	100.0	100.0	9.0	-29.0	-20.0
总和生育率	0.94	0.95	0.92						

表 10-4 为根据普查资料计算的我国乡村地区 2000 年、2010 年和 2015 年 15~49 岁妇女的分年龄生育率和总和生育率。尽管农村的生育水平还是比城市要高些，但是值得注意的是，推延效应不仅在城市出现，而且在乡村也出现了。20~24 岁生育率从 2000 年的 143.8‰降到 2010 年的 92.6‰，再降到 2015 年的 81.4‰，几乎下降了一半。其占比从 2000 年的 50.4%下降到 2010 年 33.5%，再降至 2015 年的 31.9%，也就是说生育高峰期农村妇女的生育从 2000 年占当年全部生育的一半，在 15 年里下降到占比不足 1/3，推延效应十分明显。如同城市一样，从 2000 年到 2010 年，乡村也有补偿效应，但是从 2010 年到 2015 年并未出现补偿效应，20~44 岁生育率及其占比均出现减少。30~39 岁年龄

组的生育率甚至从2010年的71.5‰下降到2015年的65.4‰，说明2013年的生育政策调整在农村基本没有反应。2000—2015年期间，乡村的生育形势经历了从推延效应强于补偿效应到有推延效应无补偿效应的过程，总和生育率从1.43下降到1.38，再大幅下降到1.27。

表10-4　乡村分年龄生育率和总和生育率　　单位：‰，%

	分年龄生育率			比例			分年龄生育率变化		
	2000年	2010年	2015年	2000年	2010年	2015年	2000—2010年	2010—2015年	2000—2015年
15~19岁	8.7	9.6	15.4	3.0	3.5	6.1	4.5	29.0	33.5
20~24岁	143.8	92.6	81.4	50.4	33.5	31.9	-256.0	-56.0	-312.0
25~29岁	90.5	92.4	83.2	31.7	33.4	32.6	9.5	-46.0	-36.5
30~34岁	33.1	51.3	46.9	11.6	18.5	18.4	91.0	-22.0	69.0
35~39岁	7.0	20.2	18.5	2.4	7.3	7.3	66.0	-8.5	57.5
40~44岁	1.7	6.9	5.9	0.6	2.5	2.3	26.0	-5.0	21.0
45~49岁	0.8	3.6	3.6	0.3	1.3	1.4	14.0	0.0	14.0
Total	1 428.0	1 383.0	1 274.5	100.0	100.0	100.0	-45.0	-108.5	-153.5
总和生育率	1.43	1.38	1.27						

比较图10-4和图10-5，不难看出，乡村和城市发生了相似的推延效应，但是乡村比城市变动更为剧烈。与2000年相比，2010年和2015年城市和乡村都呈现出补偿效应，但是从2010年到2015年，城市存在补偿效应（30~39岁的生育率曲线，2015年略高于2010年），而乡村则无补偿效应（20岁及以上的生育率曲线，2015年始终低于2010年）。

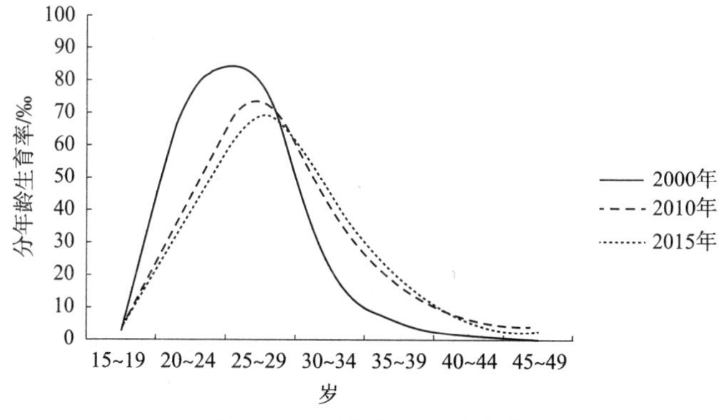

图10-4　城市分年龄生育率

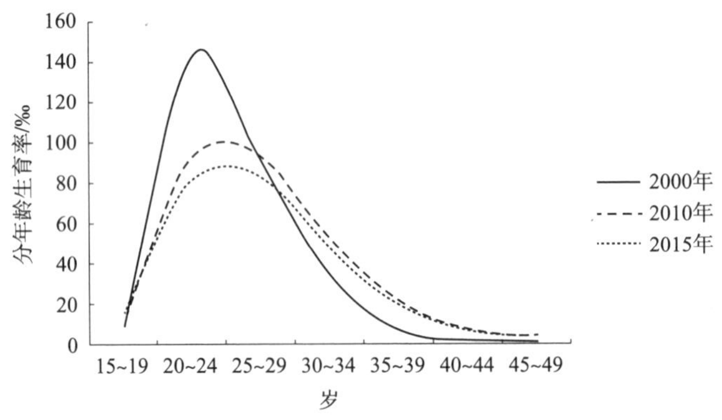

图 10-5　乡村分年龄生育率

3.4　2000 年以来分孩次的生育率变化

下面我们进一步分孩次地考察推延效应和补偿效应对时期生育水平的影响。表 10-5 为根据普查资料计算的 2000 年、2010 年和 2015 年 15~49 岁妇女的一孩生育的分年龄生育率和总和生育率。在 2000 年几乎全部一孩出生（91.9%）都发生在 20~29 岁的妇女中，但到 2015 年已下降到只有七成（72.7%）。20~24 岁的推延效应更为明显，其一孩生育率占比从 2000 年的 59.7%下降到 2015 年的 35.7%，几乎下降一半。但与此同时，更多的一孩出生在 30~39 岁的妇女人群中，从 2000 年只占 4.5%（3.8%+0.7%）上升到 2015 年的 17.4%（13.3%+4.1%），增长了 3 倍。但是，30~34 岁的一孩生育率的增加量（42.0‰）远小于 20~24 岁的减少量（312.0‰）。一孩生育表现出推延效应远强于补偿效应，一孩总和生育率从 2000 年的 0.86 下降到 2010 年的 0.67，再降到 2015 年的 0.56。

表 10-5　一孩分年龄生育率和总和生育率　　单位：‰，%

	分年龄生育率			比例			分年龄生育率变化		
	2000 年	2010 年	2015 年	2000 年	2010 年	2015 年	2000—2010 年	2010—2015 年	2000—2015 年
15~19 岁	5.6	5.8	8.0	3.3	4.1	7.1	1.0	11.0	12.0
20~24 岁	102.6	56.7	40.2	59.7	40.8	35.7	-229.5	-82.5	-312.0

续表

	分年龄生育率			比例			分年龄生育率变化		
	2000 年	2010 年	2015 年	2000 年	2010 年	2015 年	2000—2010 年	2010—2015 年	2000—2015 年
25~29 岁	55.4	51.3	41.6	32.2	36.9	37.0	-20.5	-48.5	-69.0
30~34 岁	6.6	16.7	15.0	3.8	12.0	13.3	50.5	-8.5	42.0
35~39 岁	1.2	5.0	4.6	0.7	3.6	4.1	19.0	-2.0	17.0
40~44 岁	0.3	2.1	1.9	0.2	1.5	1.7	9.0	-1.0	8.0
45~49 岁	0.1	1.5	1.3	0.1	1.1	1.1	7.0	-1.0	6.0
Total	859.0	695.5	563.0	100.0	100.0	100.0	-163.5	-132.5	-296.0
总和生育率	0.86	0.67	0.56						

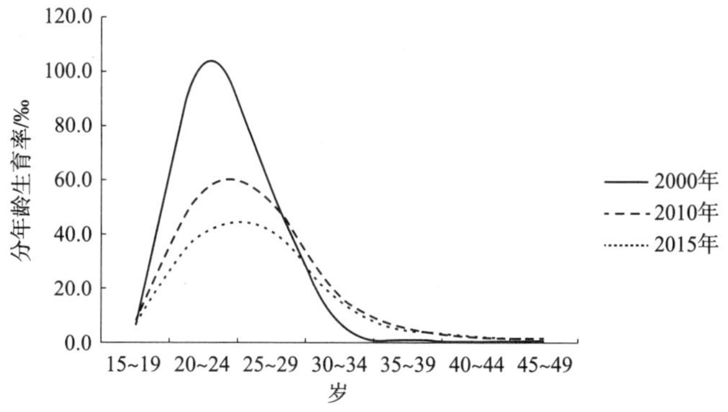

图 10-6 一孩分年龄生育率

2013 年和 2015 年的生育政策调整主要是针对二孩生育开展。表 10-6 为根据普查资料计算的 2000 年、2010 年和 2015 年 15~49 岁妇女的二孩生育的分年龄生育率和总和生育率。对于二孩生育，最大的变化发生在 30~39 岁的妇女群体中，其二孩生育率从 2000 年的 21.1‰上升到 2015 年的 36.4‰，但令人关注的受 2013 年生育政策调整影响的 2010—2015 年的 30~39 岁的生育率，其从 2010 年的 33.4‰（23.3‰+10.1‰）升高至 2015 年的 36.4‰（25.4‰+11.0‰），竟然没有什么大的变化。从 2010 年到 2015 年，二孩生育行为既无推延效应也无补偿效应，20~39 岁生育率均有所上升，但是，仅有 20~24 岁生育率占比从 2010 年的 12.2%上升到 2015 年的 16.1%，25~49 岁生育率占比却都减少了。这意味着，2013 年的生育政策调整可能缓解了 20~24 岁的生育推延。二孩总和生育率也略微上升，从 2000 年的 0.29 提高到 2010 年的 0.37，再提高到 2015 年的 0.42，但仍处于不到 0.5 的水平。

表 10-6　二孩分年龄生育率和总和生育率　单位:‰,%

	分年龄生育率			比例			分年龄生育率变化		
	2000 年	2010 年	2015 年	2000 年	2010 年	2015 年	2000—2010 年	2010—2015 年	2000—2015 年
15~19 岁	0.4	0.4	1.1	0.7	0.6	1.3	0	3.5	3.5
20~24 岁	10.4	9.0	13.4	17.8	12.2	16.1	-7.0	22.0	15.0
25~29 岁	25.8	26.7	28.8	44.2	36.0	34.5	4.5	10.5	15.0
30~34 岁	17.9	23.3	25.4	30.6	31.4	30.5	27.0	10.5	37.5
35~39 岁	3.2	10.1	11.0	5.5	13.6	13.2	34.5	4.5	39.0
40~44 岁	0.5	3.1	2.5	0.9	4.2	3.0	13.0	-3.0	10.0
45~49 岁	0.2	1.5	1.2	0.3	2.0	1.4	6.5	-1.5	5.0
Total	292.0	370.5	417.0	100.0	100.0	100.0	78.5	46.5	125.0
总和生育率	0.29	0.37	0.42						

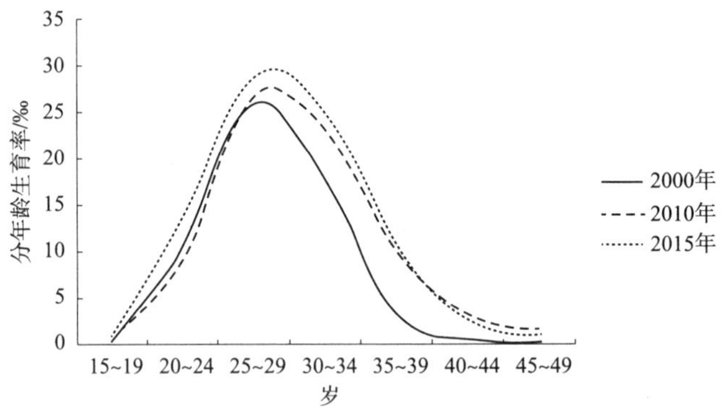

图 10-7　二孩分年龄生育率

表 10-7 为根据普查资料计算的 2000 年、2010 年和 2015 年 15~49 岁妇女的三孩及以上生育的分年龄生育率和总和生育率。三孩总和生育率在 0.07~0.08，占总和生育率比例实在太小，这表明生育三孩的人很少，因而对总和生育率的影响也微乎其微。2010 年和 2000 年相比，20~

29 岁推延效应略弱于 30~49 岁补偿效应，总和生育率从 0.07 上升到 0.08。2015 年和 2010 年相比，分年龄生育率及其占比几乎相近，总和生育率均为 0.08。

表 10-7　三孩及以上分年龄生育率和总和生育率　　单位：‰，%

	分年龄生育率			比例			分年龄生育率变化		
	2000 年	2010 年	2015 年	2000 年	2010 年	2015 年	2000—2010 年	2010—2015 年	2000—2015 年
15~19 岁	0.0	0.0	0.1	0	0	0.6	0.0	0.5	0.5
20~24 岁	1.5	0.9	1.4	11.4	6.0	9.3	-3.0	2.5	-0.5
25~29 岁	4.9	4.0	4.0	37.1	26.5	26.5	-4.5	0.0	-4.5
30~34 岁	4.1	4.9	4.9	31.1	32.4	32.4	4.0	0.0	4.0
35~39 岁	1.8	3.1	3.0	13.6	20.5	19.9	6.5	-0.5	6.0
40~44 岁	0.6	1.4	1.1	4.5	9.3	7.3	4.0	-1.5	2.5
45~49 岁	0.3	0.8	0.6	2.3	5.3	4.0	2.5	-1.0	1.5
Total	66.0	75.5	75.5	100.0	100.0	100.0	9.5	0.0	9.5
总和生育率	0.07	0.08	0.08						

3.5　2000 年以来年度生育率变化

以上的讨论是基于 2000 年以来两次全国人口普查的数据（2000 年、2010 年）和 2015 年 1%全国人口抽样调查生育率数据分析了分年龄生育率的变化以考察生育行为的推延和补偿之间的博弈对时期生育率的影响。那么，这是不是仅反映出普查时点的一时的、偶然的现象呢？普查资料反映的生育率变化是不是具有趋势性意义呢？为此，我们又运用 2000 年到 2017 年国家统计局每年开展的年度人口抽样调查资料考察了分年龄生育率的变化。图 10-8 显示的是 2000—2017 年分年龄生育率变化可见，在这 18 年间，20~24 岁的生育率不断下降，从 2000 年的 114.5‰下降到 2017 年的 71.1‰。在这 17 年中这种下降几乎是直线的，在 2003 年左右一度上升，而在 2013 年生育政策开始调整后居然出现了新一波的下跌，尽管 2016 年和 2017 年有所上升，但是仍然低于政策调整前的水平，典型地反映了推延效应的强劲性。与此同时，30~34 岁年龄组的生育率则有所上升，从 2000 年的 28.6‰提升到 2017 年的 79.4‰，反映了高龄妇女生育的增多。

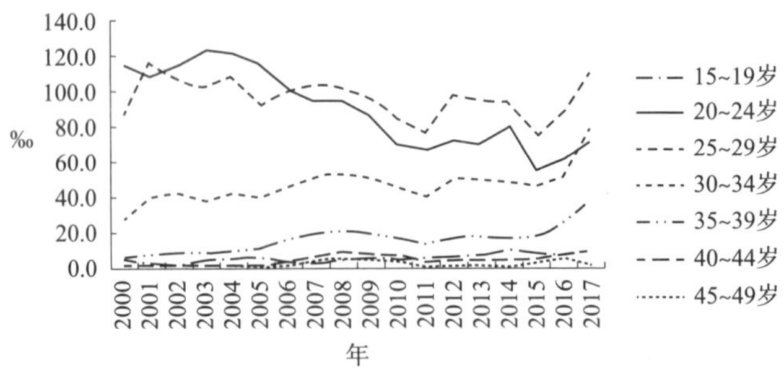

图 10-8　2000—2017 年分年龄生育率变化

图 10-9 显示的 2000—2017 年的分年龄生育率在当年的总和生育率中的占比分布。20~24 岁的生育率从 2000 年占到当年生育率的几乎一半（47%）到 2017 年只有不到 1/4（22.4%），并且在 2013 年生育政策调整后反而进一步下跌了。而 30~34 岁生育率的占比在这 17 年间则是一路攀升，从 2000 年 11.7%到 2017 年的 25.0%，翻了一番还多。特别是 35~39 岁生育率的占比在这 17 年间一直在上升，从 2000 年的 2.6%上升到 2017 年的 11.9%，可以说，高龄生育已经成为不容忽视的生育现象。

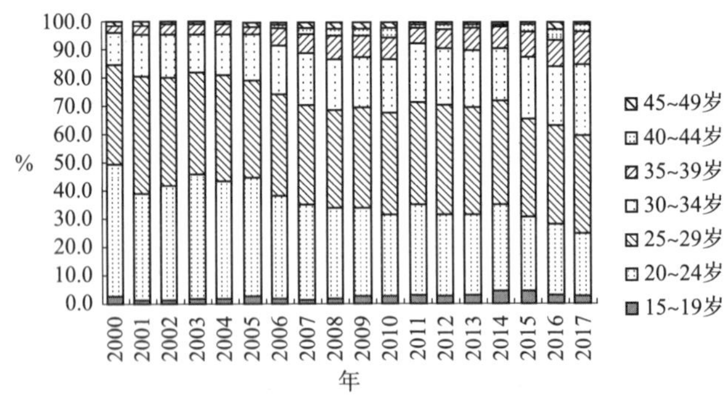

图 10-9　2000—2017 年分年龄生育率占总和生育率的比例

从年度统计资料来看，2013 年宣布实施“单独两孩”政策，允许夫妻双方一方为独生子女就可生育两个孩子。与 2013 年相比，2014 年

20~24 岁生育率从 69.5‰提高到 79.8‰，提高了 51.2‰，其占全年生育的比例从 28.1%提升至 31.2%，提升了 3.1%，但 25 岁及以上年龄组的分年龄生育率均呈现下降趋势，增减相抵，总和生育率仅上升了 0.04，达到 1.28。与 2014 年相比，2015 年 30 岁以前生育率及其占比均减少，20~24 岁生育率减少最多，减少了 124.1‰，30~34 岁生育率减少 18.6‰，占全年生育比例增加了 2.3%，35 岁及以后生育率及其占比均有所增加。总的来说，推延强劲，补偿乏力，因而总和生育率从 2014 年的 1.28 下降到 2015 年的 1.05，下降了 22%。

2015 年宣布实施"全面两孩"政策，无论城乡，无论民族，无论地区，任何夫妇均可生育两个孩子。表 10-8 显示，与 2015 年相比，2017 年 20 岁及以上年龄组的分年龄生育率均有所增加，增长幅度最大的是 25~29 岁，增加了 176.8‰，其次是 30~34 岁，增长了 170.6‰，最后是 35~39 岁，增长了 96.2‰。总和生育率由 2015 年的 1.05 增长到 2017 年的 1.59，增加了 54%，但仍然远低于更替水平 2.1。

表 10-8　2010—2017 年中国分年龄生育率和总和生育率　单位：‰，%

	2010 年	2011 年	2012 年	2013 年	2014 年	2015 年	2016 年	2017 年	2013—2014 年	2014—2015 年	2015—2017 年
分年龄生育率											
15~19 岁	5.9	6.2	6.7	7.8	11.2	9.2	8.3	8.5	16.8	-10.0	-3.5
20~24 岁	69.5	66.5	72.8	69.5	79.8	55.0	61.1	71.1	51.2	-124.1	80.9
25~29 岁	84.1	77.2	96.8	94.0	93.6	74.3	88.1	109.7	-1.7	-96.6	176.8
30~34 岁	45.8	40.9	50.8	50.8	49.0	45.3	52.3	79.4	-9.1	-18.6	170.6
35~39 岁	18.7	12.6	17.2	18.7	17.0	18.6	25.0	37.8	-8.2	7.8	96.2
40~44 岁	7.5	3.4	5.5	4.7	4.0	5.4	9.1	8.9	-3.5	7.0	17.8
45~49 岁	4.7	1.3	1.6	1.8	1.1	3.1	6.1	2.2	-3.4	10.2	-4.5
比例											
15~19 岁	2.5	3.0	2.7	3.2	4.4	4.4	3.3	2.7	1.2	0.0	-1.7
20~24 岁	29.4	32.0	29.0	28.1	31.2	26.1	24.5	22.4	3.1	-5.1	-3.7
25~29 岁	35.6	37.1	38.5	38.0	36.6	35.2	35.2	34.5	-1.4	-1.4	-0.7
30~34 岁	19.4	19.6	20.2	20.6	19.2	21.5	20.9	25.0	-1.4	2.3	3.5
35~39 岁	7.9	6.0	6.8	7.6	6.7	8.8	10.0	11.9	-0.9	2.2	3.1

续表

	2010年	2011年	2012年	2013年	2014年	2015年	2016年	2017年	2013—2014年	2014—2015年	2015—2017年
40~44岁	3.2	1.6	2.2	1.9	1.6	2.5	3.6	2.8	-0.3	1.0	0.3
45~49岁	2.0	0.6	0.6	0.7	0.4	1.5	2.4	0.7	-0.3	1.1	-0.8
总和生育率	1.18	1.04	1.26	1.24	1.28	1.05	1.25	1.59	0.04	-0.22	0.54

对年度生育率数据分析显示，在2000—2017年长达18年的期间，我国生育水平的变化中，由年轻年龄组生育率下降反映的推延效应的强劲和由年长年龄组生育率的有所上升反映的补偿效应的微弱，与运用2000年以来三次普查数据的分析所反映的生育趋势是一致的。这也进一步佐证了普查数据反映的生育率的变化并不是一时的、偶然的，而带有明显的趋势性。

4　结论与讨论

中国的生育水平从20世纪90年代初就已经降到2.1的更替水平以下，在2000年以后继续下降。即便考虑了出生漏报因素和统计误差，还是远低于更替水平。目前关于我国生育水平的讨论主要集中于如何对普查报告的生育水平进行调整以求出“真实”的生育水平。但是，即便是经过种种调整后的生育水平仍呈现出不断下滑的趋势。本文试图通过考察推延和补偿博弈的视角回答为什么中国的以总和生育率为标志的生育水平不断走低的问题。

对2000年、2010年和2015年的普查数据计算的分年龄生育率和总和生育率显示，在2000—2015年20~29岁生育率及其占比明显下降，表现出强劲的推延效应，30~39岁生育率及其占比有所上升，存在一定的补偿效应。从2000年到2010年，推延效应和补偿效应相互抵消，总和生育率略有下降，从1.22降至1.18。从2010年到2015年，推延强劲，补偿乏力，总和生育率下降幅度更大，进一步降至1.05。如果30岁及以后年龄组的生育率未出现补偿，那么2010年和2015年总和生育率将可能不足1。2013年“单独两孩”和2015年“全面两孩”政策均对生育率有所提升，但是总和生育率仍然未超过1.6。

为了进一步验证普查数据反映的是否仅仅是一时的、偶然的现象，我们又运用了 2000—2017 年的年度调查数据，反映了年轻生育率的下降和年长生育率的上升是 2000 年以来一以贯之的生育趋势，即便是 2013 年以来的生育政策调整也没有能从根本上扭转这样一个大趋势。

总的来看，2000 年以来我国生育趋势的分析表明，我国妇女生育行为中，年轻人群的推延效应十分强劲而年长人群中的补偿效应却很微弱。如果这种趋势得不到改善并继续发展，那么，可以预见的是，我国的生育水平将不可避免地长期处于远低于更替水平，并继续走低。

第十一章 生育政策调整前后生育二孩人群的差异分析——基于2018年流动人口动态监测调查数据

1 引言

从2016年1月1日开始，“全面两孩”政策正式落地实施，人们如果想生育第2个孩子将不再受到政策的限制，然而该政策执行以来，仅有少部分家庭生育了第2个孩子。从生育意愿到生育决策，再到生育行为，这一过程受到诸多因素的影响。2001年，Bongaarts提出的观点认为：非意愿生育、替补效应、性别偏好、进度效应、不孕效应和竞争效应等因素会影响生育意愿向生育水平的转化。在“全面两孩”政策推行后，我国学者主要从家庭“育儿”的态度和能力视角探讨了影响生育二孩意愿的因素及其作用，对于影响生育意愿转化为生育行为的因素以及其间的过程，有关的探讨并不多。通过考察已经生育二孩的家庭与尚未生育二孩的家庭的差异，可以深化人们对生育意愿和生育行为关系的认识。

2018年5月，国家卫计委流动人口司开展了“流动人口动态监测调查”，该调查数据充分反映出2018年5月处于流动状态的人口生育二孩的基本情况。本文使用此数据，通过对比不同家庭类型生育二孩情况，试图回答“何种类型的家庭会生育二孩”①。对于已经生育过一次孩子的夫妇，再次生育会经历从意愿转化到行为的过程，那么，不同人群的再生育行为会有何不同？这是本文重点关注的问题。

---

① 考虑到“两孩”政策允许一对夫妇生育两个孩子，而不是两胎。如果第一孩是双胞胎就不能生育第二孩。双胞胎中的第二孩的出生受到生理、医疗、社会经济等因素影响，不属于本文探讨范畴。

2　数据

2018年流动人口动态监测调查由国家卫生和计划生育委员会流动人口司主持、中国人口与发展研究中心实施，于2018年5月在全国范围内开展。此调查共获得有效问卷152 000份。人口学定义生育适龄为15~49岁，在本次调查中为1969—2003年出生的人口，有130 533人。其中有子女的有99 343人，不包括第一孩为双胞胎的情况，生育第二孩的有47 500人。以上为未加权数据，本文使用加权后数据进行分析，以下均为加权后的数据分布。

2018年流动人口动态监测数据显示，15~49岁（1969—2003年出生）的流动人口，平均年龄为34.4岁，15~19岁占1.8%，20~29岁占27.5%，30~39岁占42.3%，40~49岁占28.4%。男性占51.1%，女性占48.9%。21.4%尚无子女，35.0%已生育1个子女，37.9%已生育2个子女，5.8%已生育3个及以上子女。二孩生育年份分布在1986—2018年，为考察2013年、2015年生育政策变动后的影响，故本研究选取2012—2018年为考察区间，并选取“单独两孩”政策实施前夕（2012—2013年）、“单独两孩”政策实施后（2014—2015年）和“全面两孩”政策实施后（2016—2018年）三个时间段生育的二孩做进一步的比较，考察现今生育二孩的家庭可能具备的特征。

3　二孩人口特征

3.1　2016年、2017年出现生育小高峰

如图11-1所示，从2012—2018年二孩生育分布来看，“全面两孩”政策实施后一段时间是二孩生育的高峰，2016年（17.7%）和2017年（18.9%）合计占36.6%，2018年调查前仅有4个月时间，占2012—2018年被访者生育的二孩总数的5.7%，2016—2018年累计占42.3%。“单独两孩”政策后（2014—2015年）的二孩生育占总数的28.5%，之前（2012—2013年）占总数的29.3%，二者比例相当。“单独两孩”政策效果并未显现，“全面两孩”政策释放了部分生育潜力，但也未形成大量的出生堆积。

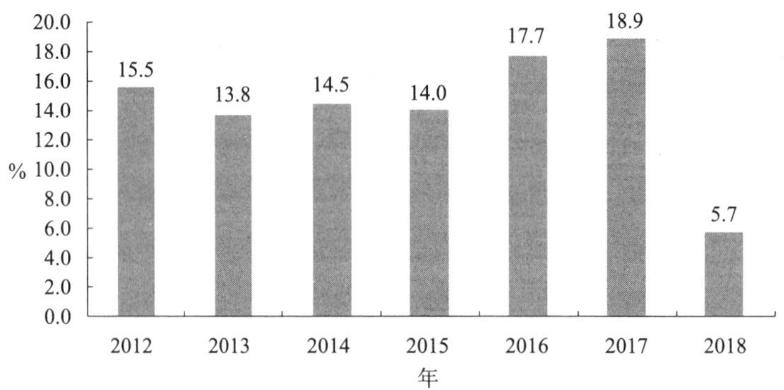

图 11-1　2012—2018 年二孩生育分布

3.2　出生性别比有回落趋势，但仍在 113 以上

流动人口在 2012 年到 2018 年生育的二孩性别比在 113~140 波动，这种波动可能是由于每年样本量仅有 3 000~5 000 人，出生性别比会出现不稳定现象。如果向前回溯到 1991 年，如图 11-2 所示，可以看到，出生性别比长期保持在高水平上，特别是 1998 年到 2003 年的出生性别比在 180 上下波动，2004 年开始下降，虽然 2013 年之后性别比降至 120 上下，但是尚未回到正常范围之内。我国出生性别比偏高主要是二孩性别比严重偏高所导致，从 2008 年开始出生性别比开始呈现下降趋势（翟振武等，2015）。流动人口二孩生育情况所反映出来的出生性别比发展趋势与全国趋势相吻合。

图 11-2　1991—2017 年生育的二孩性别比

2012—2018年生育的二孩性别年龄金字塔如图11-3所示，2016年、2017年出生人口比例明显增加，各年龄组均是男性明显多于女性。

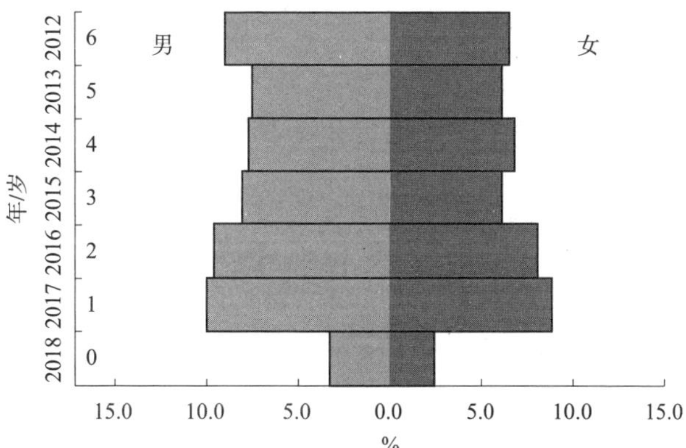

图11-3　2012—2018年生育的二孩性别年龄金字塔

3.3　广东省是二孩生育比例最高的地区，“全面两孩”政策后比例提升至41.7%

在本研究重点考察的2012—2018年的7年间，广东省一直是二孩生育最多的地区，生育的二孩占全国流动人口二孩的32%以上，也就是说，每3个出生的二孩的就有1个在广东省，特别是2018年，该比例达到了41.7%。浙江位居第2，2012—2015年所占比例为20%左右，2016年下降到16.5%，2017年进一步下降到15.3%，到2018年时下降到10.4%。江苏位居第3，所占比例为10%左右。前3个省的二孩生育比例累计达60%以上，具体情况如图11-4所示。从区域上看，东部地

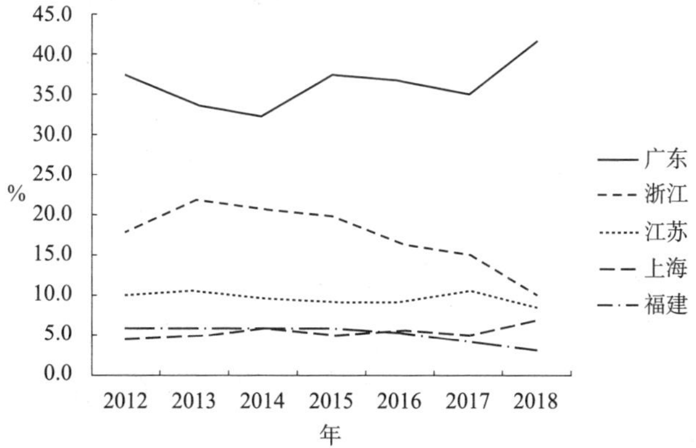

图11-4　2012—2018年前5位二孩生育地区所占比例变动趋势

区是二孩生育的主要地区，占80%左右，全面两孩政策实施后中西部地区二孩生育所占比例有所增加。从经济带上看，珠江三角洲和长江三角洲是二孩生育的主要地区，两个地区合计比例接近7成。

表 11-1　2012—2018 年二孩生育分布　单位:%

地区	2012年	2013年	2014年	2015年	2016年	2017年	2018年
区域							
东部地区	81.3	81.9	80.4	82.7	79.8	78.0	78.8
中部地区	5.7	5.6	5.9	5.6	6.5	7.0	6.5
西部地区	12.6	12.1	13.2	11.2	13.2	14.6	14.2
东北地区	0.4	0.5	0.5	0.5	0.5	0.4	0.5
经济带							
珠三角	37.5	34.0	32.3	37.4	36.7	35.1	41.7
长三角	32.5	37.2	36.2	34.2	31.1	30.8	26.0
环渤海	5.1	4.6	6.1	4.9	6.3	7.3	7.0
其他	24.9	24.3	25.4	23.5	25.8	26.8	25.3

3.4　2016 年在流入地生育二孩比例超过户籍地

20世纪90年代，90%以上的二孩都是在户籍地生育，可见，人们选择流动的目的并不是多生孩子。2000年以后，随着家庭化流动增强，在流入地生育二孩的比例越来越高，在户籍地生育二孩的比例越来越低，特别是在“全面两孩”政策之后，在流入地生育比例超过了在户籍地生育比例。2015年，在流入地和户籍地生育的比例分别是44.7%和48.4%，前者少于后者，而在2016年，二者比例分别为53.5%和42.7%，前者多于后者。到2017年和2018年，在流入地出生的比例进一步提升，依次达到62.9%、67.8%。同一年出生的一孩，其所处的社会环境相似、年龄相仿。故而，我们将之与二孩情况进行比较。同时期出生的一孩在流入地生育的比例也在稳步提升，2016年、2017年和2018年分别为46.3%、54.8%和67.3%，2017年，流入地生育比例首次超过了户籍地生育比例。相比较而言，在流入地生育的比例，二孩高于同期一孩。

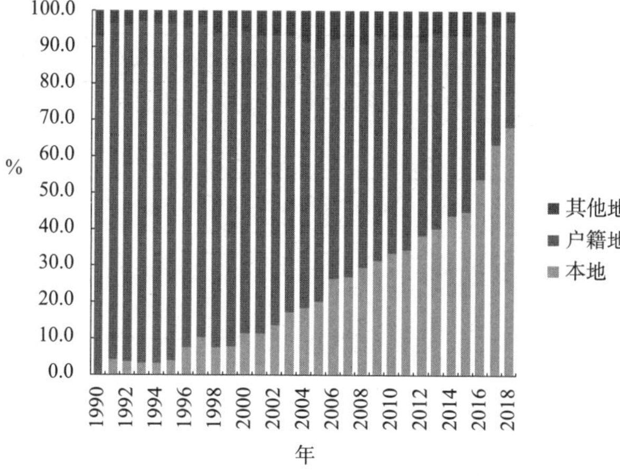

图 11-5　1991—2018 年二孩出生地

3.5　出生二孩在流入地居住的比例明显提高

流入地和户籍地是二孩和同期一孩的主要居住地，流入地占六成以上，户籍地占三成左右。2016 年及以前，二孩和同期一孩居住地分布结构相近似。2017 年和 2018 年，无论是二孩还是同期一孩，在流入地居住的比例明显上升，而在户籍地居住的比例明显下降。二孩在流入地居住的比例从 2015 年的 62.2%提升到 2018 年的 70.1%，上升了 7.9%，同期一孩在流入地居住的比例从 61.1%提升到 75.0%，上升了 13.9%。这可能也表明，留守儿童在减少，随同父母流动的儿童增加。

表 11-2　2012—2018 年二孩和同期一孩现居住地　　单位：%

	2012 年	2013 年	2014 年	2015 年	2016 年	2017 年	2018 年
二孩							
本户	61.8	62.6	62.6	59.9	62.0	67.1	67.0
本地非本户	1.8	2.3	1.7	2.3	2.4	1.6	3.1
户籍地	35.5	34.3	34.5	36.6	34.5	30.4	27.6
其他地方	0.9	0.9	1.2	1.1	1.1	0.9	2.2
同期一孩							
本户	64.3	59.4	62.0	59.6	62.5	72.2	71.8
本地非本户	2.0	1.7	1.7	1.5	1.7	1.6	3.2

续表

	2012 年	2013 年	2014 年	2015 年	2016 年	2017 年	2018 年
户籍地	32.6	38.5	35.1	37.5	34.7	25.6	24.4
其他地方	1.0	0.4	1.1	1.3	0.8	0.6	0.5

4 生育保健服务

在此，我们还比较了二孩和同期一孩的生育保健服务状况，由此可以反映出二孩所享受的社会福利情况。具体而言，主要从二孩出生和母亲孕产两方面进行比较。

4.1 二孩和同期一孩享有的卫生免疫服务覆盖面扩大、二者差距缩小

“全面两孩”政策实施前（2015 年及以前），二孩预防免疫状况略差于同期一孩，可能因为以前的二孩大多是计划外，不在服务范围里。而政策实施后（2016 年及以后），二者差距明显缩小，甚至消失。以 2013 年和 2017 年对比为例。首先，从应该接种的所有国家规定免费疫苗的适龄儿童接种情况来看，二孩和同期一孩在 2013 年时比例分别为 98.5%和 99.3%，前者比后者少 0.8%，到 2017 年时，二者比例分别为 99.3%和 99.1%，前者比后者多 0.2%。其次，从建立《0~6 岁儿童保健手册》的情况来看，二孩从 2013 年的 90.2%提升到 2017 年的 95.3%，上升了 5.1%，而同期一孩相应地从 92.8%提升到 95.9%，上升了 3.1%，二孩比同期一孩提升幅度大，达到了接近的水平。最后，从过去一年接受过免费健康检查的情况来看，二孩和同期一孩基本相似，2017 年与 2013 年相比，几乎都提高了 10%，到 2017 年时，二者比例分别为 82.4%和 84.3%，已经几乎持平。如表 11-3 所示。

表 11-3 2012—2018 年二孩和同期一孩卫生免疫情况 单位:%

	2012 年	2013 年	2014 年	2015 年	2016 年	2017 年	2018 年
接种目前年龄应该接种的所有国家规定的免费疫苗							

续表

	2012年	2013年	2014年	2015年	2016年	2017年	2018年
二孩	98.8	98.5	98.9	99.2	99.2	99.3	98.2
同期一孩	99.2	99.3	99.1	99.1	99.1	99.1	98.0
建立《0~6岁儿童保健手册》							
二孩	91.5	90.2	92.3	92.2	93.9	95.3	93.7
同期一孩	91.7	92.8	92.2	91.9	93.1	95.9	92.4
过去一年接受过免费健康检查							
二孩	72.9	71.6	73.3	73.1	78.7	82.4	72.9
同期一孩	73.5	74.6	77.0	79.3	81.1	84.3	67.0

4.2　生育二孩母亲与同期生育一孩母亲的孕产检差距在缩小

由于此次调查仅调查了2017年和2018年孕产检情况，故无法比较政策前后的变化，仅能通过这两年数据进行比较分析，特别是2018年，并非完整一年的数据。从总体趋势来看，生育二孩孕产检由逊于同期一孩转为持平甚至优于同期一孩。以建立孕产妇档案率为例，生育二孩建档率从2017年的93.9%提升到2018年97.5%，同期一孩相应地从95.3%提升到97.2%，先是前者低于后者，后是前者高于后者。产检、产后访视和产后体检情况也基本类似，详情如表11-4所示。

表11-4　2017年、2018年生育二孩和同期一孩的孕产检情况　单位：%

	二孩		同期一孩	
	2017年	2018年	2017年	2018年
建立孕产妇档案时间	93.9	97.5	95.3	97.2
怀孕12周内	69.6	74.2	73.6	74.8
怀孕13~27周	20.8	20.3	17.7	18.0
怀孕28~40周	3.6	3.0	4.0	4.3
知道建档，没有建档	2.4	1.2	2.0	1.0
不知道建档，没有建档	3.7	1.3	2.7	1.8

续表

	二孩		同期一孩	
	2017 年	2018 年	2017 年	2018 年
接受了几次产前检查				
0 次	0.3	0.3	0.4	0.6
1~2 次	3.0	0.9	2.2	2.8
3~4 次	12.1	7.7	8.1	7.4
5 次及以上	84.6	91.1	89.2	89.2
产后 28 天内接受过产后访视	77.8	81.1	77.9	78.7
产后 42 天内母亲接受过健康检查	85.0	81.6	90.0	81.7

5 一孩人口特征

人们在决定生育二孩时，通常会考虑一孩的年龄和性别。对于流动人口而言，往往还会多考虑一种因素——一孩的居住地。

5.1 二孩间隔分布曲线在“全面两孩”政策实施后出现了改变

正常情况下，第一孩和第二孩间隔时长（即“二孩间隔”）呈现 J 形分布，即：先迅速升高，在两三年时形成高峰，然后下降，15 年之后无限趋近于 0。从表 11-5 和图 11-6 的分布中可以看出，与 2012—2013 年二孩间隔年数分布相比较，2014—2015 年的高峰期更高，间隔年数为 2 年的占 18.3%，3 年的占 15.9%，合计为 34.2%，均高于 2012—2013 年的 17.4%、13.6%、31.0%，这表明更多比例的人选择在生育一孩后的两三年生育第二孩。2015—2018 年，高峰期明显下落，分布曲线向右偏移，3 年成为峰值年，占 13.8%，2 年比例落至 13.0%，合计为 26.8%。由此推断，“单独两孩”政策主要是释放了两三年刚生育一孩女性的生育潜能，而“全面两孩”政策是让更多人受益，释放了那些第一孩在 13 岁以内女性的生育潜能。

表 11-5　2012—2018 年二孩间隔的集中趋势和离散趋势　单位：%

	2012—2013 年	2014—2015 年	2016—2018 年
众数	2	2	3
异众比例	82.7	81.7	86.2
中位数	4	4	5
全距	23	22	24
均值	5.3	5.3	5.8
标准差	3.6	3.4	3.5

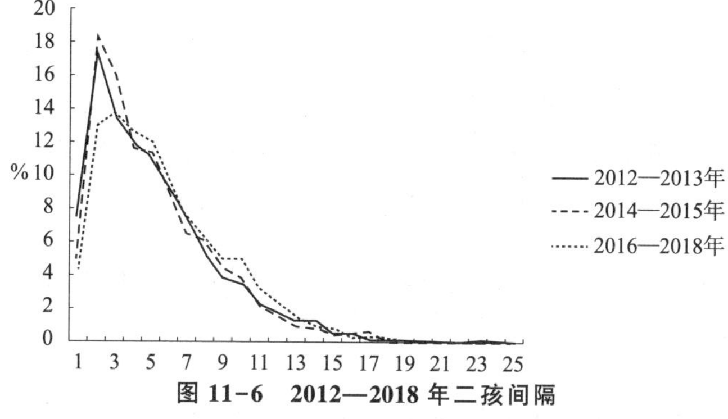

图 11-6　2012—2018 年二孩间隔

5.2　两孩性别组合最多的是“女男”，自 2004 年开始此组合呈现下降趋势

图 11-7 展示的两孩性别组合分布趋势显示出，男孩偏好明显弱化，女孩偏好有所增强。

图 11-7　1990—2018 年两孩性别组合

“女男”组合（即第一孩为女孩、第二孩为男孩）的比例从 1991 年的 39.7%迅速攀升到 1998 年的 46.7%，2004 年以前均在 45.0%上下波动，2004 年以后开始下降，到 2013 年降至 32.1%，到 2017 年时进一步降至 25.8%。这条曲线的大起大落充分体现出了人为因素的重要影响作用，即：人为选择男孩的行为经历了由少到多，再由多到少的过程。

“男女”组合，一直在 22%上下波动，但是在“女男”达到高峰的 1998—2004 年，“男女”组合的比例降至 17.0%左右。

“男男”组合，1990—2015 年，一直在 20.0%上下波动，2016 年开始有所上升，2015 年为 23.5%，2016 年增至 25.3%，2017 年再增至 27.4%，2018 年达到 30.9%。

“女女”组合，1990—2015 年，一直在 19.0%上下波动，2013 年后提升到 22.0%左右，2017 年为 22.6%。

5.3 “全面两孩”政策实施后，一孩在流入地的家庭更有可能生育二孩

第一个孩子的居住地与夫妇是否决定生育第二个孩子具有密切关系。如图 11-8 所示，如果一孩在流入地居住，那么没有二孩的比例显著高于有二孩的比例，而倘若一孩在户籍地居住，那么没有二孩比例显著低于有二孩的比例，也就是说，第一个孩子不在父母身边，更有可能生育第二个孩子，而第一个孩子在父母身边，则更不可能生育第二个孩子。

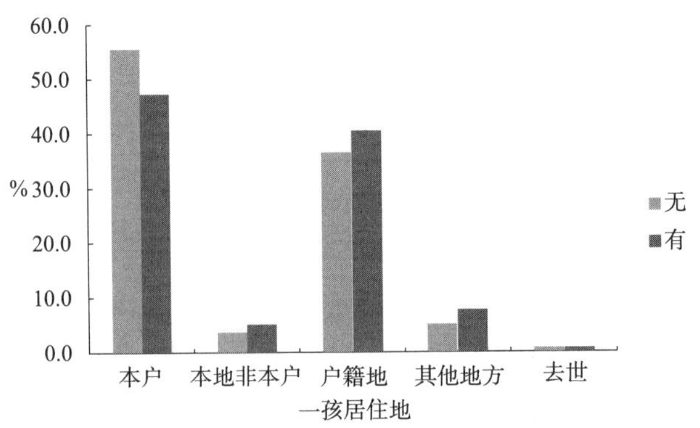

图 11-8　1991—2018 年一孩居住地与是否生二孩

如图 11-9 所示，我们进一步考察了二孩不同出生年份是否遵循上述规律。不难发现，2012—2013 年和 2014—2015 年出生的二孩仍然遵循此规律，但是，2016—2018 年出生的二孩恰好与此相反。一孩在流入地同父母居住的家庭生育二孩比例最高，达到 64.5%，比没有二孩家庭的比例 55.3%高出 9.2%，其次是一孩在户籍地居住，生育二孩的比例为 32.5%，比没有二孩家庭的比例 36.3%少了 3.8%。

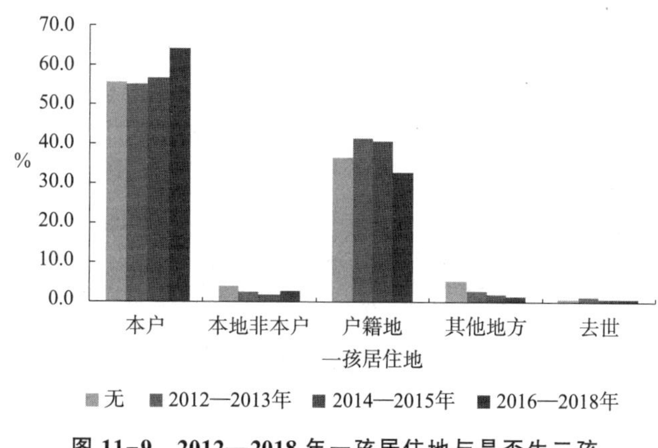

图 11-9　2012—2018 年一孩居住地与是否生二孩

6　生育二孩的人群特征

6.1　“全面两孩”政策实施后生育二孩的多为 30 岁及以上的夫妇

生育二孩时母亲和父亲的年龄构成及分布情况如图 11-10、图 11-13 所示。图 11-10 显示，25~29 岁生育二孩的比例最高，但在 2016 年以后此年龄组所占比例明显下降，从 2012 年的 45.2%下降到 2018 年的 35.4%，几乎下降了 10%。其次是 30~34 岁，其在 2014 年、2015 年的比例比 2012 年、2013 年有所上升，2016 年以后有较大幅度上升，甚至在 2018 年时已超过 25~29 岁的比例，位居第一，即从 2012 年的 27.3%上升到 2018 年的 37.4%。20~24 岁的比例在下降，35~39 岁和 40~44 岁的比例都在上升。总之，20~29 岁女性生育二孩的比例在“单独两孩”政策后有所下降，在“全面两孩”政策后大幅下降，而 30~44 岁的比例在“单独两孩”政策后有所上升，在“全面两孩”政策后大幅上升，30 岁以下和 30 岁及以上在 2012 年分别占 62.3%和 37.7%，前者多于后者，到 2017 年时二者比例分别为 47.6%和 52.4%，前者已经少于后者。这表明“全面两孩”政策释放了 30~44 岁女性生育二孩的潜能。

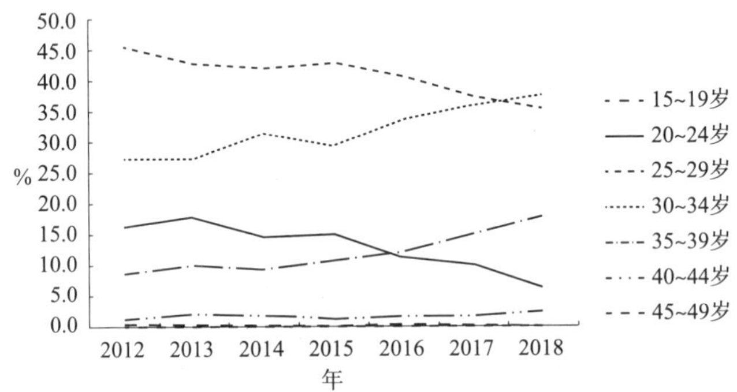

图 11-10　2012—2018 年母亲生育二孩时的年龄结构

图 11-11 是父亲生育二孩时的年龄构成，30~34 岁是主体，在 37%上下波动。“单独两孩”政策实施前后差异不明显，“全面两孩”政策后，20~24 岁和 25~29 岁的比例大幅下降，而 35~39 岁的比例大幅上升。

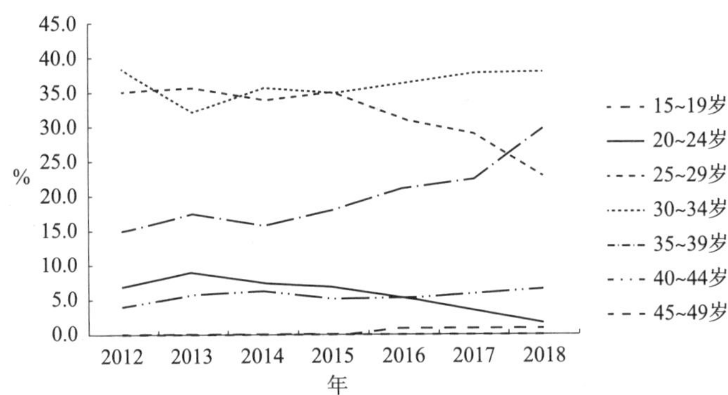

图 11-11　2012—2018 年父亲生育二孩时的年龄结构

从母亲生育二孩年龄分布模式来看，2014—2015 年与 2012—2013 年结构很相近，仅是高峰有所降低，倾向右偏。2016—2018 年的结构则明显右偏，峰值下降。这反映出：在“全面两孩”政策实施后，生育二孩的高龄产妇有所增加。

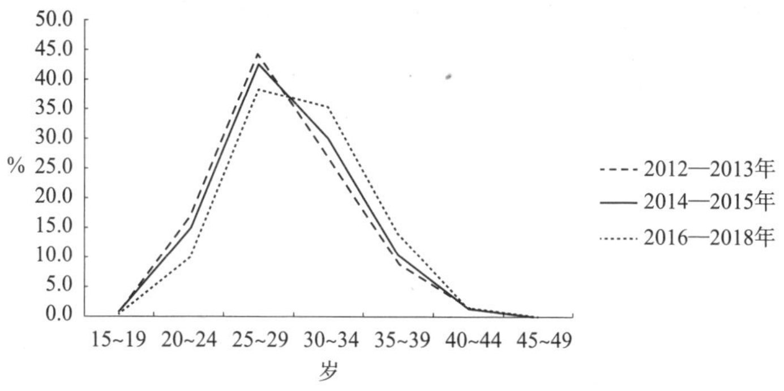

图 11-12　母亲生育二孩年龄分布

图 11-13 显示的是父亲生育二孩时的年龄分布，存在和母亲相类似的现象，2014—2015 年和 2012—2013 年高度重合，2016—2018 年明显右移，两个高峰（25～29 岁和 30～34 岁）变为一个高峰（30～34 岁）。

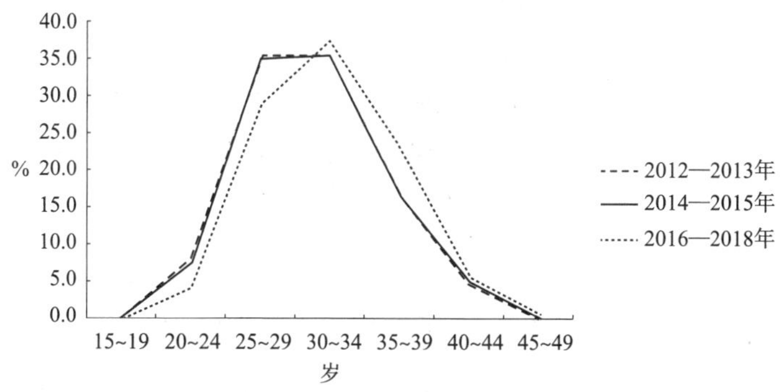

图 11-13　父亲生育二孩年龄分布

6.2　随着政策逐步放开，高中及以上受教育程度的夫妇生育二孩的比例不断增加

如图 11-14 和图 11-15 所示，无论是二孩母亲还是父亲，高中及以上受教育程度的比例随着政策进一步放开，逐渐增大，初中及以下受教育程度的比例随之减小。以生育二孩的母亲受教育水平为例，大学专科比例从 2012—2013 年的 5.4%增加到 2014—2015 年的 6.8%，再到 2016—2018 年的 13.0%，翻了一倍还多，而小学比例从 2012—2013 年

的 10.8%降至 2014—2015 年的 9.4%，再降至 2016—2018 年的 5.7%，减少了近一半。

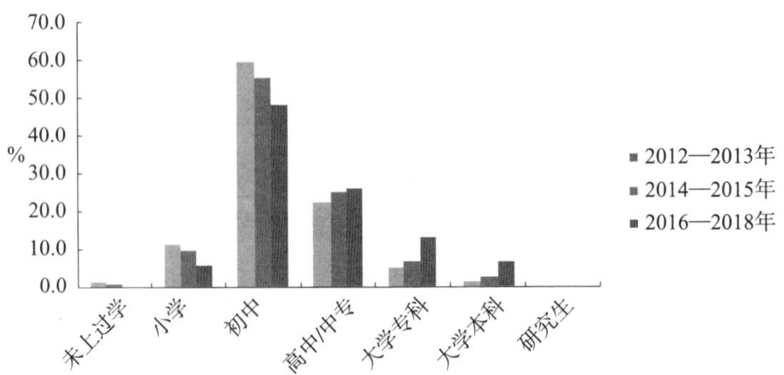

图 11-14　生育二孩的母亲受教育程度

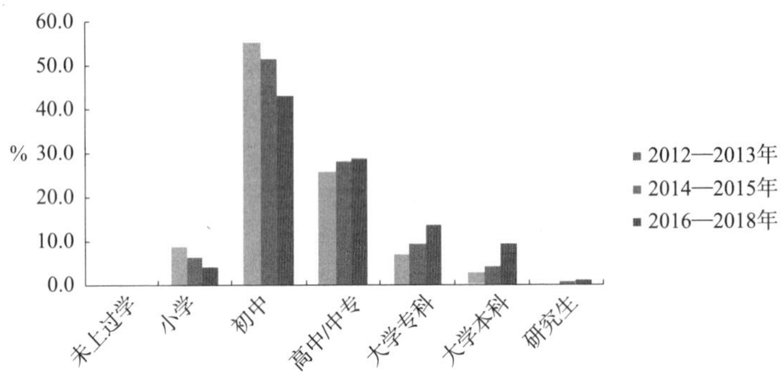

图 11-15　生育二孩的父亲受教育程度

6.3　“全面两孩”政策之后，非农业人口比例明显增加

如图 11-16 和图 11-17 所示，随着生育政策逐步放开，生育二孩的母亲中，非农业户口的比例明显上升，从 2012—2013 年的 7.8%略微增至 2014—2015 年的 8.3%，再进一步增至 12.4%，而农业户口的比例下降，从 2012—2013 年的 77.2%降至 2016—2018 年的 70.6%。父亲也呈现出类似变化，非农业人口比例从 2012—2013 年的 7.8%缓慢增加到 2014—2015 年的 9.7%，到 2016—2018 年突增至 13.6%，而农业户口比例从 2012—2013 年的 77.0%降至 2016—2018 年的 69.1%。

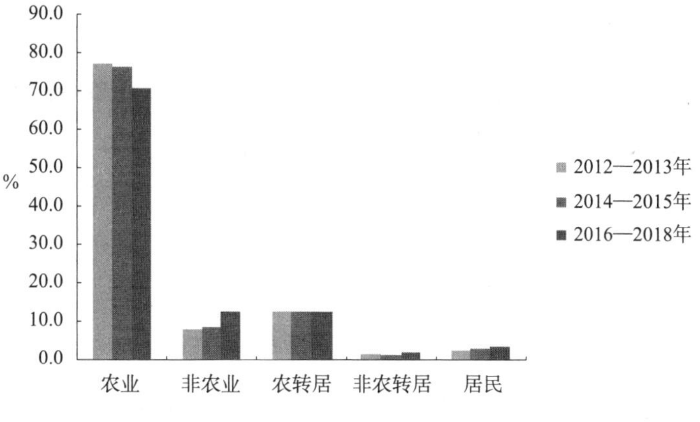

图 11-16　生育二孩母亲户口性质

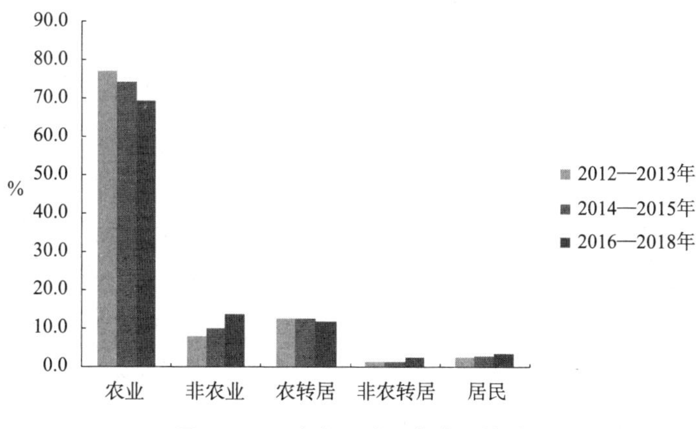

图 11-17　生育二孩父亲户口性质

7　结论与讨论

生育政策调整有助于释放生育潜力，特别是“全面两孩”政策推行之后，生育率出现小高峰现象，出生性别比呈现出下降趋势，30岁及以上、高中及以上受教育程度、非农业户口的夫妇生育二孩比例增加。值得注意的是，2016—2018年所呈现出的新特点，是一时的补偿性生育，还是生育发生了重要变化，尚待有更长期的数据进行分析。但需要强调的是，“全面两孩”政策推行的一个重要贡献在于：新的生育政策有助于改善二孩的卫生免疫、孕产妇健康和亲子照料等状况。

第十二章　生育意愿与生育行为的发展趋势

1　研究问题

近年来，随着“全面两孩”政策的放开，社会各界给予生育意愿问题前所未有的关注，而在学术界内，不仅人口学者、社会学者对此进行了深入的探讨，其他学科的学者，如心理学者、管理学者等都开展了一些研究。然而，遗憾的是，大量的研究都是就生育意愿而谈生育意愿，并未真正关注到生育意愿是如何影响生育行为这一问题。在本研究中，我们围绕生育意愿与生育行为的不一致展开讨论，在解释为什么不一致的同时，又从不同层面发现两者之间存在的相互影响机制及其规律。本章是本研究的终篇，我们希望在前文的基础上，从发展趋势的角度对生育意愿和生育行为的不一致作做一步的阐释。

如前文所述，当前人们的生育意愿高于生育行为，这是一种普遍存在的社会事实。通过2015年的“北京调查”，我们较为清楚地印证这一观点。在后续的调查中，我们还发现：有的人原本不想生，但现在却转变成想生，甚至已经生了；而那些当初说想生的人却变成不想生了，而且一直都未受孕。难道说人们的生育意愿是不稳定的，甚至是不可信的？答案显然是否定的，一部分人的改变不能代表整个人口。不过，这两种现象发生的概率各是多少呢？前者可以提高生育水平，后者则会降低生育水平，按照生育补偿机制的解释，前者能补偿后者多少呢？回到我们探讨的原点，在转变的过程中，哪些因素具体地影响到了生育意愿和生育行为，导致二者前后不一致？在此，我们将针对这些问题做出必要的回应。

2　数据

本部分主要使用“北京生育意愿与生育行为调查”及先后两次追

踪调查的数据①，开展时间分别为 2015 年、2016 年和 2019 年。调查详细情况和年龄结构检验如下。

2.1　调查详细情况

2015 年 9 月，中国人口与发展研究中心和北京市卫生计生委一起合作、组织进行了基期调查。本次调查以在婚、已生育一个孩子、年龄在 20~49 岁、夫妻双方至少有一方持有北京户籍的女性为抽样框，由社区居委会配合，采用入户面访的形式，共回收有效问卷 2 000 份。

2016 年 10 月，双方合作进行第 1 次追踪调查，由中央财经大学社会学系本科生负责具体执行。此次调查对基期的 2 000 位被访者进行电话回访，共完成有效问卷 923 份，追踪率为 46.2%，剔除空号错号、不是接受过调查的人、记录单上记录成功但数据库中没有等无法完成随访的客观情况后，成功访问与占线、无人接听、不方便接电话和拒访之和的比例，即有效追踪率为 53.9%。在有效问卷中，被访者愿意交流、沟通很愉快的占 87.6%，解释后接受调查但过程中有些不耐烦的占 10.9%，勉强接受调查且完全敷衍的占 1.4%。

2019 年 6 月，双方又合作开展了第 2 次追踪调查，仍由中央财经大学社会学系本科生负责具体实施。事先被剔除的对象包括年龄已超过 49 岁的人（125 人）；2016 年调查时，根据电话号码无法找到的 2015 年的被访者（104 人）；2016 年时已经离婚、再婚或已婚未育者（19 人）；2016 年调查记录单记录已成功访问但是数据库中却无记录者（15 人）；另外还有 7 人的电话号码在分派时被漏掉，以上情况共计 270 人。2016 年调查时未成功访问与占线、无人接听、不方便接电话、拒访和空号错号的电话号码都被列入了 2019 年的电话单。在调查时，访问员对 1 730 人进行电话追访。表 12-1 所展示的是 2016 年和 2019 年时 2 000 个初始电话号码两次追踪调查的基本情况。

① 请注意：本项调查不是前述的 2015 年“北京调查”。

表 12-1　2 000 个初始电话号码两次追踪调查的基本情况　单位：人,%

	2016 年		2019 年	
	人数	比例	人数	比例
成功	923	46.2	589	29.5
占线、无人接听、不方便接电话	356	17.8	517	25.8
拒访	433	21.6	368	18.3
空号错号	152	7.6	173	8.7
不是接受过调查的人	118	5.9	71	3.6
记录单上记录成功但数据库中没有	16	0.8	12	0.6
未拨打	2	0.1	270	13.5
总计	2 000	100.0	2 000	100.0

2019 年，追访成功的电话平均拨打了 1.4 次，其中 71.5%的电话是一次性成功，10.5%的电话拨打 3 次及以上才成功，最多的拨打次数达到了 9 次方才告以成功。对于占线、无人接听、不方便接电话的情况，访问员平均拨打了 2.4 次，52.0%的电话拨打了 2 次及以上，13.9%的电话拨打了 5 次及以上，最多的拨打到了 10 次，仍没有成功才告以放弃。对于拒访的电话，平均拨打了 2.3 次，52.7%的电话拨打过 2 次及以上，最多的拨打过 8 次，方才告以放弃。具体情况如表 12-2 所示。

表 12-2　2019 年电话拨打情况　单位：人,次,%

	成功	占线、无人接听、不方便接电话	拒访
人数	589	517	368
平均拨打次数	1.4	2.4	2.3
拨打 2 次及以上的比例	28.5	52.0	52.7
拨打 3 次及以上的比例	10.5	30.4	28.0
拨打 5 次及以上的比例	1.4	13.9	13.0
最多拨打次数	9	10	8

2019 年的第 2 次追踪调查共完成有效问卷 589 份，追踪率为 29.5%（589/2 000 = 0.295），有效追踪率为 40.0%（589/1 474 = 0.400）。其中，被访者愿意交流、沟通很愉快的占 94.9%，解释后接受调查但过程中有些不耐烦的占 4.4%，勉强接受调查且完全敷衍的占 0.7%。其中，脾气性格好、愿意接受调查的人更有可能被持续追踪到。

在基期调查的 2 000 人中，有 20.5%被追踪到 2 次，25.7%仅是在

2016 年被追踪到，9.0%只是在 2019 年被追踪到，另有 44.9%一直都未被追踪到，分布情况如表 12-3 所示。

表 12-3　两次追踪情况

单位：人，%

	2016 年	2019 年	人数	比例
2016 年、2019 年都追踪到	有	有	409	20.5
2016 年追踪到，2019 年未追踪到	有	无	514	25.7
2016 年未追踪到，2019 年追踪到	无	有	180	9.0
2016 年、2019 年均未追踪到	无	无	897	44.8
合计			2 000	100.0

2.2　年龄结构检验

在此，我们需要检验追踪调查丢失的样本是随机丢失，还是有选择性的丢失。理想依据是生育意愿和生育行为变量，但是生育意愿和生育行为变量是研究变量，其分布并不清楚，而是需要探究的。在这种情况下，只能退而求其次，检验年龄结构是否一致。2015 年、2016 年和 2019 年开展的三次调查都询问了被访者的出生年份和月份。其中，2015 年的全部被访者均有出生年份和月份；2016 年和 2019 年的被访者未回答出生年份的比例未超过 5%，未回答出生月份的比例略高，对于未回答的情形，即以基期调查得到的年份和月份进行替换。2016 年和 2019 年被访问到的出生年份与 2015 年调查相一致的比例在 85%～88%，另有 8%～11%不一致，导致不一致的原因可能有三种：一是基期调查错误，二是报告期调查错误，三是被访者两次做出的回答原本就是不一样的，详细情况如表 12-4 所示。

表 12-4　2015 年、2016 年和 2019 年相比被访者出生年份和月份是否一致

单位：人，%

	2016 年和 2015 年相比				2019 年和 2015 年相比			
	年份		月份		年份		月份	
	人数	比例	人数	比例	人数	比例	人数	比例
异	98	10.6	131	14.2	51	8.7	70	11.9
同	792	85.8	740	80.2	513	87.1	459	77.9
未回答	33	3.6	52	5.6	25	4.2	60	10.2
合计	923	100	923	100	589	100	589	100

毋庸置疑，同一被访者事实上只能有一个确定的出生日期，如果出现两个不同的日期，便有可能导致下文的检验和分析出现偏差，因此有必要重新生成出生年份和月份这两个变量。以2015年获知的出生年份和月份为基础数据，倘若2016年和2019年的调查结果相同且与2015年不同，则用后两次调查的结果修正被访者出生日期，其他情况均以2015年调查结果为准。据此，共修正年份12个、月份14个。

如表12-5第2列和图12-1黑点列所示，我们将2015年每个单岁组向后推1岁，得到2016年应有年龄结构，即2015年22岁的比例为2016年23岁的比例。接着，又将此结构与实际调查成功的被访者年龄结构进行了比较，具体情形如表12-5第3列和图12-1斜线列所示。无论是单岁组还是五岁组，卡方检验结果均显示在统计上无显著差异，这表明2016年被访者的年龄结构与2015年基期调查的被访者年龄结构无显著差异，尽管样本有所缺失，但是仍然可以据此推断基期样本所对应的总体情况。

依此类推，又得出了2019年应有年龄结构，具体情形如表12-5第4列和图12-2黑点列所示。由于第2次追踪调查剔除了50岁及以上的被访者，年龄组后推之后20~24岁组无被访者，因此2019年被访者年龄仅限在25~49岁范围之内。卡方检验结果显示，无论是单岁组还是五岁组，2019年被访者的应有年龄结构和实有之间不存在显著差异，由此说明，可以依据2019年的调查结果推断2015年时北京户籍一孩家庭的情况。

表12-5　两次追踪调查年龄结构检验　　单位：%

	2015年	2016年		2019年	
		应有	实有	应有	实有
20~24岁	1.5	0.7	0.4		
25~29岁	17.1	12.9	13.5	3.0	4.1
30~34岁	34.0	32.0	31.7	22.7	22.8
35~39岁	27.0	29.8	30.9	37.2	40.0
40~44岁	11.5	13.7	14.0	25.5	23.3
45~49岁	8.7	9.9	9.0	11.6	9.8
50岁及以上	0.2	1.0	0.5		
合计	100.0	100.0	100.0	100.0	100.0
五岁组		χ^2（13）=14.0，P=0.374		χ^2（9）=10.0，P=0.350	
单岁组		χ^2（36）=29.3，P=0.776		χ^2（40）=45.0，P=0.271	

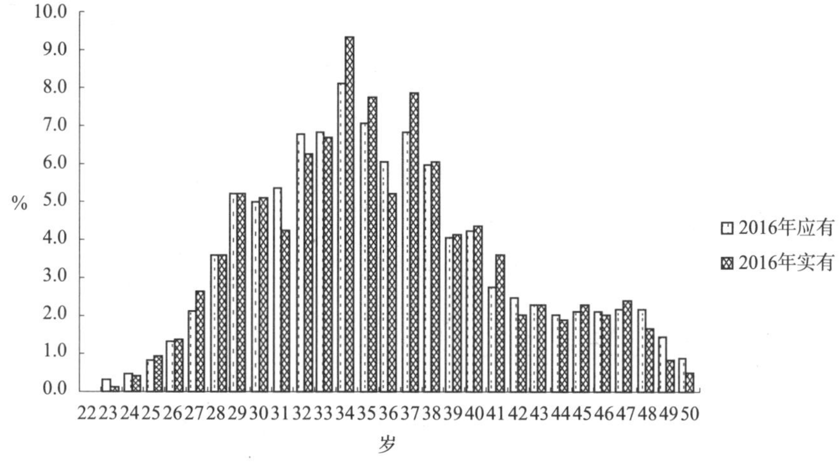

图 12-1　2016 年应有和实有被访者年龄结构

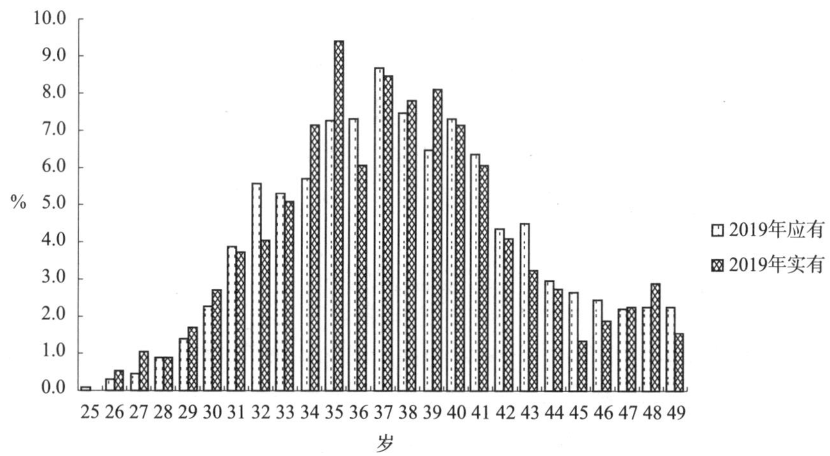

图 12-2　2019 年应有和实有被访者年龄结构

2.3　剔除个案情况

2015 年调查对象为已婚已育一孩的育龄妇女。2016 年第 1 次追踪调查时，仅有 1 个个案报告尚未结婚，有 3 个个案报告其尚未生育一孩。2019 年第 2 次追踪调查时，有 2 个个案报告其在 2015 年前就已生育了两个孩子。这 6 个个案不符合基期调查条件，故暂且剔除。

2016 年第 1 次追踪调查时，发现有离婚（10 人）和再婚等情况（3 人），调查员未进一步询问其未来婚育意愿，故暂且予以剔除不进行分析。2019 年第 2 次追踪调查时，又出现离婚（14 人）、丧偶（2 人）和再婚（2 人）等情况。这一次，调查员按照要求进一步询问了其未来的婚育意愿，故而保留这些个案进行下一步的分析。

综上所述，总计剔除 19 个个案，保留了 1 981 个样本信息。与调查年份相对应，2015 年有 1 981 个，2016 年有 904 个，2019 年 587 个。

3　生育意愿与生育行为

如前文所述，本章重点考察已育一孩妇女生育二孩的意愿和行为的变化趋势。首先，检测 2015 年获得的生育意愿的三个类别在 2016 年和 2019 年调查时的缺失情况，考察 2016 年和 2019 年的样本结构是否与 2015 年的存在较大偏差。然后，再对三次调查结果进行整体性分析。第一步，考察随时间推延同批人的生育意愿和生育行为构成的变化趋势；第二步，通过进一步细分，考察被访者 2015 年的生育意愿到 2016 年和 2019 年是否发生变化，以及生育意愿向生育行为转变的情况；第三步，再重点对生育意愿与生育行为不一致现象进行分析和阐释。

3.1　检测三次调查的样本结构偏差情况

在分析的 1 981 个样本中，有 2 人的基期生育意愿出现了缺失：2016 年调查时，在此 2 人中，1 人表示不想生，1 人表示没想好；到 2019 年时，未能成功追访到她们。所以，这 2 人仅有 1 次调查信息，无法进行关联性的探讨，故暂且将之排除在外，此部分仅使用 1 979 个样本信息进行分析。

如表 12-6 所示，在 2015 年时表示不想生、没想好和想生这三类情况在 2016 年分别缺失 54.9%、59.9%和 47.0%。相比较而言，没想好缺失比例较高，想生缺失比例较低，二者相差 12.9%。到 2019 年时这三类情况依次缺失 72.4%、69.8%和 66.0%，不想生缺失最多，想生缺失最少，二者相差 6.4%。仅从生育意愿这一题来看，2016 年的结构与 2015 年的结构有所偏差，但尚可接受。2019 年的结构与 2015 年的结构略有偏差，小于 2016 年和 2015 年之间的偏差。故初步判断，三次调查反映的是同一总体的情况。

表 12-6　2015 年生育意愿各类别在 2016 年和 2019 年时的缺失比例

单位：人，%

2015 年	2016 年	2019 年
不想生	54.9	72.4
没想好	59.9	69.8
想生	47.0	66.0

3.2　同批人生育意愿与生育行为的变化趋势

随着时间推延，“不想生”的比例越来越多，从 2015 年到 2016 年增幅最大，从 52.9%增加到 72.2%，增加了 19.3%，从 2016 年到 2019 年，这一比例又增加了 2.9%。2015 年调查时，北京市实行的是“单独两孩”政策，到 2016 年调查时，北京已推行“全面两孩”政策，所有人都有权利生育第二个孩子，此时，“想不想生育二孩”俨然变成了一个非常现实的问题，人们在进行思量和考虑的时候会表现得更加理性、客观。正是在这种背景或情形下，表示不想生的比例大幅上升了。2016 年至 2020 年，生育政策没有再发生改变，不想生的比例也仅是小幅增加。2019 年，我们增加了因为已绝经、闭经、子宫或卵巢切除等身体原因不能生育的选项，结果显示，这类情况的比例仅占 0.7%，考虑到比例极少，下文为减少类别，故将此类和不想生合并为一类。

与之相反，想生的比例持续大幅下降，从 2015 年的 21.7%下降到 2016 年的 9.5%，再降至 2019 年的 3.4%。其中包括已有部分人将生育意愿转化成为生育行为的情况，即已经生育了二孩，还有部分人的生育意愿发生了转变，变为不想生或是没想好。2016 年时，有 3.4%的人已生育二孩，到 2019 年比例增加到 12.3%。需要说明的是，已生育二孩的人并不一定就是生育意愿使然，其中有一部分人原本不想生，但后来却意外怀孕了，于是便顺其自然地生了下来，有关情况，我们将在下文进行详细分析。

2016年调查时，正在怀孕的被访者占2.2%。事实上，正在怀孕的人不意味着她们一定会生育二孩，有可能会因为不想要，或是因为胎儿有问题，而终止妊娠，会遭遇自然流产或是死产。因此，在2019年调查时，我们对于正在怀孕的被访者加问了“是否打算生下来”，打算生下来的记为“将生”，不打算生的记为“不想生”。2019年，即将生育二孩的比例为2.6%。下文在减少类别时，会把此类与已生合并为一类。

在“将生”的15人中，有计划受孕且一次成功的有7人，在没有避孕的情况下“意外怀孕”的有5人，有2~3次怀孕失败经历后又成功受孕的有3人。“不想生”的仅有1人，在2015年和2016年，她都曾坚定地表示不打算生育二孩，2019年调查时，她表示自己虽然使用了避孕套但还是意外怀孕了，即便如此，她说“还是不打算生，准备去做人工流产”。调查还发现，有24人在2015年至2019年曾经历怀孕，但是并未生育，她们之中有2人想生二孩，有1人没想好，其余21人都是不想生。

没想好的比例也呈现下降趋势，2015年时占25.4%，到2016年时几乎缩减了一半，降到12.6%，到2019年时又缩减了一半，为6.0%。没想好的潜台词是“想又不想”“不想又想”。访谈发现，为了给老大添一个伴的考虑往往会使人们形成再生育的念头，然而，“理想很丰满，现实很骨感”，仔细盘算一下养育一个孩子要承受的负担和精力付出等成本，很多人又会犹豫，进而“又不想”。“全面两孩”政策为一部分人生育二孩提供了条件和机会，但同时，更多的人则不得不面临生与不生的纠结。不过，纠结的时间不允许持续太长，毕竟人们选择进行生育的合适期是有限的，因此，表示没想好的大多数人都会越来越清楚自己到底是倾向于想生还是不想生。

2016年追访时，对于离婚、丧偶和再婚的被访者，未对其进行访问。通常情况下，生理上不能生育的状况可逆转的可能性极小，而由于家庭变故等社会原因导致的不能生育，被访者可能会进行家庭重组从而再次具备生育能力，因此我们在2019年追访时对她们进行了调查。

2019 年的调查结果显示，在离婚的 14 人中，其中有 9 人表示不想再结婚了，占 64.3%；有 3 人表示如果遇到合适的另一半，会考虑再婚但不会再生孩子，她们在 2015 年时就曾说不打算生育二孩；有 1 人表示如果有合适的另一半，也会考虑再婚，但至于生不生孩子就不一定了，这与其 2015 年时的生育意愿相同——没想好；仅有 1 人表示要再婚而且一定要再生一个孩子，她在 2015 年时说自己没想好。

再婚的有 2 人，1 人再婚后未生育，另 1 人再婚后在新家庭又生育了一个孩子。后者接受调查的时间正是她生下孩子的第 4 天，她坦言道："原先并不想再生一个孩子的，2018 年 5 月，我再次结婚，家庭改变了，就计划着再生一个。"在我国的有些地区（如吉林省），人们将再婚后生育的孩子称作"感情孩"，视为新家庭必不可少的纽带。

丧偶有 2 人，这两位女士在 2016 年时均拒绝接受访问，但她们在 2019 年接受了访问。2019 年时，1 人为 42 岁，2015 年时就表示不想生育二孩，目前也无心考虑再婚的事情；另 1 人为 30 岁，2015 年时她表示想生育二孩，但丈夫却突然离世了，她说如果有合适的人会考虑再婚，但生不生孩子要根据情况而定。

综上所述，随着时间推延，同批人中不想生的比例会增加，而没想好和想生的比例会大幅减少。已生二孩的比例也会增加，其中包含了想生、没想好和不想生的人实际的生育行为。具体情况如表 12-7 和图 12-3 所示。

表 12-7　生育二孩的意愿与行为变化趋势　　单位：人，%

	2015 年		2016 年		2019 年	
	人数	比例	人数	比例	人数	比例
不想生	1 046	52.9	653	72.2	441	75.1
没想好	503	25.4	114	12.6	35	6.0
想生	430	21.7	86	9.6	20	3.4
孕中/将生			20	2.2	15	2.6
已生			31	3.4	72	12.3
身体原因不能生					4	0.6
总计	1 979	100.0	904	100.0	587	100.0

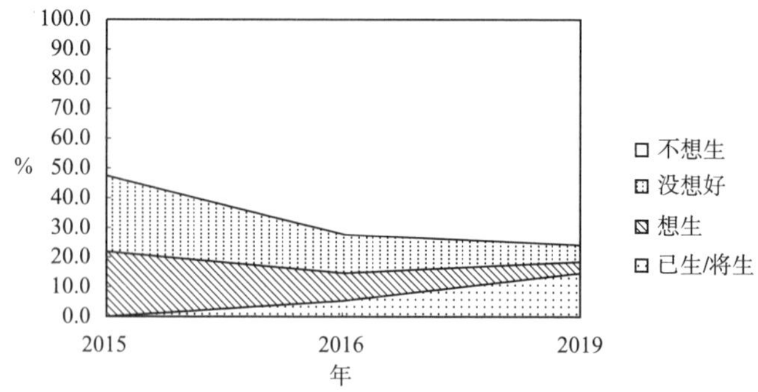

图 12-3　三次追踪调查的生育意愿

3.3　生育意愿的发展路径

根据 2015 年的调查，可以将生育意愿分成三大类别：不想生、没想好和想生，以此为基础，我们分别考察 2016 年时被访者的生育意愿结构，如表 12-8 第 2 组所示，第 6 列纵向每一类加和为 100%。2016 年的每一类在 2019 年时的结构如第 3 组所示，为方便展示，第 3 组仅报告了百分比，每一行加和为 100%。

表 12-8　三次追踪调查生育意愿和生育行为的关联

单位：人，%

2015 年			2016 年			2019 年[3]				
类别	人数	比例[1]	类别	人数	比例[2]	不想生	没想好	想生	已生/将生	不能生
不想生	1 046	52.9	不想生	417	88.3	95.0	2.2	0.0	1.7	1.1
			没想好	31	6.6	71.5	7.1	14.3	7.1	0.0
			想生	13	2.8	33.3	0.0	0.0	66.7	0.0
			已生/孕中	11	2.3					
没想好	503	25.4	不想生	124	61.4	71.7	16.7	1.7	8.2	1.7
			没想好	37	18.3	43.5	8.7	4.3	43.5	0.0
			想生	29	14.4	41.7	8.3	8.3	41.7	0.0
			已生/孕中	12	5.9					

续表

2015 年			2016 年			2019 年[3]				
类别	人数	比例[1]	类别	人数	比例[2]	不想生	没想好	想生	已生/将生	不能生
想生	430	21.7	不想生	111	48.7	78.4	3.9	3.9	11.8	2.0
			没想好	45	19.7	52.6	15.8	10.5	21.1	0.0
			想生	44	19.3	32.0	8.0	16.0	44.0	0.0
			已生/孕中	28	12.3					
总计	1 979	100.0	总计	1 979						

注：[1]为列百分比；[2]为列百分比，2016 年每一小类占 2015 年每一大类的比例；[3]为行百分比

在表 12-8 中，我们总结归纳出生育意愿发展的 6 种路径 48 种情形。各种情形发生的概率和占本路径的比例如表 12-9 所示。概率计算采用条件概率计算方法。以三次调查均不想生为例，2015 年不想生的概率是 0.529，2016 年在此类别中不想生的概率是 0.883，到 2019 年时的概率为 0.950，三者的乘积为 3 次调查均不想生的概率 0.444，也就是说，北京市已育一孩的妇女从 2015 年到 2019 年一直持不想生育二孩想法的可能性是 44.4%。计算出 5 种保持一以贯之的生育意愿和生育行为情形的概率，加和得到此路径可能发生的概率，6 种路径发生概率之和为 1。每一种情形发生概率与其所属路径发生概率之比为它在此路径中的贡献率。比如：一直不想生占保持一致路径的 92.9%（0.444/0.478×100）。

第 1 种路径是无论 2015 年持何种生育意愿到 2016 年都已生育二孩，简写为“A-已生”。调查结果显示，在 2015 年调查的受访女性中，有 5.4%的人在 2016 年生育了二孩，其中 2015 年时表示想生、2016 年已生的所占比例最大，为 49.6%，而 2015 年时不想生但 2016 年却已生的比例占 22.6%。

第 2 种路径是 5 年来保持一贯的生育意愿和生育行为，简写为 A-A-A 型。此种路径在全体受访者中出现的概率最高，为 47.8%。其中，一直不想生的概率 44.4%，为最高，占第 2 种路径受访者的 92.9%，不想生的受访者表现出了最坚定的倾向性。加上不想生-不能生的概率，累计高达

93.9%。2015年、2016年都表示想生并在2019年及以前生了的可能性为1.8%，一直想生但未生的概率更低，仅为0.7%，将二者合计为想生，其可能性为2.5%。一直不想生的可能性几乎是一直想生的18倍。一直保持没想好的可能性为0.4%，这可以说明，经过5年的时间，人们的生育意愿基本会形成比较明确的方向，不会一直保持没想好或模糊的状态。

第1种路径中“想生-已生”和第2种路径的概率之和为生育意愿和生育行为保持一致的概率为50.5%。这意味着从2015年到2019年一半的人生育意愿和生育行为是保持一致的，另一半的人生育意愿发生过变化，以至于生育行为可能与早先的也不相一致。

第3种路径是由一类变为另一类，然后一直保持着，简写为A-B-B型。此种路径的概率居于第2位，为23.7%。其中，变化最大的是由没想好变为不想生，占48.3%，其次是由想生变为不想生，占35.9%，二者合计为84.2%。但由不想生转变为想生的仅占4.2%。转变为不想生的可能性远远大于转变为想生的，前者是后者的20倍。

第4种路径是由一类变为另一类，然后又变回原有类别，简写为A-B-A型，其概率为8.9%。其中，居于首位的情形是，由2015年不想生变为2016年没想好或想生，然后又变为2019年不想生，占33.5%，可见，不想生的人不一定就会矢志不渝地一直坚持原来的想法，部分人也曾犹豫过。其次是由没想好变为不想生，然后又变回为没想好，占29.2%，这部分人似乎是想生又不想生，表现得十分纠结。最后是由想生变为不想生或没想好，但后来都还是生了，占24.1%。

第5种路径是先保持某一类，然后变为另一类，简写为A-A-B型，其概率为7.7%。其中，两种情形所占比例最高，分别是：2015年为没想好，2016仍为没想好，到2019年时变为不想生了；2015年为没想好，2016年为没想好，到2019年时变成已生了，各占26.1%。不难看出，即便是在短期内犹豫或徘徊的人，但伴随时间的流逝、个人的成长和家庭的发展，她们的生育意愿还是会逐渐清晰明确起来。我们或可以想象得出：经历一段时间之后，有的人出于必然的想法改变或偶然的因素便生下了二孩，而有的人则会一再推延，以致后来再生的可能性逐渐消磨殆尽。

第 6 种路径是由一类变为另一类，然后又变为第三类，简写为 A-B-C 型，其概率最低，为 6.5%。其中，居于第一位的情形是：从 2015 年的想生过渡到 2016 年的没想好，再转变为 2019 年的不想生，占 34.7%；其次是由没想好明确为想生，然后又转变为不想生，占 23.5%；最后是由没想好明确为不想生，最后却又生了，占 19.7%。

表 12-9　生育意愿和生育行为的变化趋势　　单位：%

	概率	比例		概率	比例
A-已生			A-B-A		
不想生-已生	1.2	22.6	没想好-不想生-没想好	2.6	29.2
没想好-已生	1.5	27.8	不想生-没想好-不想生	2.5	28.0
想生-已生	2.7	49.6	想生-不想生-已生	1.2	14.0
合计	5.4	100.0	想生-没想好-已生	0.9	10.1
A-A-A			不想生-想生-不想生	0.5	5.5
不想生	44.4	92.9	想生-没想好-想生	0.4	5.0
想生已生	1.8	3.9	想生-不想生-想生	0.4	4.6
想生但未生	0.7	1.4	没想好-想生-没想好	0.3	3.4
不想生-不能生	0.5	1.1	不想生-没想好-不能生	0.0	0.0
没想好	0.4	0.8	不想生-想生-不能生	0.0	0.0
合计	47.8	100.0	合计	8.9	100.0
A-B-B			A-A-B		
没想好-不想生-不想生	11.2	47.2	没想好-没想好-不想生	2.0	26.1
想生-不想生-不想生	8.3	35.0	没想好-没想好-已生	2.0	26.1
没想好-想生-已生	1.5	6.4	想生-想生-不想生	1.3	17.3
不想生-想生-已生	1.0	4.2	不想生-不想生-没想好	1.0	13.3
想生-没想好-没想好	0.7	2.9	不想生-不想生-已生	0.8	10.3
没想好-想生-想生	0.3	1.3	想生-想生-没想好	0.3	4.3
没想好-不想生-不能生	0.3	1.1	没想好-没想好-想生	0.2	2.6
不想生-没想好-没想好	0.2	1.0	没想好-没想好-不能生	0.0	0.0
想生-不想生-不能生	0.2	0.9	想生-想生-不能生	0.0	0.0
不想生-想生-想生	0.0	0.0	不想生-不想生-想生	0.0	0.0
合计	23.7	100.0	合计	7.7	100.0

续表

	概率	比例		概率	比例
A-B-C			没想好-不想生-想生	0.3	4.1
想生-没想好-不想生	2.2	34.7	不想生-没想好-已生	0.2	3.8
没想好-想生-不想生	1.5	23.5	不想生-想生-没想好	0.0	0.0
没想好-不想生-已生	1.3	19.7	没想好-想生-不能生	0.0	0.0
不想生-没想好-想生	0.5	7.7	想生-没想好-不能生	0.0	0.0
想生-不想生-没想好	0.4	6.4	合计	6.5	100.0

综上所述，我们可以归纳出四条主要的规律，分别为：①2015 年至 2019 年，有一半的人生育意愿和生育行为始终一致；②在出现了不一致现象的另一半人中，从想生或没想好转变为不想生的可能性远远大于从不想生转变为想生或已生；③“全面两孩”政策的实施让人们重新审视了自己的生育意愿，在具体考虑自己的生育和养育条件后，会相应地调整自己的生育意愿，主要是由想生和没想好转变为不想生；④随着时间的推延，那些没想好的人也会慢慢明确自己的生育意愿，从而产生相应的生育行为。

根据表 12-9 反映的变化趋势推断，在北京户籍家庭中，在 2015 年时已育一孩的妇女，到 2019 年时已有 16.2%的人生育了二孩。其中，在 2015 年时持想生意愿的人最多，概率为 6.7%，占生育二孩女性人数的 41.0%；其次是 2015 年时表示没想好的人，概率为 6.3%，占生育二孩女性人数的 39.0%；最后是 2015 年时表示不想生的人，概率为 3.2%，占生育二孩女性人数的 20.0%。在已经生育二孩的人之中，原先表示想生是不想生的 2 倍。此类人群在 2015 年时的生育意愿结构大致是想生：没想好：不想生=1：1：2。

根据表 12-9 趋势推断，由不想生向想生/已生转变的概率是 3.7%，由想生/已生向不想生转变的概率是 12.1%，后者约是前者的 3.3 倍。

3.4 生育意愿与生育行为不一致现象

基于上述分析，“没想好”最终会发展成为“不想生-未生”和

“想生-将生或已生”两种情形。本部分拟考察2015年生育意愿与2019年生育意愿及生育行为的不一致性及其成因，故暂且不考虑没想好的情况。如表12-10所示，我们将2015年的生育意愿与2019年的生育意愿及行为进行了比较分析，结果发现：比例最高的是生育意愿和生育行为一致的“不想生-不想生且未生”，占62.1%；其次是生育意愿发生转变的“想生-不想生且未生”，占21.2%；最后是生育意愿和生育行为一致的“想生-想生、将生、已生”，占11.7%；比例最小的是生育意愿和生育行为不一致的“不想生-想生、将生、已生”，占5.0%。

再从一致和不一致的总体对比来看，“不想生-不想生且未生”和“想生-想生、将生、已生”可归为生育意愿和生育行为一致，占73.8%；“不想生-想生、将生、已生”和“想生-不想生且未生”可归为生育意愿和生育行为不一致，占26.2%；前者的比例几乎是后者的2.5倍。

表12-10　2015年生育意愿与2019年生育意愿及行为的比较

单位：人，%

2015年	2019年	人数	比例	结果	人数	比例
不想生	不想生且未生	260	62.1	一致	309	73.8
想生	想生、将生、已生	49	11.7			
不想生	想生、将生、已生	21	5.0	不一致	110	26.2
想生	不想生且未生	89	21.2			
总计		419	100.0		419	100.0

综上，我们已经从定量的角度对不一致现象进行了初步的考察和分析。通过对录音资料的整理，我们也掌握了部分反映不一致现象的定性资料。以下，我们将从定性的角度对“2015年不想生但之后怀过孕”和“2015年想生但未怀过孕”两种情况进行必要的分析。

3.4.1　不想生但之后怀过孕的情形

在2019年追踪到的被访者中，2015年时不想生二孩但是此后怀过孕的有26人，占被访者总数的4.7%。其中，有7人当时做了人工流产，有1人正在怀孕中并准备去做人工流产，即30.8%的人怀上了二孩却选择人为放弃，同时，有57.7%的人还是生育了二孩，还有11.5%正在怀孕中并且打算生下这个孩子。

三成坚持不想生二孩的被访者均是意外怀孕，有的是采取了避孕措施但不知何故还是怀孕了，有的则是在换环后意外怀孕，甚至还发生了宫外孕。她们在知道自己怀孕后，往往会综合考虑养育的实际情况，然后选择终止妊娠。有的被访者表示："实在是没人带，而且我们的孩子（老大）不够大，综合考虑了一下就没要。"有的被访者则说："没有精力、没有时间照顾孩子，养个孩子太费钱了，生个孩子太痛苦了。"还有的被访者讲道："当时政策没放开，就做了。以后也不会再要了，压力太大。"总体而言，她们的行为与之前的意愿是相一致的，从表达的语气进行判断，并未表现出痛苦、悲伤或遗憾，只是坚持了自己"不想要"的想法。

七成的被访者的意愿与行为前后不一致，即2015年时不打算生但之后生育了二孩或正在怀孕中。第一种原因是"政策放开"了，也就是说，2015年表示不想生并非真的不想，只是政策不允许。比如有的被访者说："2015年时因为没有政策，回答不想。2016年政策放开了就想了，当时顾虑年龄大了，怕对孩子不好，后来还是鼓起勇气要了。年龄已经到极限了，如果再年轻10岁可能会考虑再要一个。"当政策放开后，周边生二孩的人多了起来，自然也会产生一定的示范效应，从而出现从众性的生育行为。第二种原因是有些人会珍视胎儿的生命，比如有的被访者说："原先不想要，意外怀上了觉得毕竟是个生命，就决定要了。"第三种原因是现实情况发生了改变，所以改变了原来的想法。最典型的情况是再婚家庭，需要生一个"感情孩"来维系新组建的家庭。第四种原因是，顺其自然，不是绝对地要生，也不是说一定不生，比如有些人的态度就是"有了就生，没有也不想"。第五种原因是，生二孩主要是希望老大能有个伴，但是此种意愿并不十分强烈。

我们还发现，在意愿是否发生转变的过程中有一个重要的影响因素——老大是否需要母亲全身心地照顾，有些人选择放弃是因为"孩子（老大）不够大，还需要精心地照料"，有些人转变是因为"老大已经上学了，自己有精力带二孩了"。另一个重要的影响因素则是，是否将胎儿当作一个新生命来看待。在过去的一胎化时代里，人们一旦意外怀孕，觉得堕胎是一件自然而然的事情，但现在不同了，越来越多的人开始重新审视生命观念的问题：受精卵的结合就是一个新生命的开始呢，还是说婴儿呱呱落地才能算是？

3.4.2　想生但未怀过孕的情形

部分被访者在 2015 年时表示想生，但是五年过去了，她们却一直未曾怀孕，这部分人群是生育意愿与生育行为不一致现象的典型代表。换一个角度看来，她们也属于“未实现的生育意愿”的情形，这亦是我们较为关注的问题。课题组在认真、逐一地聆听了相关的录音资料之后，有了一些新的发现。

生育意愿会随着时间的推移可能发生一些改变，“想生”主要会变成几种情况：①坚决不生了，即便意外怀孕也会毫不犹豫地去做人工流产，约占 41.0%；②没有说不生，但她们不会主动去规划、实施生育二孩，也未下定最后的决心，如果意外怀孕，就会生下来，约占 48.2%；③想又不想，想生但是又有许多现实顾虑，特别是担心再生一个男孩，约占 1.2%；④想生但是未怀孕，主要是受制于生理状况，需要一些辅助生殖技术的帮助，约占 2.4%；⑤想生但是不着急生，准备在未来合适的时候再生，约占 7.2%。

诚然，生育二孩往往被视为一项成本较高的行为，无论是经济成本，还是时间、精力等成本。因此，随着时间的推延，四成的人会由想生转变为不想生，而且还是坚决不生，这个比例算是比较高的。近乎一半的人虽然没有明确表示不生，但在行为层面上基本上不会采取主动的作为，甚至可以说就是被动的，即在意外怀孕的情况，她们便会选择生下二孩。还有少数年轻人，虽然说是想生，但她们还未把生育二孩的事情提上日程，至于以后会怎么样，恐怕还真的不好说。在社会中有生育二孩愿望却不孕不育的人群，其所占的比例相对低，但政府等有关部门应该重视她们的需求，为之提供更加有效的生殖健康服务。

综上所述，透过想生但未生现象，我们可以在大体上展现出一段时期的生育意愿与生育行为的关系。人们起初的生育意愿和后期的生育行为之所以不相一致，主要还是因为生育意愿在这一期间和过程中发生了某些偶然或必然的变化，进而影响到实际的生育行为。而影响生育意愿改变、生育意愿转化为生育行为的因素主要有年龄、养育成本和健康状况三大因素。

年龄是被提及最多的影响因素，它涉及母亲、第一个子女和祖/外祖父母几方的年龄。虽然这几方年龄的作用机制不同，但它们之间相互关联，又同步增长，共同影响了生育意愿的变与不变及其向生育行为的转化。

母亲的年龄最为关键。母亲年龄小，如果尚在 20 多岁，未超过 35 岁，就有可能主观性地推迟生育二孩的计划。例如，有一位 1990 年出生的被访者，她在 2015 年调查时刚生育了一孩，2019 年调查时她已 29 岁，孩子 4 岁。她是这样考虑的：

想要二胎，但是我年龄小，孩子也年龄小，所以我就不着急要，我就想以后能要就要，我不想特别快要，因为两个孩子年龄都特别小就很累。孩子六七岁的时候再要二胎吧。（107915）

如果母亲年龄超过 40 岁，通常在自己或在别人眼中就已过了生育年龄，不适合再次生育，甚至在三十七八岁时，一些人就已认为年龄大不能再育。对比 2019 年调查得到的不同生育意愿间的平均年龄，在统计上呈现显著差异，事后检验结果显示，不想生和由身体原因而不能生之间不存在显著差异，没想好、想生、已生和即将生之间不存在显著差异，但是前一组显著高于后一组。如表 12-11 所示，不想生的平均年龄 38.6 岁显著高于想生的平均年龄 33.6 岁。

表 12-11　2019 年不同生育意愿人口的平均年龄　　单位：人，岁

	人数	均值	标准差	极小值	极大值
不想生	441	38.6	4.8	26	49
没想好	35	34.0	3.8	27	44
想生	20	33.6	4.6	27	41
已生/将生	87	35.0	3.8	26	43
身体原因不能生	4	43.8	4.0	38	47
总数	587	37.6	5.0	26	49
	$F(4, 582) = 22.7$，$P = 0.000$				

当被问及“为何 2015 年时想生，到 2019 年一直未生而且也不想生了”，一些被访者表示随着年龄的增长，想生的意愿就会减弱、消退，年轻是生育二孩的重要条件，甚至在一些人看来就是前提条件。以下是一些被访者的口述资料：

不要了，40 多岁了。（又追问：那 2015 年为何想生？）2015 年那会才多大呀？（106514）

不要了，都多大岁数了，70 岁还得供二胎上大学。（108812）

不想，一个就行了，和经济、时间没关系。年龄大了，就不想要了。（100110）

我们不是有一个了吗？我们这么大岁数，身体力行做不到了。我家孩子本身就早产，我身体也不大好，加上岁数大了，就不太想要了。（107313）

也不打算要。年龄大了，养育的费用太高了，养孩子太操心，一个就够我呛了。4 年之前，也没有太多考虑，那时如果顺其自然，有了，可能就要了，后来随着年龄越来越大，就越来越不想再要了。（又问：如果意外怀孕呢？）意外怀孕？不，不，不，不会再要了。（104004）

由此可见，在 2015 年被访者谈及自己的生育意愿，多是从当时的年龄出发来考虑的。等到 2019 年再谈生育意愿和生育行为的时候，也是优先考虑自己年龄的因素，只不过，此一时，彼一时，情况已经不一样了。如果不趁早付诸行动，时间很容易就会将生育意愿消磨没了。

除了考虑自己的年龄，很多人还会因为子女年龄大而放弃了生育二孩的意愿。比如，有两位受访者是这样表述的：

上着环呢，都多大岁数了，小 40 了。就这样挺好的。要是年轻，再来一个挺好。现在孩子都 20 岁了，我不能给家里添负担，孩子也不接受。（107715）

不想要了，养不起，挣钱挣得少，压力太大，现在养一孩子得付出多大代价呀。我都 38 了，孩子都 15 了，没能力养了。（107712）

图 12-4 和图 12-5 呈现的是假定同批人的情况，图 12-4 反映的是 2016 年一孩不同年龄时受访女性的生育意愿，是横截面数据，假定一批人按照这种模式经历一孩成长的年龄，其生育意愿会经历何种变化。

图 12-5 是 2019 年时的调查结果，两张图均未包括已生的情况。两张图呈现出相类似的现象：随着一孩年龄的增大，不想生的比例在不断上升，在 21 岁以后基本上达 100%；没想好的比例逐步下降，最后趋于 0；想生的比例在一孩为 1~3 岁时较高，为 11%~15%，4~7 岁时是高峰，为 11%~18%，随后逐步下降。2019 年调查时无 5 岁以下，但仍然显示出 5~7 岁是高峰，为 8%~12%，此后呈现下降趋势。

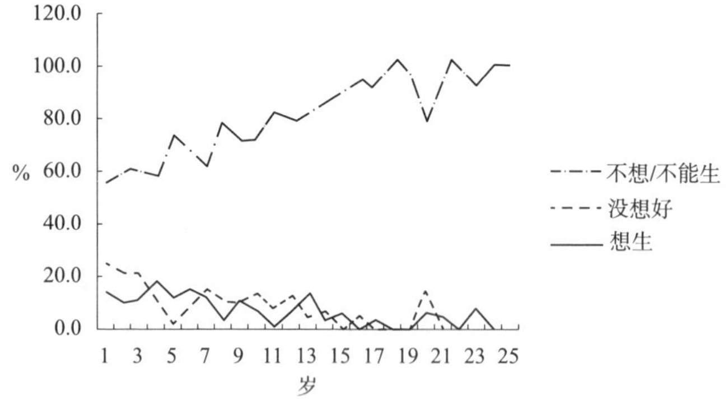

图 12-4　2016 年随一孩年龄增长的生育意愿结构

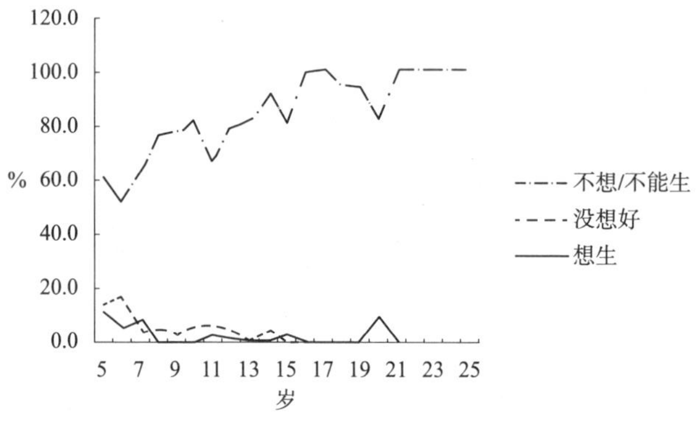

图 12-5　2019 年随一孩年龄增长的生育意愿结构

在第一个子女成长的过程中，母亲想生的意愿呈现倒 U 字形。在婴幼儿期，母亲需要花费较多的照料时间和适应妈妈角色，但在辛苦和劳累的同时，她们也会收获“初为人母”的快乐，生育二孩的意愿较高。比如，我们在天津调查时，一位受访者说道：“怀孕和生的时候，还是挺痛苦的，但过了就好了，好了伤疤忘了痛嘛，看着孩子好可爱啊，所以就想着还能再生一个。”待到子女进入幼儿园，生活上会有一点自理能力，女性可以稍微感到一丝轻松，这一时期（4~7岁）被认为是生育二孩的黄金期。当子女上小学之后，学业和竞争的压力一下子便凸显出来，帮孩子辅导课业、带孩子上各类辅导班需要父母投入大量的时间、精力和金钱，很多女性还会经历生育之后工作上的重新适应和调整，这一切都会使她们感到身心俱疲、难以应对，此时以往想生的意愿便会逐渐消磨殆尽。很多人生二孩主要是为了能让一孩有个伴，但如果两个孩子年龄相差较大，成长时难以互相为伴，成年后可能还容易陷入家庭纷争，这与想生的初衷是相悖的。所以，随着一孩年龄的增大，生育二孩的意愿趋于减弱。特别是当一孩成年后，绝大部分父母就完全断了生育二孩的念想。以下是几位受访女性的口述记录：

不想，太累了，都挺累的，带孩子挺累的，上班也挺累的，一边上班，一边带孩子就更累了。2015年就想，是因为当时孩子还小，没考虑那么多，现在孩子越来越大，面临的问题也越来越多，跟之前的想法肯定有改变。(103919)

不太想要，是因为跟一孩年龄相差太大。(102103)

现在孩子大了，都读高中了。主要想自由，不想让别人牵绊自己。不想让任何因素去打扰自己现在的生活。(106302)

过两三年吧。现在孩子比较小，家庭压力比较大，现在要不太合适。我有多囊卵巢，不容易受孕，如果35岁以前能怀孕，我就再要一个。我备孕时间要比别人长很多。今明两年我还是会做避孕，之后可能就会备孕。(109202)

孩子的祖父母或外祖父母的年龄越大，为孙辈提供照料的可能性越小，而自身因为健康原因需要被照料的可能性越大。母亲的年龄越大，相应地，祖父母或外祖父母年龄也会越大。比如，40岁的母亲，其父母往往在65岁以上，而照料小孩子需要充沛的精力、长久的耐心，这时，很多老年人都会感到心有余而力不足，这种情况也会严重弱化女性的再育意愿。在老龄化时代，老年人的寿命得以延长，而罹患各种慢性病的可能性也愈加提高。一个家庭在考虑生育二孩的时候，通常都会从家庭发展的总体情况进行通盘考虑。比如有的受访者就表示：

因为家里老人岁数太大了，老的老，小的小，顾不了两头（105515）。

以往的研究表明，有无老人帮忙照料是“想生而未生”的人实现“生”的重要影响因素。我们的调查发现，老人的照料主要是在婴幼儿时期发挥着重要作用，在上学之后，孩子的需求日益增多，日常生活起居方面的照料自然必不可少，但这时孩子在吃喝拉撒等方面已经具有一定的自主能力，相对而言，老人在这时发挥的作用开始降低了。伴随着孩子的社会化进程，学习和人际交往成为孩子面临的中心任务，此时，父母需要帮助辅导课业、给予人生指引、陪伴其共同成长，等等，而老人在这些方面大多都是爱莫能助的。面对孩子抚育和培养的沉重压力及负担，一些人再生一个的念头很容易就消磨殆尽。以下是某位受访者的描述：

2015—2016 年还想生，那时孩子还小，就觉得哄哄她也没什么，现在孩子上幼儿园中班，明年大班，后年开始上小学。现在孩子的课后班特别多，就得有一个人专门弄孩子，交给老人就有点不放心，照顾方面倒还行，但学习得自己来。（109207）

养育的高成本是当前人们不得不面对的现实问题。随着子女成长，特别是进入学龄期，其抚养和教育费用变得十分高昂，甚至有的人夸张地将它比喻成“无底洞”。这笔费用包括多个方面，比如，在孩子刚出生或上幼儿园的时候，很多父母就要筹划着购置学区房，因为在北京，大多数优质教育资源是依据户口和房产来进行分配的。面对这种稀缺难求的特殊资源，很多家庭都会不惜血本而为之一搏，因此近十几年来，北京的学区房一直炙手可热，价格之高，动辄 10 万～20 万元/平方米，完全超出了大多数人的想象。其次，在教育竞争日益激烈的时代，焦虑的家长们生怕自己的孩子输在所谓的起跑线上，因此在孩子很小的时候，就会陆续给他们报众多的各种补习班或辅导班，在休息日的时候，孩子们的日程表总是排得满满的，而此方面的花费又是相当不菲的。最后，为了让孩子尽早地开阔眼界、增长见识，父母会在寒暑假的时候送他们参加各种夏令营、冬令营，或者带到各地旅游，等等，这些都需要大小不等的开销。总而言之，为了孩子的教育，中国的父母总是不遗余力，甚至是不计成本的。以下则是一些受访者的自诉：

现在要一个孩子，和十年前要一个孩子情况都不一样了，经济呀，压力越来越大了。(104212)

因为孩子比较大了，发现用钱的地方比较多。意外怀孕也不会要。(101612)

养孩子太贵了，时间、精力成本。之前我们是双独，怎么都可以生二胎。现在孩子这么大，实在是太累了，每个月花太多钱了，这不，我们又陪他出去玩。(106605)

再生一个，得（购）置学区房，这个附加费用在北京太高了。如果没有孩子，你住哪都无所谓，一牵扯上学，你就得负担很多。刚开始我没要，是因为老人都不支持，没人给看，上班也没时间，我就这么停着。现在一看，教育这么一大块，可比之前的花费要多。对对，我一直想要。第二个孩子不能比第一个孩子差，要不会觉得不平衡，对不住第二个。就算提供同等的教育，还不说更好的，同期的受教育资源附加的努力太多。(105211)

2015年想生，现在不想生，没什么特殊的，压力太大，孩子得上各种培训班，这还用问吗？(103710)

暂时不想了。觉得现在压力太大了，上学费用高，还要报各种补习班。那个时候（2015年）孩子比较小，没有太高的花费，现在支出比较大，各方面花费，学区房什么的，刚换过房，面临各种各样的问题。(102013)

在养育方面，经济支出仅是一个方面，同时，父母还要投入大量的精力和时间，例如花费时间陪伴孩子、辅导课业、学习教育方法、设计孩子的培养方案，等等。对于很多家庭而言，只要孩子一出生，父母就与孩子牢牢地绑定在了一起，直到孩子离家读大学，才可能稍稍松口气。

近些年来，一些学者关注到了“专业母职”这样的角色，即女性放弃工作专门照管孩子。在现实生活中，有相当一部分女性都属于这种情形。可以说，她们为了孩子的成长和教育，一门心思地将自己的时间和精力全部投入进去，更有极少数人甚至做到了“全程陪护”，即：孩子到哪里就跟到哪里，孩子做什么就跟着做什么……

2017 年下半年，课题组负责人受天津市妇联等单位的委托开展一项有关“天津市已经生育二孩女性的职业发展状况”的调查。调查发现，对于在体制内工作的女性，生育二孩带来的影响尚且有限，工作和事业发展的连续性至少不会被打断；而对于在体制外工作的女性而言，生完孩子后暂时离职是很常见的事情，有些人甚至生了两次孩子，“被失业”两次，以至于很难重新回归到工作的正常轨道上。可见，生育是多么地耗人精力。

对于父母而言，特别是母亲，除了养育孩子，还有许多有价值、有意义、有成就感的事情要做，比如职场晋升、深造学习、享受生活，等等。但是，一旦生育了二孩，这一切都可能变成遥不可及的奢望，因此，很多人从想生到放弃，还是希望自己能够在生育养育之外能够做些别的有意义的事情。

健康的不确定性是人们不愿再育的又一个重要成因。家庭在做生育决策时，会充分衡量女性自身的身体状况。从优生优育的角度，怀孕对身体各方面机能的要求是很高的，随着年龄增长，女性罹患各种疾病的风险越来越高，特别是高血压、糖尿病等。女性的年龄超过 35 岁，便被认为是大龄产妇，孕育新的生命就相应面临较高的风险。例如一位受访者表示：

我今年 44 岁，我先生觉得我年龄太大了，生孩子会有危险。(109716)

另外，人们会考虑到孩子的健康状况。在被问道：“如果意外怀孕是否会生下这个孩子?”受访者往往先会考虑这个孩子的健康状况，如有人说：“如果健康就生下来。”由于现在抚养一个孩子的成本过于高昂，对于大部分的家庭而言，都非常担心孩子存在先天性的生理缺陷。如果因意外怀孕而生下存在生理缺陷的孩子，整个家庭都有可能因此陷入困境。

诚如前文所述，生育意愿是存在一定的区间范围的，为了进一步考察人们生育意愿的真实情况，我们还追问了一个问题：“如果意外怀孕是否会生下这个孩子?”如果受访者回答“不生”,便意味着她很坚定地不想再生育。如果回答“生”,这表明她的生育意愿并非确定不变的。之所以会改变原有的想法,很多人是出于对生命的尊重,自然不免会受生育政策氛围的影响。另外,有些人会比较重视胎儿的性别,甚至会因为性别而考虑生与不生,特别是那些已有一个男孩的家庭十分担心再生育一个男孩。以下是一些受访者的想法:

如果意外怀孕,顶着压力也得要,那毕竟是一个生命。(104212)

要是两小子就不划算了。(102305)

要是女孩就要,男孩就不要。(107709)

此外,在意外怀孕这个问题上,有些人会非常自信地认为那是不可能发生的,她们要么是已确认无生育能力,要么是自我规划、掌控能力非常强。当然,也有人回答“没想过”,不愿意进行选择。

4　生育政策的影响

2013 年推行“单独两孩”政策后,研究者非常关注双独、单独和双非三类家庭生育意愿的比较,并试图推断政策进一步调整之后生育水平是否会出现大幅度提升。2015 年推行“全面两孩”政策后,不分城乡、不分地区、不分民族,人人可以自主生育两个孩子,能否生育第二个孩子的权利从政府层面回归到家庭、个人。

“全面两孩”政策的实施有助于实现“想生”的夙愿。这主要体现在几个方面,一是有些人想生但之前不符合政策,不敢生,不能生,甚至意外怀孕之后需要做人工流产。政策调整之后,人们开始重新审视生育意愿和生育条件,真正想生的人便将生育意愿转化成生育行为;二是意外怀孕之后,如果此时倾向于想生,那么可以顺利地生下来,彰显出对生命的尊重;三是政策正式落地之后,一部分人生育了二孩,会对很多人产生示范效应,他们有可能也会生育二孩,进而在一定程度上改变中国自一胎化政策以来延续已久的家庭结构,即从“2+1”转向“2+2”。

然而遗憾的是,当阻碍生育二孩的藩篱拆除后,想生的比例非但没有增加,反而大幅减少。在“全面两孩”政策推行之前,人们知道有政策限制，不可能生育二孩，故而在被问及生育二孩的意愿时，往往想到的是生育二孩的益处，会回答“想生”。但是，当政策限制消失，生育二孩真的可以实现，人们既会考虑生育二孩的收益，也会考虑生育二孩可能付出的成本，因此，此时的回答更能真实地反映出受访者的生育意愿。政策调整之前，学者会认为调查得到的生育意愿是“政策生育意愿”，即人们要么不敢说真话，只能说生育政策容许的数量，要么在人们生育意愿的表达中已经潜移默化地内化了生育政策，按照生育政策来表达自己的生育意愿，所以调查得到的生育意愿可能低于实际意愿。事实上，恰恰相反，之前调查的结果可能高估了生育意愿。

5　性别偏好的影响

性别偏好在此特指父母对子女性别的偏好，主要有男孩偏好、女孩偏好和儿女双全。性别偏好属于意愿层面，意愿并非一定会转化为行为。有些人想生育男孩但却生育了女孩，并不会因此放弃、虐待女孩，一样会提供良好的教育资源和成长条件，而且不会再去生育一个男孩。只有落实到生育行为层面的性别偏好，才真正会对生育意愿转换成生育行为的过程产生影响、作用，所以本研究将关注重点放在生育行为上，即以结果为导向。

为探讨性别偏好是如何对生育意愿转化成生育行为这一过程产生影响和作用的，我们拟从几个方面展开：首先，考察已有一孩性别与再育意愿之间是否存在相关性，比较男孩家庭和女孩家庭再育意愿是否存在显著差异；其次，分析产生再育意愿和再育行为的缘由，考察性别偏好对再育意愿和再育行为的影响；再次，考察性别偏好是否存在，持有性别偏好的人是否会做出性别选择行为；最后，从两孩性别结构组合判断性别偏好是否在再育中发挥作用。

5.1　一孩性别与再育意愿

以往研究发现，一孩性别与再育意愿存在密切关系，一孩为女孩的家庭更有可能生育二孩（王广州，傅崇辉，2009）。在北京的 2015 年、2016 年、2019 年的三次调查结果均显示，一孩性别与再育意愿不存在相关性，男孩家庭和女孩家庭的再育意愿结构不存在统计上的显著差异，具体情况如表 12-12 所示。2019 年的调查结果显示，在想生、已生或将生的比例上，女孩家庭均高于男孩家庭，而在不想生的比例上，女孩家庭低于男孩家庭，但是二者并不存在显著差异。这表明，男孩偏好可能仍然存在，但是它在北京地区已经不是影响再育意愿及其转化为再育行为的重要因素。换句话说，性别偏好仅仅就是偏好而已，无关乎行为。

表 12-12　一孩性别与再育意愿　　单位:%，人

	比例					人数				
	不想生	没想好	想生	已生/将生	不能生	不想生	没想好	想生	已生/将生	不能生
2015 年										
男	54.9	24.9	20.3			554	251	205		
女	50.8	26.0	23.2			492	252	225		
	χ^2（2）= 3.759，P=0.153									
2016 年										
男	74.3	11.3	8.7	5.7		350	53	41	27	
女	70.0	14.1	10.4	5.5		303	61	45	24	
	χ^2（3）= 2.714，P=0.438									
2019 年										
男	77.8	6.1	3.2	12.5	0.3	242	19	10	39	1
女	72.1	5.8	3.6	17.4	1.1	199	16	10	48	3
	χ^2（4）= 4.309，P=0.366									

5.2　性别偏好与再育意愿及行为

2016 年调查时，我们向想生、孕中和已生的被访者询问了生育二孩的缘由。如表 12-13 所示，在想生的人中，首要原因是希望孩子有个伴，个案百分比为 67.4%，其次是喜欢孩子，个案百分比为 26.7%，最后为满足长辈意愿，个案百分比为 5.8%，想生女孩和想生男孩的个案百分比分别仅是 2.3% 和 1.2%。可见，人们因性别偏好而产生再育意

愿的可能性非常小，再育的主要原因就是为使孩子有个成长的伙伴。

在已生和孕中的人中，首要原因仍然是希望孩子有个伴，个案百分比为40.4%，其次是怀上就要了，个案百分比为19.2%，紧随其后的是喜欢孩子，个案百分比为17.3%。需要特别说明的是，无一人是因为想生女孩或是想生男孩而生育二孩。由此可见，性别偏好虽然存在，但人们不会因此就形成生育二孩的意愿，更进一步地，它更不太可能促使再育行为的发生。

表 12-13　2016 年再育意愿与再育行为的缘由　　单位：人，%

	想生			已生/孕中		
	人数	个案百分比	秩	人数	个案百分比	秩
希望孩子有个伴	58	67.4	1	21	40.4	1
喜欢孩子	23	26.7	2	9	17.3	3
满足长辈意愿	5	5.8	3	1	1.9	10
经济上可以负担	4	4.7	4	5	9.6	5
政策允许	4	4.7	4	6	11.5	4
年龄比较合适	3	3.5	6	2	3.8	8
看别人生了二孩，没有想象中的那么难，就也想要了	3	3.5	6	3	5.8	6
有人可以帮忙带孩子	2	2.3	8	2	3.8	7
满足丈夫意愿	2	2.3	8			
想生女孩	2	2.3	8			
生育对个人事业发展没影响	1	1.2	11	2	3.8	8
想生男孩	1	1.2	11			
怀上就要了				10	19.2	2
个案数	108			61		

5.3　性别偏好与性别选择

2019 年调查时，我们向正在怀孕和已经生育二孩的被访者询问了几个问题：(1)“生育二孩前，您希望孩子是什么性别”；(2)“生下来之前，您知道孩子的性别吗”；（3）“如果在孕期发现孩子性别与你理想的不一致，你会怎么办”。如表 12-14 显示，大部分人表示对子女性别并无偏好，占 53.0%，强偏好比例（即只要某一性别）为 37.4%，弱偏好比例（即最好是某一性别）为 9.6%，前者明显高于后者，女孩偏好比例高于男孩偏好，两者分别为 28.9% 和 18.1%。在产前，有 24.1%的人知道孩子性别，75.9%的人表示不知道孩子性别，是否知道孩子性别与性别偏好无关。当发现所怀孩子与理想性别不一致时，异口同声回答“生下来”，无一例外。

由此表明，从 2015 年到 2019 年，在北京户籍家庭中，人们仍然存在明确的性别偏好。不论是偏好男孩还是女孩，抑或是没有偏好，其中总有一些人都想在生产之前知道孩子的性别，在拥有不同偏好的人群之间，知道性别的比例不存在显著差异。政府部门明令禁止做胎儿性别鉴定，主要是防止某些人知道胎儿性别后会进行人工性别选择，但在北京地区，人们之所以想提前知道胎儿的性别，主要是为迎接新生儿做好准备工作。不论是男是女，只要胎儿是健康的，人们都会生下来。知晓目的并非要做人工性别选择，即便发现实际性别与理想性别不一致，也依然会生下来。

表 12-14　2019 年已生、将生人口的性别偏好与产前性别知情情况

单位：人，%

	性别偏好		性别偏好与产前性别知情			
			人数		比例	
	人数	比例	知道	不知道	知道	不知道
只要男孩	11	13.3	2	9	18.2	81.8
只要女孩	20	24.1	6	14	30.0	70.0
最好是男孩	4	4.8	2	2	50.0	50.0
最好是女孩	4	4.8	0	4	0.0	100.0
无所谓	44	53.0	10	34	22.7	77.3
总计	83	100.0	20	63	24.1	75.9
			χ^2（4）= 3.374，P=0.497			

5.4 两孩性别结构

如果人们仅是持有性别偏好，但是不将其转化为具体的生育行为，那么性别偏好对总人口的出生性别比是不会造成影响的。即便是性别偏好转化成生育行为，如果各种偏好能够均匀地转化并互相抵消，那么性别偏好也不会导致总人口出生性别比失常。只有当某一种偏好集中、大量地转化为生育行为时，这时，总人口出生性别比才会出现问题。如前所述，出生性别比失衡在中国家庭的子女构成方面表现为，一孩为女孩且二孩为男孩的比例远高于男男、女女和女男等3种组合。表12-15的结果显示，2016年、2019年时，在已生育二孩的家庭中，女男组合的比例并未明显高于其他3种组合，甚至还低于其他组合，这再一次证明北京户籍家庭并未因男孩偏好而做出性别选择行为，同样地，也不会因女孩偏好而做出性别选择行为。

表12-15　两孩性别结构　　单位：人，%

	2016年		2019年	
	人数	比例	人数	比例
男男	7	23.3	19	27.5
男女	11	36.7	13	18.8
女男	3	10.0	18	26.2
女女	9	30.0	19	27.5
总计	30	100.0	69	99.9

6　个体因素的影响

在本节中，我们将从受教育程度、户籍所在地、工作状况和家务等方面考察生育意愿与生育行为不一致的差异性。考虑到表述的便利，我们对一些类别名称做了简化处理，例如，“不想生-不想生且未生”简写为“不想生-不想生”，“不想生-想生、已生、将生”简写为“不想生-想生”，“想生-想生、已生、将生”简写为“想生-想生”，“想生-不想生且未生”简写为“想生-不想生”。下文将使用简化后的类别名称。

6.1 受教育程度

调查显示，受教育程度越高越有可能生育二孩，受教育程度不同的人群之间生育意愿和生育行为存在显著差异。其中，“想生-不想生”比例均高于“不想生-想生”比例，随着受教育程度的提高，二者之间的差异缩小。

如表12-16所示，与大专本科、硕士博士相比，高中及以下的人从想生转变为不想生的比例最高，占26.7%，而不想生转变为想生或将生及已生的比例最低，仅占4.3%，坚持想生并且付诸行动的比例也最低，仅占6.9%，简而言之，近九成的高中及以下的人不想生，“想生-不想生”是“不想生-想生”的6.2倍。

与之相反，与高中及以下、大专本科相比，硕士博士中“想生-不想生”的比例较低，为18.8%，“不想生-想生”比例最高，为7.1%，前者是后者的2.7倍；在高中及以下（6.2倍）、大专本科（3.6倍）、硕士博士（2.7倍）三类中，硕士博士相差最小。硕士博士“想生-想生”的比例最高，“不想生-不想生”的比例最低。大专本科介于高中及以下和硕士博士之间。

表12-16 分受教育程度的生育意愿和生育行为 单位:%，人

	不想生-不想生	想生-想生	不想生-想生	想生-不想生	样本量
高中及以下	62.1	6.9	4.3	26.7	116
大专本科	64.8	11.2	5.2	18.8	250
硕士博士	42.9	31.0	7.1	19.0	42
总计	61.8	12.0	5.1	21.1	408
χ^2（6）=20.952，$P=0.002$					

6.2 户籍所在地

在2015年1%全国人口同样调查时，我们设定的调查范围为夫妻双方中有一方户籍在北京的家庭。到2019年时，部分受访者或其配偶的户籍有迁往境外或外省市的可能性。调查结果显示，此时夫妻户籍均在

北京的占81.6%，夫户籍在而妻户籍不在的占12.0%，妻户籍在而夫户籍不在的占5.9%，夫妻户籍均不在的占0.5%，此类人数过少，暂且不予考虑。如表12-17所示，前三类受访者的生育意愿和生育行为之间存在显著差异。

夫妻户籍均在北京的家庭生育二孩的可能性最小，“不想生-想生”和“想生-想生”的比例分别占4.8%和7.5%，合计占12.3%。“想生-不想生”的比例为23.7%，远高于“不想生-想生”的4.8%，前者是后者的4.9倍。

夫户籍在而妻户籍不在的家庭生育意愿和生育行为保持一致的比例最高，“不想生-不想生”和“想生-想生”分别占61.2%和30.6%，合计占91.8%，不一致的仅占8.2%，其中，“不想生-想生”和“想生-不想生”各占一半。

妻户籍在而夫户籍不在的家庭生育二孩的可能性最大。与另两类家庭相比，想生并继续想生或是已生、将生的比例最高，占33.3%，不想生转化成想生或是已生将生的比例也最高，占12.5%，二者合计为45.8%，这个比例是夫妻户籍均在的（12.3%）3.7倍。同时，此类家庭生育意愿和生育行为不一致的可能性也最大，占33.3%，其中，“想生-不想生”比例为20.8%，而“不想生-想生”比例为12.5%，前者是后者的1.7倍。

表12-17　分户籍所在地的生育意愿和生育行为　　单位：%，人

	不想生-不想生且未生	想生-想生已生将生	不想生-想生已生将生	想生-不想生且未生	样本量
夫妻均在	64.0	7.5	4.8	23.7	333
夫在妻不在	61.2	30.6	4.1	4.1	49
妻在夫不在	33.3	33.3	12.5	20.8	24
夫妻均不在	50.0	50.0	0.0	0.0	2
总计	61.8	12.0	5.1	21.1	408
χ^2（9）= 45.729，$P=0.000$					

6.3　工作状况

对于职场女性而言，生育孩子之后往往要面临家庭与工作平衡、协调的难题。因此，女性的工作性质和状况也会影响到她们的生育意愿和行为。2019 年调查时，我们询问了这样一道题目："您在工作的同时是否可以兼顾照料孩子？"统计分析表明，与不能兼顾的人相比，能够兼顾的人出现生育意愿和生育行为不一致的可能性更大，即更有可能出现"不想生-想生"（8.3%），也更有可能出现"想生-不想生"（33.3%），两项合计占 41.6%，而对于不能兼顾者，此两项的合计比例为 24.9%。与此同时，能够兼顾的人也更有可能生育二孩，其中，"想生-想生"比例为 11.7%，"不想生-想生"比例为 8.3%，两项合计为 20.0%，而对于不能兼顾者，此两项的合计比例为 14.6%。具体情况如表 12-18 所示。

表 12-18　工作的同时是否可以兼顾照料孩子与生育意愿、生育行为的关系

单位:%，人

	不想生-不想生	想生-想生	不想生-想生	想生-不想生	样本量
可以	46.7	11.7	8.3	33.3	60
不可以	64.4	10.7	3.9	21.0	281
总计	61.3	10.9	4.7	23.2	341
χ^2（3）= 7.891，$P=0.048$					

调查还发现，"工作任务适中，按时上下班"的人最有可能生育二孩，其中，"想生-想生"和"不想生-想生"的比例各占 15.3% 和 5.1%，两项合计 20.4%。而那些工作繁忙的人更有可能"不想生-不想生"，更不可能出现"不想生-想生"。而那些工作相对轻闲的人更有可能出现生育意愿和生育行为不一致现象，即更有可能出现"不想生-想生"（9.3%），也更有可能出现"想生-不想生"（41.9%），两项合计为 51.2%。换而言之，工作繁忙的人从一开始就不太想生，并且其生育意愿和生育行为会保持一致，即一直不想生且不会生；工作任务适中的人更有可能生育二孩；工作相对轻闲的人更有可能出现生育意愿与生育

行为不相一致的情况，即开始想生的比例高，之后转化成不想生的比例也较高。详细情况如表 12-19 所示。

表 12-19　工作忙碌程度与生育意愿、生育行为的关系　　单位:%，人

	不想生-不想生	想生-想生	不想生-想生	想生-不想生	样本量
很忙，经常需要加班加点	63.3	13.3	5.0	18.3	60
有时忙，偶尔需要加班	72.0	7.6	2.3	18.2	132
工作任务适中，按时上下班	55.1	15.3	5.1	24.5	98
工作很清闲，根本不需要加班	44.2	4.7	9.3	41.9	43
总计	61.9	10.5	4.5	23.1	333
χ^2 (9) = 22.547, $P=0.007$					

6.4　家务分工情况

家务分工情况也会显著地影响受访者或其家庭的生育意愿和生育行为。如表 12-20 所示，在家庭内部，夫妻都不做家务，家务由老人或保姆承担，那么此类家庭最有可能生育二孩，其中，“想生-想生”和“不想生-想生”的比例各占 18.9%和 11.3%，合计为 30.2%。同时，此类家庭出现“不想生-想生”的可能性最高，比例占 11.3%，而出现“想生-不想生”的可能性却是最低的，比例占 9.4%。特别值得一提的是，在根据家务分工区分的类别之中，它也是唯一的“不想生-想生”比例高于“想生-不想生”比例的一组。

丈夫做家务的家庭生育二孩的可能性是最低的，仅为 11.2%，相应地，此类家庭最有可能出现“想生-不想生”，比例为 44.4%。相对而言，夫妻平分做家务的家庭最有可能出现“不想生-不想生”，比例为 71.2%；妻子做家务的家庭出现“不想生-想生”的可能性最低，仅为 3.6%；而妻子和老人共同承担家务的家庭坚持“想生-想生”的可能性最大。

表 12-20　家务分工情况与生育意愿、生育行为的关系　单位:%，人

	不想生-不想生	想生-想生	不想生-想生	想生-不想生	样本量
妻做	59.1	10.9	3.6	26.4	193
夫妻平分做	71.2	9.0	4.5	15.3	111
夫做	44.4	5.6	5.6	44.4	18
夫妻均不做	60.4	18.9	11.3	9.4	53
妻和老人做	57.6	21.2	6.1	15.2	33
总计	61.8	12.0	5.1	21.1	408
χ^2（12）= 26.794，$P=0.008$					

6.5　无序多分类 Logistic 回归

以 2015 年和 2019 年生育意愿与生育行为为应变量，本人年龄、受教育程度、户籍所在地、工作状况和家务分工情况等为自变量，拟合无序 Logistic 回归模型，结果如表 12-21 所示。以“想生-不想生”为参照类，用“不想生-不想生”“想生-想生”和“不想生-想生”与之进行比较。通常，满 35 周岁即被认为是高龄产妇。因此，这里以 35 岁为界将本人年龄划分为两组：34 岁及以下和 35 岁及以上。夫妻户籍均不在北京的情况仅有 2 例，姑且忽略不计，以夫妻户籍均在北京为参照类。由于工作忙碌程度和工作时能否照顾孩子这两个变量存在多重共线性，故选取工作忙碌程度变量纳入模型。

模型结果显示，在控制了其他变量的情况下，本人年龄是想生及已生或将生的主要影响因素，即年轻的受访者比年龄大的更有可能想生及已生或将生。34 岁及以下与 35 岁及以上相比，“不想生-想生”是“想生-不想生”的 15.1 倍，“想生-想生”是“想生-不想生”的 5.9 倍。

高中及以下的人发生“想生-不想生”的可能性比“想生-想生”的可能性更高，相对于拥有硕士博士学历的人，前者的这种趋势更显著，更确切地说，就是受教育程度低的人更不可能生育二孩，而受教育程度高的更可能生育二孩。

相对于夫妻户籍均在北京的家庭，丈夫户籍在北京而妻不在的家庭保持生育意愿和生育行为一致的可能性显著大于出现“想生-不想生”的可能性，其中，“不想生-不想生”是“想生-不想生”的 5.5 倍，

“想生-想生”是“想生-不想生”的11.0倍。

工作清闲比工作适中，比“不想生-不想生”和“想生-想生”更有可能发生“想生-不想生”。家务分工情况也是影响再育意愿和行为的一个重要因素，夫妻均不做比妻子做的家庭更有可能生育二孩，两者相比，“不想生-想生”和“想生-想生”分别是“想生-不想生”的7.0倍和3.8倍。此外，夫妻平分做家务的家庭与妻子做的家庭相比，“不想生-不想生”是“想生-不想生”的2.4倍，即从始至终，这样的家庭都更有可能选择不生育二孩。

表 12-21　生育意愿和生育行为的无序 Logistic 回归模型

	不想生-不想生			想生-想生			不想生-想生		
	回归系数	标准误	发生比	回归系数	标准误	发生比	回归系数	标准误	发生比
截距	-0.3	0.6		-0.8	0.8		-2.2*	1.1	
本人年龄（参考：35岁及以上）									
34岁及以下	1.1*	0.5	2.9	1.8**	0.6	5.9	2.7***	0.7	15.1
受教育程度（参考：硕士博士）									
高中及以下	0.6	0.6	1.8	-1.9*	1.0	0.2	-1.2	1.1	0.3
大专大本	0.7	0.5	1.9	-0.8	0.6	0.5	-0.9	0.9	0.4
户籍在京（参考：均在）									
妻在夫不在	-0.8	0.7	0.5	0.7	0.8	2.0	-0.9	1.3	0.4
夫在妻不在	1.7*	0.8	5.5	2.4**	0.9	11.0	1.6	1.1	5.2
工作忙碌程度（参考：适中）									
忙	0.5	0.3	1.7	-0.4	0.5	0.6	-0.6	0.7	0.5
闲	-0.8!	0.4	0.4	-1.5!	0.9	0.2	0.1	0.8	1.1
家务分工情况（参考：妻做）									
夫妻平分	0.9*	0.4	2.4	1.0	0.6	2.6	1.2	0.8	3.4
夫做	-0.9	0.6	0.4	-0.9	1.3	0.4	-0.5	1.3	0.6
夫妻均不做	1.0!	0.6	2.7	1.3!	0.7	3.8	1.9*	0.9	7.0
妻和老人做	0.6	0.6	1.8	1.3!	0.8	3.8	1.9!	1.1	6.9
参考类别是想生-不想生									
Nagelkerke $R^2=0.293^{***}$									

注：! -$p<0.1$，* -$p<0.05$，** -$p<0.01$，*** -$p<0.001$

7　结论与讨论

从“想生”转变为“不想生”是生育意愿与生育行为不一致的主要表现。2015 年、2016 年和 2019 年在北京进行的三次追踪调查结果显示，“全面两孩”政策推行后，虽然人们可以自主地选择是否生育第二个孩子，但结果却是，更多的人明确表示不打算生育二孩，不想生二孩的比例从 2015 年的 52. 9%上升至 2016 年的 72. 2%。基期调查时，表示“没想好”的人，其中的多数也会随着时间的推移，自然而然都会做出某种选择，即：生了或者不想生了。截至 2019 年，如果剔除“没想好”的情况，坚持不生的比例最高，共计占 62. 1%，坚持生或想生仅占 11. 7%，生育意愿和生育行为保持一致的这两类累计占 73. 7%，而在生育意愿和生育行为不相一致的受访者中，从想生转变为不想生的人居多，占 21. 2%，而从不想生转变为已生或想生的仅占 5. 0%。

根据调查，我们可以推断得出 2015 年时已育一孩妇女的生育意愿结构大致为想生：没想好：不想生＝1：1：2。仅从意愿层面来讲，当时表示想生二孩的人并不在少数。然而到 2019 年时，仅有 16. 2%的人生育了二孩，这部分人包括了以前想生、没想好和不想生的不同类别。在本报告中，我们着重分析了从“不想生”到生了的发展变化情况，探讨了这部分人生育意愿发生转变的影响因素，其中，第一个孩子的年龄和受访者对于新生命的态度和认识显得非常重要。如果第一个孩子年龄过小或过大，女性生育二孩的可能性都比较低，一方面，母亲需要投入大量的精力照料第一个孩子，无暇顾及再育的事情，从而造成生育二孩意愿较低；通常，一孩在 4～7 岁时是女性生育二孩意愿较强的时段，如果孩子的年龄超过了这个时段，那么再育的意愿便会大打折扣，因为女性自身的年龄也会有些偏大，并且，生二孩为了让老大有个伴，这个目的基本已经不存在了，两个孩子年龄相差太大的话，是难以互相成为成长的伙伴。另一方面，“全面两孩”政策的实施，不仅赋予人们选择生育的权利，同时也使得更多的人开始重新考虑和反思生命初期的意义，尤其是在意外怀孕之后，人们不再是想当然地进行人工流产，越来越多的人会考虑顺其自然地生下来。

本研究中，我们还对想生但却没生的情况进行了细致的探究，结果发现，随着时间的延长，当初表示想生的人其生育意愿大致会出现5类趋向，按照意愿由弱到强依次是：坚决不要、顺其自然、想又不想（犹豫不定）、想要但不能受孕、想要但不着急。其中，前两类几乎占了九成。更进一步分析发现，其实当初想生但一直没生的人，大多数很可能也就生不出来了。那些坚决不要的人自不必说，被动接受或顺其自然的那部分人如果一直都采取有效的避孕措施，那么受孕、生二孩的可能性是极其小的。

另外，我们还从定性的角度分析了影响生育意愿转变、生育意愿转化为生育行为的几个重要因素，即年龄、养育成本和健康状况。这些因素中的任何一个，其涉及的范畴都不是单一的，而是多元化的。第一个因素是年龄，它不是指某一个人的年龄，而是包括母亲、第一个子女和祖/外祖父母等几方的年龄。这几方年龄所形成的具体作用和影响各不相同，但彼此之间存在着特定关联性，同步增长，共同合力促成了生育意愿的变与不变及其向生育行为的转化。第二个因素是养育成本，尤其是时间精力成本是人们首要考虑的。在当下，中国人的生活价值观正发生着前所未有的改变，其个体价值实现的途径日益多元化，与年老的一辈相比，人们已经越来越不愿意再为孩子而活，而是更多地希望为了自己而活，在他们看来，生育和抚养孩子仅是生活的一部分而已，因此没有必要在此方面倾其一生的全部。或许在经济消费方面，为人父母都可以优先保障孩子的需求，但在时间精力方面，很多人都是希望能够给自己预留一部分可支配的自由和空间。第三个因素是健康状况，它亦是与年龄息息相关的，不论是女性本人还是家中的老人，都是如此。

在个体特征层面，受教育程度越高越有可能生育二孩，能够将想生的意愿落实到行为，这与以往的认识有所差异。也从侧面反映出现如今处于不同社会阶层的人们，其生育意愿和生育行为都已经发生了较大的改变。这同时也提醒我们，社会在发展，时代在变化，有必要对原来的研究认知重新进行一番新的检视。调查还发现，工作过于忙碌或过于清闲的人都更不可能生育二孩，恰是工作强度适中的女性更有可能生育二孩。课题负责人开展的另一项调查也表明，如果女性能够很好地平衡家庭和工作，则更易于选择生育二孩。一心忙于工作和事业女性顾不上考虑生育二孩的事情，但工作清闲的人为什么也不愿意生呢？可能是她们已经习惯于轻松的生活，而选择生育二孩无异于自讨苦吃。而工作强度适中的女性可能更加易于和善于处理家庭与工作的关系。同时，家务劳动分工也是影响再育意愿和行为的一个重要因素，夫妻均不做家务比妻子做家务的家庭更有可能生育二孩。夫妻均不做家务的家庭所占的比例相对较少，一种可能是家里的老人可以帮忙操持一切，另一种可能是家庭经济比较富裕，能够雇得起保姆和家政服务人员。

以上仅是从家庭层面和个人层面对影响生育意愿与生育行为的一些重要影响因素进行了解释性的描述和分析。在现实之中，虽然那些过去真正想生而被限制的人现在可以自由地生育二孩了，但人们在进行生育决策和规划的时候，还是会充分权衡各种主客观因素，这时，更多的人放弃了原来的想法，转变为不想生，这与政策出台之前一些人的担忧大相径庭。

在报告中，我们也关注到性别偏好对于生育意愿和行为的影响。现在，越来越多的研究者已经认识到，性别偏好本身不一定就是一个贬义色彩浓厚的名词，在社会之中，只要人们不重男轻女、不进行人为的性别选择，有没有性别偏好其实影响并不是很大。生育观念发生了重大变化，生育二孩的动机从传统的传宗接代转变为孩子生孩子（风笑天，2018），正是这一根本性的转变导致人们不会在生二孩时选择某一性别的孩子。我们相信，伴随男女平等理念的深入人心以及女性经济社会地位的不断上升，在不久的将来，出生性别比也会趋向自然均衡。

综上所述，通过一次基期调查和两次追踪调查，我们基本掌握了北京市户籍家庭生育意愿变化以及从生育意愿落实行为的基本情况。政策调整前后，有部分北京户籍居民的生育意愿发生了改变，但并不是因政策放开，变得想生二孩，而是恰恰相反，越来越多的人不想生育二孩。在实际层面，真正生育二孩的人所占当初想生二孩总数的比例也是相对较低的，这种现象应当引起政府部门和社会各方的重视。

此外，这里我们还想提出一个问题，假设没有“全面两孩”政策，人们的生育意愿和生育行为还会出现类似的变化吗？我们猜想，结果可能也是如此。因为政策的出台对生育整体性的文化氛围所形成的影响和冲击比较有限，这种力量还不足以改变生育意愿与生育行为不一致的客观发展规律。

本章内容是本研究的终篇，在这里，我们从一种纵向的、历时性的视角出发，梳理、分析了生育意愿变化的脉络和过程，也探究了生育意愿落实到行为的种种趋势和结果，由此也基本展示出生育意愿和生育行为发展趋势中所蕴含的一些规律性特点。尽管所有的调查数据均是来自北京地区，北京市的户籍居民无法代表全国人民，但这项研究在一定程度上还是可以为我们重新认识生育意愿向行为转化的内在特征以及生育水平为何、如何变化等问题提供参考和借鉴。

附章1 生育二孩：在理想与现实之间

中共十八届五中全会提出了全面实施一对夫妇可生育两个孩子的政策，此项政策立即引发社会各界热议。全面放开二孩政策后，人们是否会选择生育第二个孩子？在理想与现实之间，人们的实际行为又会受到哪些因素的影响？这些显然已成为当前亟待探讨的问题。早在2015年6月，笔者所在课题组进行了一项关于“北京民众当前生育意愿和行为”的调查，调查访问形式为计算机辅助电话调查（CATI），以在北京市家中或工作单位有固定电话、年龄在20~50岁的成年人作为访问对象。此次调查共获得有效问卷1 201份，被访者平均年龄31.6岁（标准差为8.8），男性占49.5%，女性占50.5%。

1.73.2%的被访者认为理想子女数为两个

当被问及“您认为幸福美满的家庭最好有几个孩子”时，73.2%的被访者认为“2个最好”，19.4%的被访者认为“1个最好”，4.8%的被访者认为“3个及以上最好”，还有2.6%的被访者认为“没有孩子最好”。据此推算，北京居民平均理想子女数为1.8个，标准差为0.6。

总体看来，理想子女数与被访者的婚育情况直接相关，与其他特征的关联并不明显，如性别、出生年代、居住地区和户口所在地等因素。单从婚育角度而言，未婚人群的理想子女数明显高于已婚人群。理想子女数或多或少地都会受到人们所处具体生活状态、阶段的影响，如大多数未婚人士总是会对幸福家庭的重要纽带——孩子充满憧憬，而已婚人士则可能会更多地面临工作、养家的实际压力，因此会优先考虑能否养得起。同时，不同类型家庭的理想子女数也存在差异，“男非女独”家庭期望有两个孩子的比例最高，“男独女非”家庭的期望值次之，“双独”家庭的理想子女数最少。人们以往的家庭成长经历往往会对其理想子女数产生直接影响。对于拥有兄弟或姐妹的大多数人而言，他们深知亲缘同伴的重要性。因此，更希望拥有1个以上的孩子。而对于“双独”夫妻而言，他们难有类似的体验。一部分人可能无法认识到“兄弟姐妹”的意义和重要性，因此理想子女数会相对少一些。

我们还询问已生育子女的被访者“您对现有孩子数目满意吗?”结果显示，七成以上的人表示满意。不过，拥有不同数量孩子的被访者，其满意状况存在显著差异，如拥有2~3个孩子的人满意程度最高，这部分人群中95.0%的人表示满意，而对于仅拥有1个孩子的人，其满意程度却出现了明显下降，其中有32.4%的人表示并不满意。

结合相关的访谈资料，我们还发现，对相当多的中国人而言，拥有两个孩子是较为理想的数量。当然，也有一部分人认为拥有1个孩子就够了。相比之下，不愿意生育孩子和希望拥有3个及以上子女的家庭并不算太多。可见，以往那种多子多福的传统观念正日益改变。

2. 生育理性使得多数人不生育二孩

如前所述，大多数受访者的理想子女数是两个，那么他（她）们真的会生育两个子女吗?在现实生活中，人们在生育问题上会表现出更多的理性，他们会根据自身的家庭状况和经济能力作出更合理的决定。在调查中，我们向已有一个子女的被访者询问了其生育二孩的计划，结果表明，有84.6%的人表示不打算生，仅有15.4%的人说有此计划。值得注意的是，在打算再生的被访者中，明确表示计划再生一个的人数比例61.2%，想生但尚未列入计划的为35.8%，而仅有3.0%的人坦承目前已经怀有第二个孩子。

客观而言，是否打算生育第二个孩子不仅与个人特征有关，还与家庭特征息息相关。研究发现，性别因素的影响有限，男性与女性的再育意愿不存在显著差异。然而，年龄是关键性因素，如在已有1个孩子的家庭中，20~29岁年龄段的人有近一半打算再育，30~39岁年龄段打算再育的人减少至1/5左右，40岁以上希望再育者的比例则不足5%。这一结果不难理解，因为生育年龄是先天性的制约条件。

此外，认为理想子女数为1个的被访者几乎不打算再育，认为理想子女数为两个的仅有约1/5的人打算再育。大体上，“双独”和“单独”家庭更倾向于再生育一个孩子，而“双非”家庭打算再育的比例不足前者的一半。通过访谈了解到，现行政策是限制“双非”家庭打算再育的直接因素，此外，年龄偏大也是促使他们放弃再育的重要原因。从居住地来看，分布于城市与农村被访者的再育意愿不存在显著差异。若是分户籍来看，非京籍者明显比京籍者更希望再育。

综上，20~29岁年龄段的人群以及“单独”或“双独”家庭，由于在生理、政策等层面具备相应的条件，因而他们更有资本向往再生育一个孩子；同时，那些认为理想子女数为两个且已生育1个子女的非京籍人群（即流动人口）更有可能计划生育第二个孩子。

对一孩家庭生育意愿与计划的调查数据分析发现一个颇为有趣的现象：认为一个家庭理想子女数为两个的比例可以达到70.5%；如果落实到实际，有32.3%的人表示对现有1个孩子的数目并不满意——希望生育多个孩子，其比例不及前者的一半；在更进一步地涉及未来的再育计划时，仅有15.4%的人表示打算再生育，比例又减少了一半。可见，理想与现实似乎存在某些差距，看似存在矛盾的表象，事实上却反映出生育观念变迁的实质及其复杂性。对于大多数人而言，生育就是一种现实性的选择，而当前，人们似乎已经习惯于接受1个孩子。

在打算生育第二个孩子的人群中，“1个孩子太孤单，2个孩子有个伴”是首位原因，占52.6%；其次是“喜欢孩子，喜欢大家庭”，占31.6%；最后是“希望儿女双全，凑个‘好’字”，占7.0%；因为符合国家单独二孩政策打算再生育的占7.0%；持从众心理的仅占1.8%。从中可以看出，人们在选择是否生育第二个子女时，还是比较理性的，出发点主要是精神层面，多从孩子和个人角度考虑。

在不打算再生育的人群中，年龄大是主要原因，占22.8%，这部分人大多年龄超过36岁。由于经济原因的占19.9%，一些受访者表示“北京生活压力太大，现在家庭经济条件也一般”“想要但是养不起”“目前养一个孩子已经很吃力了，如果经济条件好一些，可能会考虑再生一个”。不符合当时政策条件的占17.9%，但现在政策全面放开，可能有些人会考虑生育二孩。还有些人感觉“一个够了，不想要第二个”，占15.4%。“抚养孩子太累、负担重”也是一个重要原因，占13.1%。可见，人们之所以不打算再生育，主要还是现实条件、客观因素所限，而政策因素的影响其实在先前就已经不再是主要原因了。

3.52%的被访者认为生育二孩能提升幸福感

我们还特意针对不同子女数量的预期效应进行了调查、测量。结果表明，65.6%的人认为，等到孩子均成年后，其本人的社会经济地位并不会因多一个孩子而获得提升；有27.1%的人则认为，在未来，拥有两个孩子会比1个孩子更有可能提高其经济地位；当然亦有7.2%的人认为，如果多1个孩子的话，将来的经济地位还会下降。与上述情况相类似，75.5%的人认为自己将来的受尊重程度不会因孩子数量的不同而有所差异，仅有23.2%的人认为拥有两个子女会比1个子女使自己的受尊重程度提高，当然，还有极少数人（约1.3%）正好持相反的观点。在幸福感上，选择“有两个子女会比只有1个子女让人感到更幸福”的比例达到了52%，表示“感觉一样”的比例为41.4%，而表示“会更不幸福”的比例相对较低，仅占6.7%。

不难理解，大多数人还是相信，即便多生1个孩子，他们未来的社会经济地位并不会因此而发生太大的改变；倒是在幸福感的评价方面，超过一半的人认为多1个孩子会感到更幸福。伴随我国社会的快速转型，现如今人们对于子女的价值定位、期望都已经发生重大的改变，作为新生一代的父母，他们不会也难以指望自己的孩子在长大成人后，为自己带来一些经济收益或其他社会资本，因此子女数量的多少显得不再那么重要，但在精神慰藉和幸福回馈方面，或许多生1个孩子还是具有显著意义的。

值得一提的是，我们进一步考察了幸福感、经济状况和照料三方面对生育二孩意愿的影响。调查结果显示，在理想层面，人们希望拥有两个孩子，主要基于幸福感和经济状况两方面的考虑。例如，如果有人预期有2个孩子比1个孩子更幸福，就更有可能希望生育两个，反之则亦然；主观上认为自己能够养得起的人比养不起的人更期望生育第二个孩子，但能否养得起都是基于自我感受的判断。谈及是否打算生二孩时，除了幸福感和经济因素存在显著影响外，老人能否帮忙照料二孩也存在显著的影响，如果老人能照料得越多，打算生育二孩的可能性越大。总之，大多数公众的生育观念已经发生了根本性转变，他们的选择更加务实并趋向于理性化、个性化。

附章2　落实“全面两孩”关键在完善配套服务

“全面两孩”政策惠及我国千千万万个家庭，但这项政策能否取得良好的成效，关键还在于配套公共政策的完善。那么，在公共服务方面，人们有哪些具体需求？政府配套政策又该如何跟进？

2015年年底，笔者所在课题组在天津市的8个区县各抽取了1个典型社区进行问卷调查。访问对象为年龄在20~49岁、有配偶、至少已生育1个子女、在天津市居住半年及以上的女性居民，最终共获得有效样本482份。通过数据分析，我们对当前人们在“全面两孩”政策实施后公共服务方面的期待及需求形成了初步认识。

1. 生殖保健等方面的服务是再育女性最为关切的需求

在孕前检查方面，早在2010年4月，国家人口计生委与财政部联合印发了《国家免费孕前优生健康检查项目试点工作的通知》。然而，被访者对“国家免费孕前优生健康检查”的知晓率为54.1%，其中，仅有27.2%的人进行过检查。与此形成鲜明对比的是，再育女性都非常重视孕前检查，其中，她们对“妇科病检查”的需求最强烈，有近70%的人选择了这一项；其次是“孕前健康检查和咨询”，有63.5%的人希望获得此项服务。

调查表明，已有1个子女并计划生育第2个子女的女性，其平均计划再育年龄为32.1岁。正因为这样，有一半多的女性都希望在再孕前能获得高危妊娠和高龄妊娠的指导咨询。同时，由于43.2%的女性在生产第1个孩子时进行了剖宫产，对她们而言，再育性的剖宫产指导亦是一项重要的需求。调查也发现，如果选择再育的话，有25.5%左右的女性需要取出宫内节育器（取环），还有17.3%的人需要复通输卵管或输精管，7.1%的人需要取出皮下埋植剂。可见，生殖保健方面的服务与指导是再育女性在孕前最为关切的需求。

孕检模式上，在天津，女性孕期检查主要分为两个阶段：①女性在怀孕后，可自行选择到居住地或户籍地附近的社区医院“立本建卡”，其32周之前的检查基本都在社区医院完成，一些特殊的检查可以转至其他医院完成；②在怀孕32周后，产妇就可以“转本”到计划生产的综合性或专科医院进行检查，并最后完成生产。我们测量并比较了人们对社区医院和生产医院满意程度，结果发现，这两者之间存在显著差异，诸如在技术水平、服务态度、就医环境和检查快捷方面，对生产医院的满意度均显著高于社区医院，但在交通便利方面，两者不存在显著差异。

同时，我们还询问了被访者：“如果再生孩子，您最倾向选择哪种孕检模式?”结果发现，认可“检查和生产都在同一家综合或专科医院”的比例占39.3%，希望继续“先在社区医院检查，32~36周时把信息转到生产的综合或专科医院”的比例占36.4%，还有24.3%的民众希望“一直在社区医院检查，生的时候到综合或专科医院”，也就是说，认同“社区+综合/专科医院”模式的比例累计达60.7%。尽管人们对社区医院的满意度比生产医院低，但是大多数还是愿意接受现行的检查模式。

生育过孩子的女性通常都拥有一定的育儿经验及知识，但在生育第2个子女时，她们亦有一些具体的需求。例如，当被问及“如果再生孩子，您是否需要以下服务”，选择比例最高的是“产后恢复的锻炼指导”，占53.6%，显然，产妇都希望自己能够快速恢复，这样才能更好地照顾孩子；其次是需要产后并发症护理指导，比例达到了52.6%；还有38.2%的人希望能获得产后避孕方式的指导。但在目前，相关医疗机构在此方面的重视程度明显不足。

诚然，拥有生育保险可以大大减轻家庭的生育成本。调查结果表明，夫妻双方均享有生育保险的比例为33.1%，而“女方有，男方无”的占10.8%，“男方有，女方无”的占10.5%。由此可见，仍有45.6%的家庭没有生育保险。也就是说，近一半的家庭没有生育保险，尤其是受教育程度低、持有农业户口的人群享有生育保险的可能性更低。

同时，我们向被访者询问了一些切合实际的公共需求。58.4%的人希望能延长产假，52.1%的人期望获得充足、优质的托育服务，还有51.0%的人想获得如何处理两个孩子关系方面的知识。此外，调查还显示，在断乳前开始工作的女性主要是在单位卫生间（15.5%）、哺乳室（5.8%）、办公室（3.9%）和其他一些地方（13.2%）挤母乳。可见，相关配套设施亟待完善。

调查结果还显示，如果生育第 2 个孩子，认为“自己更难获得工作或赚钱机会”的比例高于认为“不会”的比例，二者分别为 55.2%和44.8%。30.1%的被访者担心并很在意再育后失业或失去赚钱机会，27.4%的被访者认为“再育会阻碍自身事业发展”，并对此很在意。由此可见，生育第 2 个孩子对女性就业及事业发展所造成的显著影响是一个非常现实且不得不直面的问题。

子女教育亦是影响人们生育意愿的一个重要因素。我们向被访者询问了这样的问题：“国家放开二孩后，您是否担心您家孩子上好学校更困难”，结果发现，表示担心的人相对较多，占 43.6%，35.0%的人选择了“不担心”，还有 21.4%的人认为无所谓。由于当前基础教育资源存在分配不均的问题，特别是在一些大城市，全面放开二孩后，优质教育资源可能会显得更为紧缺。

2. 可从为再育女性提供优质医疗保健服务入手

综上，笔者认为，完善“全面两孩”政策实施后的公共服务可从以下几方面入手：

第一，根据大龄和高龄产妇的自身需求，为之提供更为优质、完善的医疗保健服务。政府部门应着力扩大宣传，并将孕前优生健康检查项目推广真正落到实处。再者，医疗卫生机构也要根据服务人群的特点和需要及时做出应对性、规划性的方案调整，尤其需要重视医疗保健的细节性工作。

第二，结合地方实际情况，适时推广“社区+生产医院”的孕检模式。这种分流检查的方式既可以保证孕产妇能安全、便利、快捷地就医，又可大幅减轻大型医院的压力。如果这种资源优化组合的方式能在全国示范推广，或可为已出现的出生小高峰提供一种有效的应对路径。

第三，努力扩大生育保险覆盖面，使其公平、全面地惠及社会大众。尽管政府有关部门已经宣布生育保险和基本医疗保险将合并实施，但具体的操作、执行尚有一定的难度。以农民工群体为例，如果他们选择在外地生育，仍旧很难报销相关的检查及医疗费用。因此，政府部门在制定具体细则的过程中，应充分重视并保障弱势人群的正当权益。

第四，注重人文关怀，为孕产妇提供更多的帮助和便利。一些具体的举措如：倡导企事业单位适度实行弹性产假制度，给予孕后的职业女性公平的待遇；在公共场所设立一些专门的哺乳室或挤乳室；鼓励社会资本投入婴幼儿服务产业中来，从而弥补公共服务资源的不足，等等。

此外，政府部门应将教育改革的重心放在资源优化配置上，努力促进基本公共教育服务的均等化与公平化，为公众解决子女教育的后顾之忧。

参考文献

1 艾尼瓦尔·聂吉木．边疆少数民族人口生育及生育意愿研究［J］．边疆经济与文化，2006（1）：4-6.

2 蔡洪福，傅成文，沙神才．上海市20~34岁育龄夫妇生育意愿调查［J］．人口与计划生育，1995（4）：46-50.

3 曹玮丽．农村80后生育意愿研究——以石家庄地区为例［J］．石家庄学院学报，2014，16（1）：85-90+102.

4 查瑞传．人口普查资料分析技术［M］．北京：中国人口出版社，1991.

5 陈佳鞠，翟振武．20世纪以来国际生育水平变迁历程及影响机制分析［J］．中国人口科学，2016（2）：12-25+126.

6 陈建新，汤少梅．基于生育意愿的增城市人口控制研究［J］．系统科学学报，2010，18（4）：67-70.

7 陈卫．“发展—计划生育—生育率”的动态关系：中国省级数据再考察［J］．人口研究，2005（1）：2-10.

8 陈卫，李敏．中国出生性别比偏高的长期人口后果［J］．人口与发展，2010，16（4）：33-37+52.

9 陈卫，靳永爱．中国妇女生育意愿与生育行为的差异及其影响因素［J］．人口学刊，2011（2）：3-13.

10 陈卫，高爽．中国生育率转变中的数量和进度效应［J］．人口研究，2013，37（3）：11-28.

11 陈卫，杨胜慧．中国2010年总和生育率的再估计［J］．人口研究，2014，38（6）：16-24.

12 陈卫，张玲玲．中国近期生育率的再估计［J］．人口研究，2015，39（2）：32-39.

13 陈卫．广义稳定人口模型与中国人口估计［J］．人口学刊，2016，

38（1）：5-13.

14 陈友华．出生性别比偏高的治理对策研究——以广东省为例［J］．人口与经济，2007（2）：60-65.

15 陈友华，胡小武．社会变迁与出生性别比转折点来临［J］．人口与发展，2012，18（1）：13-18.

16 崔红艳，徐岚，李睿．对 2010 年人口普查数据准确性的估计［J］．人口研究，2013，37（1）：10-21.

17 邓锁，风笑天．三峡移民生育意愿探析［J］．贵州大学学报（社会科学版），2001（1）：21-27.

18 丁峻峰．浅析中国 1991—2000 年生育模式变化对生育水平的影响［J］．人口研究，2003（2）：55-60.

19 杜芳琴．现代化与父权制：性别视角的审视——《父权的式微：江南农村现代化进程中的性别研究》评介［J］．妇女研究论丛，2001（5）：13-17.

20 方向新．农民生育观念、生育行为及其影响因素的社区分析——桃源县同仁村的调查与思考［J］．人口学刊，1991（5）：8-13.

21 风笑天．独生子女父母的生育意愿［J］．人口研究，1991（5）：30-33.

22 风笑天，张青松．二十年城乡居民生育意愿变迁研究［J］．市场与人口分析，2002（5）：21-31.

23 风笑天．城市青年的生育意愿：现状与比较分析［J］．江苏社会科学，2004（4）：175-181.

24 风笑天，沈晖．应该调查谁？生育意愿调查的对象选择及其影响［J］．人文杂志，2016（9）：113-121.

25 风笑天．给孩子一个伴：城市一孩育龄人群的二孩生育动机及其启示［J］．江苏行政学院学报，2018（4）：57-65.

26 冯立天，马瀛通．北京郊区回龙观乡婚姻家庭生育入户调查报告［J］．人口与经济，1996（3）：55-62.

27 高凌．我国人口出生性别比的特征及其影响因素［J］．中国社会科学，1995（1）：99-115.

28 高爽，陈卫．论内在总和生育率［J］．人口与经济，2013（1）：10－18.

29 葛佳．从“生儿子”到“生个伴”——农村富人的二胎生育实践［J］．南方人口，2015，30（5）：1－9.

30 顾宝昌．论生育和生育转变：数量、时间和性别［J］．人口研究，1992（6）：1－7.

31 顾宝昌，徐毅．中国婴儿出生性别比综论［J］．中国人口科学，1994（3）：41－48+18.

32 顾宝昌，罗伊．中国大陆、中国台湾省和韩国出生婴儿性别比失调的比较分析［J］．人口研究，1996（5）：1－16.

33 顾宝昌．人口政策建言八年之旅［J］．中国改革，2010（5）：14－17.

34 顾宝昌，李建新．21 世纪中国生育政策论争［M］．北京：社会科学文献出版社，2010.

35 顾宝昌．关于出生性别比问题：成因与反思［J］．福建江夏学院学报，2011，1（2）：11－16+29.

36 顾宝昌．生育意愿、生育行为和生育水平［J］．人口研究，2011，35（2）：43－47.

37 顾宝昌．“单独二孩”远远不够［J］．凤凰周刊，2015，1：18－20.

38 顾宝昌．2016 中国人口形势展望［J］．凤凰周刊，2015，36：38－40.

39 顾大男，温勇，陶勃．江苏常熟市符合二孩生育人群的生育意愿与行为分析［J］．南京人口管理干部学院学报，1995（2）：21－25.

40 郭志刚．认真做好当前生育水平的监测与研究［J］．中国人口科学，2007，（5）：14－18.

41 郭志刚．对 2000 年人口普查出生性别比的分层模型分析［J］．人口研究，2007（3）：20－31.

42 郭志刚．中国的低生育水平及其影响因素［J］．人口研究，2008（4）：1－12.

43 郭志刚．中国人口生育水平低在何处——基于六普数据的分析［J］．中国人口科学，2013（2）：2－10+126.

44 郭志仪，刘俊丽．安徽省居民生育意愿调查分析［J］．人口与经济，2008（5）：22-24+17.

45 郭志仪，祝伟．甘肃省居民生育意愿与生育目的的调查研究［J］．西北人口，2009，30（5）：42-46.

46 国家统计局人口和就业统计司．全国1%人口抽样调查资料2015年［M］．北京：中国统计出版社，2016.

47 国务院人口普查办公室，国家统计局人口和就业统计司．中国2010人口普查资料［M］．北京：中国统计出版社，2012.

48 国务院人口普查办公室，国家统计局人口和社会科技统计司．中国2000人口普查资料［M］．北京：中国统计出版社，2002.

49 韩国统计局.15~44岁有配偶的妇女认为男孩必要性的变化［EB/OL］．［2018-2-20］．http：//kosis.kr/statHtml/statHtml.do？orgId=331&tblId=TX_ 33101_ A104&conn_ path=I3.

50 韩晓雨．全面二孩政策下城乡生育观的差异及影响因素调查报告——基于重庆北碚部分城乡居民的调查［J］．商，2016（26）：58-59.

51 郝娟，邱长溶．对去进度效应总和生育率的检验与讨论［J］．人口研究，2012，36（3）：81-88.

52 贺丹，张许颖，庄亚儿，等.2006—2016年中国生育状况报告——基于2017年全国生育状况抽样调查数据分析［J］．人口研究，2018，42（6）：35-45.

53 洪良华，邹启阳，黄煜峰，等．已婚青壮年的生育动机和生育需要的调查研究［J］．人口与经济，1984（1）：37-43.

54 侯佳伟，黄四林，辛自强，等．中国人口生育意愿变迁：1980—2011［J］．中国社会科学，2014（4）：78-97+206.

55 侯佳伟，辛自强，黄四林，等．横断历史元分析的原理、方法及人口学应用［J］．人口研究，2015，39（1）：104-112.

56 侯亚非，马小红，黄匡时．北京城市女性独生子女生育意愿和生育行为研究［J］．人口与发展，2008（1）：47-53+98.

57 胡耀岭，原新．基于空间数据的出生性别比偏高影响因素研究［J］．人口学刊，2012（5）：12-21.

58 霍霞.2020年中国男光棍三千万［N］.北京科技报，2004-3-24（11）.

59 计迎春，郑真真.社会性别和发展视角下的中国低生育率［J］.中国社会科学，2018（8）：143-161.

60 加里·S. 贝克尔.人类行为的经济分析［M］.陈昕，王业宇，陈琪译.格致出版社，2015.

61 江丽娜.皖北地区“80后”青年生育意愿的实证分析——以安徽省利辛县为例［J］.青年探索，2010（6）：61-67.

62 姜玉，庄亚儿.生育政策调整对生育意愿影响研究——基于2015年追踪调查数据的发现［J］.西北人口，2017，38（3）：33-37+44.

63 蒋正华等.国家人口发展战略研究报告［EB/OL］.［2007-1-11］.http：//www. cpirc. org. cn.

64 靳永爱，宋健，陈卫.全面二孩政策背景下中国城市女性的生育偏好与生育计划［J］.人口研究，2016，40（6）：22-37.

65 金益基.韩国人的生育意愿与生育行为［C］.低生育率下生育意愿和生育行为研讨会论文.中央财经大学，天津社会科学院，中国人口学会青年学者专业委员会，2016.

66 李兵，孙永健.出生婴儿性别选择的经济学分析［J］.西北人口，2001（1）：49-53.

67 李成瑞.国际人口学会佛罗伦萨会议对我国1982年人口普查结果的评价和提出的问题［J］.人口研究，1985（6）：1-5.

68 李汉东，李流.中国2000年以来生育水平估计［J］.中国人口科学，2012（5）：75-83+112.

69 李建民.中国的生育革命［J］.人口研究，2009，33（4）：1-9.

70 李建新，骆为祥.生育意愿的代际差异分析——以江苏省为例［J］.中国农业大学学报（社会科学版），2009，26（3）：21-30.

71 李洁萍.上海郊县群众生育意愿的调查与生育预测［J］.人口研究，1987（6）：44-45.

72 李龙，翟振武.生育一孩弱化二孩生育意愿吗？——基于北京市“单独”家庭的考察［J］.南方人口，2014，29（5）：1-11.

73 李婷，范文婷．生育与主观幸福感——基于生命周期和生命历程的视角［J］．人口研究，2016，40（5）：6-19.
74 李婷，袁洁，夏璐，等．中国网络大众生育态度倾向变迁——兼论舆情大数据在人口学中的应用［J］．人口研究，2019，43（4）：36-49.
75 李新吾，许尚峰，沈念梓．千名育龄人群生育意愿的调查与分析［J］．南方人口，2003（2）：7-11.
76 李艳华．湖北省人口婚育状况调查分析［J］．西北人口，2010，31（1）：75-79+84.
77 李艳霞．90后大学生生育意愿的社会学分析——基于楚雄师范学院的调查数据［J］．赤峰学院学报（汉文哲学社会科学版），2016，37（4）：89-90.
78 李扬．13岁女孩以死威逼父母放弃二胎［N］．武汉晚报，2015-01-18（3）．
79 梁宏．广东人口意愿生育性别偏好的影响因素分析［J］．南方人口，2008（1）：25-33.
80 刘家强．人口经济学新论［M］．成都：西南财经大学出版社，2004.
81 刘伦文，彭红艳．土家族地区农村居民生育意愿研究——对恩施自治州376位农村居民的调查分析［J］．湖北民族学院学报（哲学社会科学版），2010，28（1）：9-12+61.
82 吕江洪，黄宝凤，石盛林．一孩与二孩家庭育龄妇女生育意愿比较［J］．人口学刊，2013（1）：36-43.
83 马小红，侯亚非．北京市独生子女及“双独”家庭生育意愿及变化［J］．人口与经济，2008（1）：15-18+6.
84 马小红．趋同的城乡生育意愿对生育政策调整的启示——基于北京市城乡独生子女生育意愿的比较研究［J］．人口与发展，2011，17（6）：80-85+79.
85 马焱．从性别平等的视角看出生婴儿性别比［J］．人口研究，2004（5）：75-79.

86 马瀛通．人口性别比与出生性别比新论［J］．人口与经济，1994（1）：7-13.

87 马瀛通，冯立天，陈友华，等．再论出生性别比若干问题［J］．人口与经济，1998（5）：10-17.

88 马忠东，王建平．“子女组合偏好”与选择生育：1990年代中国生育水平下降和子女组合序列的变化［J］．人口研究，2009，33（5）：23-35.

89 茅倬彦．准备好要二胎了吗？［C］．低生育率下生育意愿和生育行为研讨会．中央财经大学，天津社会科学院，中国人口学会青年学者专业委员会，2016.

90 茅倬彦．生育意愿与生育行为差异的实证分析［J］．人口与经济，2009（2）：16-22.

91 米红，杨明旭．总和生育率、出生性别比的修正与评估研究——基于1982—2010年历次人口普查、1%抽样调查数据［J］．人口与发展，2016，22（2）：12-19.

92 莫丽霞．当前我国农村居民的生育意愿与性别偏好研究［J］．人口研究，2005（2）：62-68.

93 穆光宗．近年来中国出生性别比升高偏高现象的理论解释［J］．人口与经济，1995（1）：48-51.

94 牛亚冬，张文斌，张栋，等．单独家庭生育二孩意愿的分析——基于武汉市1093户单独家庭的调查数据［J］．人口与发展，2015，21（3）：13-18.

95 乔晓春．性别偏好、性别选择与出生性别比［J］．中国人口科学，2004（1）：14-22.

96 乔晓春．PADIS-INT人口预测模型经验算法研究［C］．“人口预测与动态监测经验算法与省级应用”研讨会论文．北京，2014.

97 乔晓春，朱宝生．如何利用（粗）出生率来估计总和生育率？［J］．人口与发展，2018，24（2）：65-70+100.

98 乔晓春．中国出生性别比研究中的问题［J］．江苏社会科学，2008（2）：158-164.

99 青岛学生抵制二孩成立“联盟”拒绝弟弟妹妹［EB/OL］．［2016-01-08］．http：//www. china. com. cn/guoqing/2016-01/08/content_37492410. htm.

100 Robert D. Retherford, Minja Kim Choe, 等．中国的生育率：到底下降了多少？［J］．人口研究，2004（4）：3-15.

101 山东省人口计生委发展规划处．山东省生育力抽样调查分析报告［J］．人口研究，2006（2）：65-73.

102 沈费伟，陈晓玲．杭州市 80 后生育意愿的调查与思考［J］．上海青年管理干部学院学报，2013（3）：49-51.

103 石人炳．我国出生性别比变化新特点——基于“五普”和“六普”数据的比较［J］．人口研究，2013，37（2）：66-72.

104 石智雷，杨云彦．符合“单独二孩”政策家庭的生育意愿与生育行为［J］．人口研究，2014（5）：27-40.

105 宋健，陈芳．城市青年生育意愿与行为的背离及其影响因素——来自 4 个城市的调查［J］．中国人口科学，2010（5）：103-110+112.

106 宋健，陶椰．性别偏好如何影响家庭生育数量？——来自中国城市家庭的实证研究［J］．人口学刊，2012（5）：3-11.

107 宋健．中国普遍二孩生育的政策环境与政策目标［J］．人口与经济，2016（4）：121-126.

108 宋健．“普二”政策下的性别失衡与治理［J］．西安交通大学学报（社会科学版），2016，36（6）：126-128.

109 宋健，秦婷婷，宋浩铭．性别偏好的代际影响：基于意愿和行为两种路径的观察［J］．人口研究，2018，42（2）：15-28.

110 谭雪萍．成本-效用视角下的单独二胎生育意愿影响因素研究——基于徐州市单独家庭的调查［J］．南方人口，2015，30（2）：1-12+22.

111 汤兆云，郭真真．经济水平对生育意愿的影响分析——一项经验研究：基于 621 份调查问卷的数据［J］．人口与发展，2012，18（3）：27-33+86.

112 王广州，傅崇辉．中国出生性别比升高的孩次性别递进过程分析

［J］. 人口学刊，2009（1）：3-9.

113　王广州 . 人口出生性别比变动的监测方法研究［J］. 中国人口科学，2010（4）：2-12.

114　王广州，王军 . 中国人口发展的新形势与新变化研究［J］. 社会发展研究，2019，6（1）：1-20+242.

115　王金营 .1990—2000 年中国生育模式变动及生育水平估计［J］. 中国人口科学，2003（4）：36-42.

116　王金营，何云艳，王志成，等 . 中国省级 2000 年育龄妇女总和生育率评估［J］. 人口研究，2004（2）：20-28.

117　王金营，徐蕾，杨江澜，等 . 中国农村生育意愿和生育水平转变的考察——基于对河北承德、邯郸两地区实地调查的比较［J］. 人口研究，2008（5）：58-66.

118　王金营，戈艳霞 .2010 年人口普查数据质量评估以及对以往人口变动分析校正［J］. 人口研究，2013，37（1）：22-33.

119　王军，王广州 . 中国低生育水平下的生育意愿与生育行为差异研究［J］. 人口学刊，2016，38（2）：5-17.

120　王军，郭志刚 . 孩次结构与中国出生性别比失衡关系研究［J］. 人口学刊，2014，36（3）：5-13.

121　王军，王广州，高凌斐，等 . 中国出生性别比水平估计及形势判断［J］. 学习与实践，2016（3）：82-91.

122　王谦 . 应用队列累计生育率分析我国生育水平变动趋势——兼与郭志刚教授讨论［J］. 人口研究，2008（6）：1-6.

123　王玮，李林 . 对当前我国家庭生育意愿的调查研究［J］. 长江大学学报（社会科学版），2009，32（2）：157-158.

124　王亚楠，钟甫宁 .1990 年以来中国人口出生水平变动及预测［J］. 人口与经济，2017（1）：1-12.

125　温勇，周生元，鲁秀福，等 . 宣州市 467 名具备生育二孩条件的育龄妇女生育意愿调查分析报告［J］. 南京人口管理干部学院学报，2000（1）：37-41.

126　吴忠观 . 人口科学词典［M］. 成都：西南财经大学出版社，1997.

127 夏乐平．1979—2000年中国人口生育趋势：出生数据和教育数据的比较分析［J］．人口研究，2005（4）：2-15.

128 肖富群，风笑天．性别平等与生育选择——农村独生子女与非独生子女的比较研究［J］．中国青年研究，2010（7）：68-73.

129 谢晶婷．城乡育龄妇女生育意愿的差异及其影响因素——基于鄂州、黄石、仙桃的实证研究［J］．中南财经政法大学研究生学报，2010（1）：46-53.

130 辛自强，张梅，何琳．大学生心理健康变迁的横断历史研究［J］．心理学报，2012，44（5）：664-679.

131 辛自强．心理学研究方法［M］．北京：北京师范大学出版社，2012.

132 熊郁．中国妇女初婚、生育、性的自主权［J］．妇女研究论丛，1994（3）：32-35.

133 徐志豪．对渔区育龄夫妇生育意愿的调查与分析［J］．人口与计划生育，2000，（3）：47-43.

134 许传新．新生代农民工生育意愿及相关因素分析［J］．中国青年研究，2012，（11）：10-14.

135 岩复，陆光海．出生性别比升高的“微观”研究——湖北省天门市出生性别比升高的特点和原因调查［J］．湖北大学学报（哲学社会科学版），1995（5）：22-27+33.

136 杨凡，赵梦晗．2000年以来中国人口生育水平的估计［J］．人口研究，2013，37（2）：54-65.

137 杨菊华．意愿与行为的悖离：发达国家生育意愿与生育行为研究述评及对中国的启示［J］．学海，2008（1）：27-37.

138 杨菊华，李红娟．出生性别比失衡的四要素：一个省级层面的纵向分析［J］．学术研究，2015（5）：44-54.

139 杨菊华．“普二新政”下出生性别比综合治理的挑战及其应对［J］．探索，2016（1）：75-80+2.

140 杨雪燕，李树茁．出生性别比偏高治理中的公共政策失效原因分析［J］．公共管理学报，2008（4）：84-92.

141 杨雪燕，罗丞，马克斯·费尔德曼．婚姻挤压对农村男性生命质量的影响［J］．人口学刊，2017，39（1）：28-37.

142 姚从容，吴帆，李建民．我国城乡居民生育意愿调查研究综述：2000—2008［J］．人口学刊，2010（2）：17-22.

143 殷士华，许改玲．乡镇人口生育意愿现状——以菏泽市乡镇人口为例［J］．南京人口管理干部学院学报，2008（3）：52-54+58.

144 尹勤，帅友良，温勇．南京市青年生育意愿调查分析［J］．西北人口，2005（2）：10-13.

145 尹勤，温勇，宗占红，等．常州市育龄人群生育意愿及影响因素［J］．南京人口管理干部学院学报，2006（2）：40-43+55.

146 尹文耀，叶明德，谢雷光，等．浙江省生育意愿、生育水平调查结果评析［J］．中国人口科学，2000（5）：64-70.

147 尤丹珍，郑真真．农村外出妇女的生育意愿分析——安徽、四川的实证研究［J］．社会学研究，2002（6）：52-62.

148 于淑清，宋健，林祎，等．市场经济与婚育意愿［J］．人口研究，1994（1）：50-56.

149 于学军．对第五次全国人口普查数据中总量和结构的估计［J］．人口研究，2002（3）：9-15.

150 虞积生，林春．国人生育行为与生育观的初步研究［J］．心理学动态，1992（1）：64.

151 袁建华，于弘文，李希如，等．从生育水平估计到未来人口预测［J］．中国人口科学，2003（1）：15-21.

152 原新，石海龙．中国出生性别比偏高与计划生育政策［J］．人口研究，2005（3）：11-17+96.

153 约翰·R. 魏克斯著．人口学概论 An Introduction to Population［M］．侯苗苗译．北京：中国社会科学出版社，2016.

154 翟振武，陈卫．1990 年代中国生育水平研究［J］．人口研究，2007（1）：19-32.

155 翟振武，陈佳鞠，李龙．中国出生人口的新变化与趋势［J］．人口研究，2015，39（2）：48-56.

156 翟振武，陈佳鞠，李龙．现阶段中国的总和生育率究竟是多少？——来自户籍登记数据的新证据［J］．人口研究，2015，39（6）：22-34.
157 翟振武，李龙，陈佳鞠．全面两孩政策对未来中国人口的影响［J］．东岳论丛，2016，37（2）：77-88.
158 翟振武，杨凡．中国出生性别比水平与数据质量研究［J］．人口学刊，2009（4）：3-10.
159 张航空．流动人口的生育意愿与生育行为差异研究［J］．南方人口，2012，27（2）：44-50.
160 张建武，薛继亮．广东“80后”生育意愿及其影响因素研究［J］．南方人口，2013，28（2）：10-18+9.
161 张青．总和生育率的测算及分析［J］．中国人口科学，2006（4）：35-42.
162 张为民，崔红艳．对中国2000年人口普查准确性的估计［J］．人口研究，2003（4）：25-35.
163 张晓青，黄彩虹，张强，等．“单独二孩”与“全面二孩”政策家庭生育意愿比较及启示［J］．人口研究，2016，40（1）：87-97.
164 张银锋．生育意愿不等于生育行为［N］．中国社会科学报，2014-09-19（A08）.
165 张银锋．生育二孩：在理想与现实之间［N］．中国社会科学报，2016-01-13（006）.
166 张银锋，侯佳伟．当前中国公众生育意愿与行为的关联分析［J］．韩中社会科学研究，2015（10）：183-209.
167 张银锋，侯佳伟，顾宝昌．生育意愿：是确定值还是区间［J］．南方人口，2017，32（2）：62-70.
168 赵景辉．中国城市人口生育意愿——对哈尔滨市已婚在业人口的调查［J］．人口研究，1997（3）：42-45.
169 赵梦晗．2000—2010年中国生育水平估计［J］．人口研究，2015，39（5）：49-58.

170　赵梦晗．我国妇女生育推迟与近期生育水平变化［J］．人口学刊，2016，38（1）：14-25.

171　郑真真．生育意愿研究及其现实意义——兼以江苏调查为例［J］．学海，2011（2）：10-18.

172　郑真真．生育意愿的测量与应用［J］．中国人口科学，2014（6）：15-25+126.

173　郑真真．生育意愿与生育行为［C］．低生育率下生育意愿和生育行为研讨会．中央财经大学，天津社会科学院，中国人口学会青年学者专业委员会，2016.

174　钟声．安徽滁县农村妇女的生育意愿的调查［J］．西北人口，1986（2）：17-21+31.

175　仲长远．当代城市青年生育意愿初探——对北京市石景山区模式口社区两代人生育意愿的对比调查［J］．青年研究，2001（7）：5-11.

176　周长洪，张宗益，陶勃．农村独女户生育意愿与动机的变化——宜昌市调查报告［J］．南京人口管理干部学院学报，2000（4）：34-38.

177　周长洪，陶勃，杨来胜，等．我国农村计划生育家庭效益调查分析［J］．人口与经济，2000（6）：50-58.

178　周长洪．出生性别比偏高的特征与原因分析——对湖北省麻城、广水、安陆三市的调查［J］．人口学刊，2007（2）：9-14.

179　周长洪，潘金洪．中国政策生育水平与实际生育水平的测算［J］．中国人口科学，2010（4）：13-22.

180　朱宝生，乔晓春．数据漏报对总和生育率与出生率确定性函数关系的影响［J］．人口与经济，2019（1）：1-13.

181　朱勤．2000—2010年中国生育水平推算——基于“六普”数据的初步研究［J］．中国人口科学，2012（4）：68-77+112.

182　庄家炽，刘爱玉，孙超．网络空间性别不平等的再生产：互联网工资溢价效应的性别差异 以第三期妇女地位调查为例［J］．社会，2016，36（5）：88-106.

183 庄亚儿，姜玉，王志理，等．当前我国城乡居民的生育意愿——基于2013年全国生育意愿调查［J］．人口研究，2014，38（3）：3-13.

184 庄亚儿．全国生育意愿基线和跟踪调查结果［C］．低生育率下生育意愿和生育行为研讨会论文．中央财经大学，天津社会科学院，中国人口学会青年学者专业委员会，2016.

185 庄渝霞．不同代别农民工生育意愿及其影响因素——基于厦门市912位农村流动人口的实证研究［J］．社会，2008（1）：138-163.

186 Bongaarts, John. Fertility and Reproductive Preferences in Post-Transitional Societies［J］. Population and Development Review, 2001, 27（2）: 260-281.

187 Bongaarts, John, and Tomas Sobotka. A Demographic Explanation for the Recent Rise in European Fertility［J］. Population and Development Review, 2012, 38（1）: 83-120.

188 Choe, M. Kim, R. D. Retherford, and S. Kim. Very Low Fertility in South Korea: Patterns and Prospects［C］. Paper Presented at the 2004 Annual Meeting of the Population Association of America, April 1-3, 2004.

189 Demeny, P. Population policy dilemmas in Europe at the dawn of the twenty-first century［J］. Population and Development Review, 2003, 29（1）: 1-28.

190 Goldstein, J. R., W. Lutz, and M. R. Testa. The Emergence of Sub-Replacement Family Size Ideals in Europe［J］. Population Research and Policy Review, 2003, 22（5-6）: 479-496.

191 Guo Zhigang, Stuart Gietel-Basten and Gu Baochang. The Lowest Fertility rates in the World? Evidence from the 2015 Chinese 1% Sample Census［J］. China Population and Development Studies, 2018, 2（3）, online first.

192 International Institute for Population Sciences（IIPS）and Macro Inter-

national, National Family Health Survey (NFHS-3) 2005-06 [M]. India Mumbai: IIPS, 2007.

193 International Institute for Population Sciences (IIPS) and ICF, National Family Health Survey (NFHS-4) 2015-16 [M]. India Mumbai: IIPS, 2017.

194 John B. Casterline, Siqi Han. Unrealized fertility: Fertility desires at the end of the reproductive career [J]. Demographic Research, 2017, 36 (1): 427-454.

195 Knodel, J., Ruffolo, V. P., Ratanalangkarn, P., et al. Reproductive preferences and fertility trends in post-transition Thailand [J]. Studies in Family Planning, 1996, 27 (6): 307-318.

196 McDonald Peter. Very Low Fertility Consequences, Causes and Policy Approaches [J]. The Japanese Journal of Population, 2008, 6 (1): 19-23.

197 Shripad Tuljapurkar, Nan Li and Marcus W. Feldman. High Sex Ratios in China's Future. Science, New Series, 1995, 267 (5199): 874-876.

198 Sobotka Tomas. Post-Transitional Fertility: Childbearing Postponement and the Shift to Low and Unstable Fertility Levels [C]. Vienna Institute of Demography Working Papers. Human Fertility Database Research Report. 2017.

199 Sten Johansson and Ola Nygren Source. The Missing Girls of China: A New Demographic Account [J]. Population and Development Review, 1991, 17 (1): 35-51.

200 Stuart Basten, Hou Jiawei, Gu Baochang. After the 'One Child Policy'? Fertility intentions and ideals in China [C]. European Population Conference, Budapest, 2014.

201 Terence H. Hull. Recent Trends in Sex Ratios at Birth in China [J]. Population and Development Review, 1990, 16 (1): 63-83.

202 United Nations, Sex ratio at birth by region, subregion and country, 1950-2100 (male births per female births), World Population Pros-

pects: The 2017 Revision. 2017 [EB/OL]. [2018-2-20]. https://esa.un.org/unpd/wpp/Download/Standard/Population/.

203 United Nations, Department of Economic and Social Affairs, Population Division (2017). World Population Prospects: The 2017 Revision, DVD Edition.

204 World Economic Forum. The Global Gender Gap Report 2017 [EB/OL]. [2018-5-21]. http://reports.weforum.org/global-gender-gap-report-2017/?doing_wp_cron=1526867477.7031109333038330078125.

附件

2015 年北京居民生育意愿与生育行为调查

您好！我是中央财经大学的学生，我们在做一项关于生育的调查。

您的年龄是在 20 岁到 50 岁吗？【是，继续访问。不是，感谢您，结束访问。】

q101 您结婚了吗？　1 未婚　【跳至 q201】　2 已婚

已婚者回答

q102 您哪年结的婚？ ________

q103 您有孩子吗？　1 没有　【跳至 q201】　2 有　3 已怀孕

q104 您有几个孩子？　1 1 个　2 2 个　【跳至 q108】

3 3 个及以上________【跳至 q108】

1 个孩子的人回答

q105 您的孩子哪年出生？ ________

q106 您的孩子是男孩还是女孩？　1 男孩　2 女孩

q107 您还打算再生一个孩子吗？

1 打算再生，为什么？ ________【跳至 q112】

2 不打算再生，为什么？ ________【跳至 q112】

2 个及以上孩子的人回答

q108 您第 1 个孩子哪年出生？ ________

q109 您第 1 个孩子是男孩还是女孩？　1 男孩　2 女孩

q110 您第 2 个孩子哪年出生？ ________

q111 您第 2 个孩子是男孩还是女孩？　1 男孩　2 女孩

q112 您对现有孩子数目满意吗？　1 满意　2 不满意

q113 您对现有孩子性别满意吗？　1 满意　2 不满意

q114 您觉得当初生孩子的年龄是否合适，自己是否满意？

1 满意　　2 实际比理想早了　　3 实际比理想晚了

q201 您认为幸福美满的家庭最好有几个孩子？

1 0 个【跳至 q206】　2 1 个及以上

q202 在您看来，女性多大年龄生第 1 个孩子最理想？________

q203 在您看来，女性多大年龄生第 2 个孩子最理想？________

q204 在您看来，第 1 个孩子最理想的性别是

1 男孩　2 女孩　3 男女均可

q205 在您看来，第 2 个孩子最理想的性别是

1 男孩　2 女孩　3 男女均可　4 与第 1 个不同

q206 您是否同意以下说法

观点	1 同意	2 不同意
1 不管从哪方面说，一个孩子已经足够了	1	2
2 一个家庭至少有两个孩子才是美满的	1	2
3 从多方面考虑，还是有三四个子女好	1	2

q301 以下说法，您在多大程度上同意

观点	1 非常不同意	2 不同意	3 一般	4 同意	5 非常同意
1 人们必须生下孩子，以替社会尽一份心	1	2	3	4	5
2 结婚后若没有生孩子，会遭人闲言闲语	1	2	3	4	5
3 “不孝有三，无后为大”，这句话很有道理	1	2	3	4	5

续表

观点	1 非常不同意	2 不同意	3 一般	4 同意	5 非常同意
4 结婚之后生养孩子，是一件很美好的事	1	2	3	4	5
5 有了孩子后，才真正像一个长大成熟的人	1	2	3	4	5
6 为人父母亲，是成年人必经的生活历练	1	2	3	4	5
7 夫妻最快乐的事，就是与孩子一起享受天伦之乐	1	2	3	4	5
8 孩子可以陪伴走过人生的岁月，让生活更加地丰富	1	2	3	4	5
9 结婚后，生育孩子是自然的事	1	2	3	4	5
10 有了孩子后，会感觉生命更有意义	1	2	3	4	5
11 有了孩子后，会让个人生活有目标并且努力工作	1	2	3	4	5
12 若没有子女，生活会很无聊寂寞的	1	2	3	4	5
13 生养子女，可使老年有所依靠	1	2	3	4	5
14 有了孩子后，能够使家人的感情变得更好	1	2	3	4	5
15 若有孩子陪伴在旁，晚年才不会孤苦无依	1	2	3	4	5
16 孩子长大后可以让家庭更具力量，并化解困难	1	2	3	4	5
17 有了孩子后，家庭生活会更幸福的	1	2	3	4	5

续表

观点	1 非常不同意	2 不同意	3 一般	4 同意	5 非常同意
18 生了孩子，可以让家族增加力量	1	2	3	4	5
19 用钱去养孩子，倒不如把钱拿来让自己享受更好	1	2	3	4	5
20 女人生了孩子后身材会变形，很不值得	1	2	3	4	5
21 有了孩子，会减少与配偶相处的时间	1	2	3	4	5
22 夫妻会为了孩子的教养问题而引起冲突	1	2	3	4	5
23 养育孩子的生活开销，会增加家庭的负担	1	2	3	4	5
24 有了孩子后，生活会过得比较有压力	1	2	3	4	5
25 照顾孩子会花费很多时间	1	2	3	4	5
26 孩子的课业、安全等问题会造成个人极大的心理压力	1	2	3	4	5
27 有了孩子后，很难继续发展个人的兴趣	1	2	3	4	5
28 有了孩子后，会降低个人的工作表现	1	2	3	4	5
29 生了孩子后，会阻碍了个人的生活发展	1	2	3	4	5
30 下了班还要打理孩子的事，会让人老得更快	1	2	3	4	5

q401 如果“1”代表最低的经济地位，数值越大，经济地位越高，“10”代表最高的经济地位，您认为现在您在周围人中的经济地位是多

少__________

q402 您预计，20 年后，您在周围人中的经济地位能打多少分？______

q403 当您的孩子都年满 30 岁以后，您觉得，您有 2 个孩子会比有 1 个孩子，您的经济地位？

1 更高　　2 更低　　3 一样

q404 您有男孩会比没有男孩，您的经济地位？

1 更高　　2 更低　　3 一样

q405 如果“1”代表最低的受尊重程度，数值越大，受尊重程度越高，“10”代表最高的受尊重程度，您认为现在您在周围人中的受尊重程度是多少？__________

q406 您预计，20 年后，您在周围人中的受尊重程度能打多少分？______

q407 当您的孩子都年满 30 岁以后，您觉得，您有 2 个孩子会比有 1 个孩子，您的受尊重程度？

1 更高　　2 更低　　3 一样

q408 您有男孩会比没有男孩，您的受尊重程度？

1 更高　　2 更低　　3 一样

q501 您觉得您现在的生活幸福吗？

1 幸福　　2 不幸福

q502 如果有 2 个孩子，您会觉得比 1 个孩子更幸福吗？

1 更幸福　　2 更不幸福　　3 一样幸福

q503 您估计，您和您爱人的收入能否养得起 2 个孩子？

1 养得起　　2 养不起

q504 如果有 2 个孩子，您家老人是否能帮忙带孩子？

1 完全可以托付给老人　2 部分可以托付给老人　3 完全不能

q801 假设您有一份工作，这是您家庭全部的收入来源，而且这个收入等同于您现在的全部收入，它保障着您家庭当前的生活。您有机会获得一个新的和同样好的工作，它有 50%的可能工资翻倍，50%的可能工资减少 1/3，您会接受新工作吗？

1 接受　　2 不接受【跳至 q804】　　3 不知道【跳至 q804】

q802 如果新工作有 50%可能工资翻倍，50%可能工资减少 1/2，您会接受新工作吗？

1 接受　　2 不接受【跳至 q601】　　3 不知道【跳至 q601】

q803 如果新工作有 50%可能工资翻倍，50%可能工资减少 75%，您会接受新工作吗？

1 接受【跳至 q601】　　2 不接受【跳至 q601】

3 不知道【跳至 q601】

q804 如果新工作有 50%可能工资翻倍，50%可能工资减少 20%，您会接受新工作吗？

1 接受【跳至 q601】　　2 不接受　　3 不知道

q805 如果新工作有 50%可能工资翻倍，50%可能工资减少 10%，您会接受新工作吗？

1 接受　　2 不接受　　3 不知道

q601 您这部电话在哪个区？

1 东城（包括东城、崇文）　　2 西城（包括西城、宣武）

3 朝阳　　4 海淀　　5 丰台　　6 石景山　　7 昌平

8 顺义　　9 通州　　10 亦庄　　11 房山　　12 大兴

13 怀柔　　14 门头沟　　15 平谷　　16 密云　　17 延庆

q602 您居住在城市地区还是农村地区？

1 城市　　2 农村

q603 您的出生年份是？__________

q604 您的文化程度是？

1 未上学　　2 小学　3 初中　　4 高中、中专

5 专科、大学本科　　6 硕士　　7 博士

q605 您本人是独生子女吗？　　1 是　　2 不是

q606【已婚】您爱人是独生子女吗？

1 是　　2 不是

q607 您的户口在北京吗？

1 在　2 不在，在哪个省　__________

q608 您现在的主要职业是？__________

q609 您月收入大约多少元？

1 未回答 2 回答，多少元__________

q612 性别【访问员自填】

1 男 2 女

q613 电话号码【访问员自填】__________

访问到此结束，非常感谢您的配合！

问卷编号________ 调查社区________ 访问员姓名________

2015年天津市女性居民生育调查

【调查对象】年龄20~49岁，女性，有配偶，至少生育1个子女，在天津市居住半年及以上。

特别注意：选择题全部为单项选择。

A1 您是否知道中央决定“全面实施一对夫妇可生育两个孩子政策”？

1 知道 2 不知道

A2 这一生，您总共打算生育几个子女？

1 0个 2 1个 3 1~2个 4 2个 5 2~3个

6 3个 7 4个及以上 8 无所谓 9 没想好

A3 您丈夫总共打算生育几个子女？

1 0个 2 1个 3 1~2个 4 2个 5 2~3个

6 3个 7 4个及以上 8 无所谓 9 没想好

A4 您的第1个孩子是否想要弟弟或妹妹？

1 想要 2 不想要 3 有没有都行

4 他/她还不懂事，需要大人引导 5 有时想要有时不想要

A5 在您家，谁决定是否生育第2个子女？

1 您本人 2 您丈夫 3 您孩子 4 父母或公婆 5 协商

6 顺其自然

A6 对您而言，如果只要1个孩子，最理想的性别是

1 男孩 2 女孩 3 男女均可

A7 对您而言，如果要2个孩子，最理想的性别结构是

1 两个男孩 2 两个女孩 3 先男孩后女孩

4 先女孩后男孩 5 只要是一男一女就行 6 至少有一个男孩

7 至少有一个女孩 8 无所谓

A8 您认为，“儿女双全”是

1 必需的 2 能实现最好，实现不了也无所谓 3 可有可无

A9　在您看来，女性多大年龄生第 1 个孩子最理想？ ________ 岁（填写具体数字或者区间范围）

A10　在您看来，女性多大年龄生第 2 个孩子最理想？ ________ 岁（填写具体数字或者区间范围）

A11　如果现在意外怀上孩子，您会因为以下原因，去流产吗？

A11a	因为不想多要孩子，去流产	1 会	2 不会	3 看情况
A11b	因为胎儿性别与期望性别不一样，去流产	1 会	2 不会	3 看情况
A11c	因为自身年龄原因，去流产	1 会	2 不会	3 看情况
A11d	因为担心影响自身事业发展，去流产	1 会	2 不会	3 看情况
A11e	因为担心影响生活质量，去流产	1 会	2 不会	3 看情况

B1　目前，您的身体健康状况允许您再生一个孩子吗？

1 允许　2 不允许　3 说不好

B2　目前，您丈夫的身体健康状况允许再生一个孩子吗？

1 允许　2 不允许　3 说不好

B3　目前，您的精力、体力允许您再生一个孩子吗？

1 允许　2 不允许　3 说不好

B4　您觉得，第 2 个孩子和第 1 个孩子相比，哪个直接成本（直接花费在孩子身上的金钱）更多？

1 第 1 个孩子比第 2 个孩子多　2 第 2 个孩子比第 1 个孩子多

3 两个孩子差不多

B5　您觉得，第 2 个孩子和第 1 个孩子相比，哪个间接成本（时间、精力、对事业工作的影响等）更多？

1 第 1 个孩子比第 2 个孩子多　2 第 2 个孩子比第 1 个孩子多

3 两个孩子差不多

B6　您觉得，您家经济状况允许再生养一个孩子吗？

1 允许　2 不允许　3 说不好

B7　您觉得，您家住房条件允许再生养一个孩子吗？

1 允许　2 不允许　3 说不好

B8 再生一个孩子，您家是否会有老人照料孩子？

1 有　2 没有　3 不好说

B9 再生一个孩子，您家是否会聘请保姆照料孩子？

1 会聘请　2 不会聘请　3 不好说

B10 再生一个孩子，会降低您家生活质量吗？

1 会降低，我很在意　2 会降低，但没关系　3 不会

B11 再生一个孩子，会阻碍您自身事业发展吗？

1 会阻碍，我很在意　2 会阻碍，但没关系　3 不会

B12 再养一个孩子，也有可能会让您失去赚钱机会或失业，对此您担心吗？

1 担心，我很在意　2 担心，但没关系　3 不担心

B13 生 2 个孩子比生 1 个孩子，您会更难获得工作或赚钱机会吗？

1 会的　2 不会，没有影响

B14 生第 1 个孩子之前，您比您丈夫的收入

1 更多　2 更少　3 差不多

B15 生完第 1 个孩子以后，您比您丈夫的收入

1 更多　2 更少　3 差不多

B16 生第 2 个孩子之后，您估计，您比您丈夫的收入

1 更多　2 更少　3 差不多

B17 您估计，在孩子都未工作前，2 个孩子比 1 个孩子，会让您家收入

1 更多　2 更少　3 没有影响

B18 您估计，在孩子都工作以后，2 个孩子比 1 个孩子，会让您家收入

1 更多　2 更少　3 没有影响

B19 如果“1”代表最低的经济地位，数值越大，经济地位越高，“10”代表最高的经济地位，您认为现在您在周围人中的经济地位是多少__________（1 到 10 分，请打分）

B20 当您的孩子都年满 30 岁以后，您估计，您有 2 个孩子会比有 1 个孩子，您的经济地位？

1 更高　　2 更低　　3 一样

B21　您有男孩会比没有男孩，您的经济地位？

1 更高　　2 更低　　3 一样

B22　如果“1”代表最低的受尊重程度，数值越大，受尊重程度越多，“10”代表最高的受尊重程度，您认为现在您在周围人中的受尊重程度是多少？__________（1 到 10 分，请打分）

B23　当您的孩子都年满 30 岁以后，您估计，您有 2 个孩子会比有 1 个孩子，您的受尊重程度？

1 更高　　2 更低　　3 一样

B24　您有男孩会比没有男孩，您的受尊重程度？

1 更高　　2 更低　　3 一样

B25　您觉得，生养女孩会比男孩更省心吗？

1 女孩更省心　2 男孩更省心　3 差不多

B26　您觉得，生养女孩会比男孩更省钱吗？

1 女孩更省钱　2 男孩更省钱　3 差不多

B27　您觉得您现在的生活幸福吗？

1 幸福　　2 不幸福　　3 无所谓幸福不幸福

B28　如果有 2 个孩子，您会觉得比 1 个孩子更幸福吗？

1 更幸福　2 更不幸福　3 一样　4 无所谓

B29　您认为，生养第 2 个孩子，对第 1 个孩子的成长而言

1 更有利　　2 更不利　3 没有关系

B30　您认为，2 个孩子长大成人后，能相互依靠、扶持吗？

1 能　　2 不能

B31　您认为，生养 2 个孩子，能否规避失去子女的风险？

1 可以　2 不可以　3 不好说

B32　2 个孩子与 1 个相比，哪种对你们养老更有利？

1 1 个孩子更有利　2 2 个孩子更有利　3 差不多

B33　国家放开两孩后，您是否担心您家孩子上好学校更困难？

1 担心　　2 不担心　　3 无所谓

C1　现在您有几个孩子（不算正在怀孕的）？ ＿＿＿＿＿个

C2　现在您是否怀孕？

1 已怀孕　　2 未怀孕

C3　您第一胎生的孩子是

1 单胎/一个孩子　2 双胞胎　3 三胞胎　4 四胞胎

C4　您对现有孩子数目满意吗？

1 满意　2 多了　3 少了

C5　您第 1 个孩子的出生年份＿＿＿＿＿

C6　您觉得自己生第 1 个孩子的年龄是否合适？

1 合适　2 实际比理想早　3 实际比理想晚

C7　您第 1 个孩子的性别为

1 男　2 女

C8　您对第 1 个孩子性别满意吗？

1 满意　2 不满意

C9　您第 1 个孩子的分娩方式

1 自然分娩（顺产）　2 剖宫产

C10　您当时选择分娩方式的最主要考虑

1 安全　2 疼痛　3 费用　4 日期　5 医生建议

6 家人建议　7 其他＿＿＿＿＿

C11　您第 1 个孩子是否与您一起生活？

1 一直在一起　2 时而在一起，时而不在一起　3 一直不在一起

C12　第 1 个孩子 3 岁前，您丈夫是否参与照料？

1 承担大部分工作　2 承担少部分工作　3 未参与

C13　第 1 个孩子 3 岁前，您家双方父母是否参与照料？

1 承担大部分工作 2 承担少部分工作 3 未参与

C14　第 1 个孩子 3 岁前，您家是否聘请保姆照料孩子？

1 长期聘请　2 短期聘请　3 未聘请

请根据您的情况选择 D、E、F 中的一个模块进行回答：

D　目前仅有 1 个孩子的人回答

D1　您生完孩子后，主要避孕方式是

1 未采用避孕　2 放置宫内节育器（上环）　3 输卵管结扎

4 输精管结扎　5 男用避孕套　6 女用避孕套　7 口服避孕药

8 生理周期避孕 9 体外射精　10 皮下埋植　11 其他方式______

D2　您选择这种避孕方式最主要原因是

1 没有避孕的需求　2 副反应/并发症少　3 舒适度好

4 使用方便　5 购买方便　6 价钱便宜

7 避孕效果好　8 为了准备再要孩子　9 医生或护士推荐

10 朋友推荐　11 丈夫要求　12 只知道这个方式

13 其他原因__________

D3　您打算生第 2 胎吗？

1 打算生　2 不打算生【跳至 G1】　3 等等看【跳至 G1】

D4　您打算在您多大年龄时生育第 2 个子女？__________岁（填写具体数字或者区间范围）

D5　在这一时间生育第 2 个孩子，您最主要的考虑是

1 担心年龄大了，生育有困难

2 优先发展个人事业

3 家里那时有人可以帮忙照顾

4 目前的经济条件负担两个孩子有困难

5 那时候家里住房会宽敞些

6 不希望两个孩子年龄相差太大

7 第一个孩子太小，需要花费很大精力照顾

8 可以积累一定的养育经验

9 其他__________

D6　您希望下一个孩子的性别是

1 男孩　2 女孩　3 无所谓

D7　您会因为怀上的这个孩子与理想性别不一样，去堕胎吗？

1 会　2 不会　3 不一定　4 不会去检查性别

E　目前正怀孕并准备生育这个孩子的人回答

E1　您生完第 1 个孩子后，在怀这个孩子前，主要避孕方式是

1 未采用避孕　2 放置宫内节育器（上环）　3 输卵管结扎
4 输精管结扎　5 男用避孕套　6 女用避孕套　7 口服避孕药
8 生理周期避孕　9 体外射精　10 皮下埋植　11 其他方式________

E2　您选择这种避孕方式最主要原因是
1 没有避孕的需求　2 副反应/并发症少　3 舒适度好
4 使用方便　5 购买方便　6 价钱便宜　7 避孕效果好
8 为了准备再要孩子　9 医生或护士推荐　10 朋友推荐
11 丈夫要求　12 只知道这个方式　13 其他原因________

E3　这个孩子是意外怀孕吗？
1 是意外怀孕　2 不是意外怀孕，是计划之中的

E4　您觉得生这个孩子的年龄是否合适？
1 合适　2 实际比理想早　3 实际比理想晚

E5　您会因为怀上的这个孩子与理想性别不一样，去堕胎吗？
1 会　2 不会　3 不一定　4 不会去检查性别

E6　这次，您打算采用哪种分娩方式？
1 自然分娩（顺产）　2 剖宫产　3 看情况

E7　您选择分娩方式的最主要考虑
1 安全　2 疼痛　3 费用　4 日期　5 医生建议
6 家人建议　7 其他________

E8　您估计，3 岁前，您丈夫会照料这个孩子吗？
1 承担大部分工作　2 承担少部分工作　3 不参与

E9　您估计，3 岁前，您双方父母会照料这个孩子吗？
1 承担大部分工作　2 承担少部分工作　3 不参与

E10　您估计，3 岁前，您家会聘请保姆照料这个孩子吗？
1 长期聘请　2 短期聘请　3 不会聘请

F　目前已有第 2 个孩子的人回答

F1　您生完第 2 个孩子后，主要避孕方式是
1 未采用避孕　2 放置宫内节育器（上环）　3 输卵管结扎
4 输精管结扎　5 男用避孕套　6 女用避孕套　7 口服避孕药
8 生理周期避孕　9 体外射精　10 皮下埋植　11 其他方式______

F2　现在您选择这种避孕方式最主要原因是

1 没有避孕的需求　　2 副反应/并发症少　　3 舒适度好

4 使用方便　　5 购买方便　　6 价钱便宜

7 避孕效果好　　8 为了准备再要孩子　　9 医生或护士推荐

10 朋友推荐　　11 丈夫要求　　12 只知道这个方式

13 其他原因__________

F3　第 2 个孩子是意外怀孕吗？

1 是意外怀孕　2 不是意外怀孕，是计划之中的

F4　第 2 个孩子的出生年份__________

F5　您觉得生第 2 个孩子的年龄是否合适？

1 合适　2 实际比理想早　3 实际比理想晚

F6　第 2 个孩子的性别　　1 男　　2 女

F7　您对第 2 个孩子性别满意吗？

1 满意　2 不满意　3 无所谓

F8　第 2 个孩子的分娩方式

1 自然分娩（顺产）　　2 剖宫产

F9　您当时选择分娩方式的最主要考虑

1 安全　2 疼痛　3 费用　4 日期　5 医生建议

6 家人建议　7 其他__________

F10　第 2 个孩子是否与您一起生活？

1 一直在一起　2 时而在一起，时而不在一起　3 一直不在一起

F11　第 2 个孩子 3 岁前，您丈夫是否参与照料？

1 承担大部分工作　2 承担少部分工作　3 未参与

F12　第 2 个孩子 3 岁前，您家双方父母是否参与照料？

1 承担大部分工作　2 承担少部分工作　3 未参与

F13　第 2 个孩子 3 岁前，您家是否聘请保姆照料孩子？

1 长期聘请　2 短期聘请　3 未聘请

G1　最近一次生育，孩子 4 个月以前，您喂养方式是

1 纯母乳喂养　　2 母乳和人工（奶粉）混合喂养

3 纯人工（奶粉）喂养【跳至 H1】

G2　这个孩子，您母乳喂养了多少个月？ ＿＿＿＿＿个月

G3　最近一次生育，上班时间您通常在哪里挤母乳？

1 孩子断奶前未工作　2 办公室　3 工作单位的卫生间

4 工作单位的哺乳室　5 其他地方＿＿＿＿＿

G4　最近一次生育，这个孩子彻底断奶的最主要原因是什么？

1 需要外出工作，喂奶不方便

2 乳房疼痛/患有乳腺炎/患有不宜喂奶的疾病

3 剖宫产伤口疼痛　4 奶水不足　5 喂奶太累

6 母乳喂养影响体形　7 觉得奶粉营养好

8 孩子只吃母乳，营养不够　9 孩子到了该断奶的时间/季节

10 孩子自己不吃母乳了　11 其他原因＿＿＿＿＿

H1　您听说过国家免费孕前优生健康检查项目吗？

1 听说过，但是不了解　2 听说过，而且做过

3 听说过，但是没做过　4 没听说过

H2　根据您最近一次的生育经历，对医院进行评分，1 分表示非常不满意，分越高越满意，5 分非常满意。

H2a	社区医院的技术水平	1 非常不满意	2 比较不满意	3 一般	4 比较满意	5 非常满意
H2b	社区医院的服务态度	1 非常不满意	2 比较不满意	3 一般	4 比较满意	5 非常满意
H2c	社区医院的就医环境	1 非常不满意	2 比较不满意	3 一般	4 比较满意	5 非常满意
H2d	社区医院的检查快捷	1 非常不满意	2 比较不满意	3 一般	4 比较满意	5 非常满意
H2e	到社区医院的交通	1 非常不方便	2 比较不方便	3 一般	4 比较方便	5 非常方便
H2f	生产医院的技术水平	1 非常不满意	2 比较不满意	3 一般	4 比较满意	5 非常满意
H2g	生产医院的服务态度	1 非常不满意	2 比较不满意	3 一般	4 比较满意	5 非常满意

续表

H2h	生产医院的就医环境	1 非常不满意	2 比较不满意	3 一般	4 比较满意	5 非常满意
H2i	生产医院的检查快捷	1 非常不满意	2 比较不满意	3 一般	4 比较满意	5 非常满意
H2j	到生产医院的交通	1 非常不方便	2 比较不方便	3 一般	4 比较方便	5 非常方便

H3　您最近一次生育的年份是＿＿＿＿＿年

H4　您最近一次生育的生产医院名称是＿＿＿＿＿＿＿＿＿＿

H5　您最近一次生育生产医院性质是

1 综合性公立医院　2 妇幼保健院　3 私立医院

4 其他＿＿＿＿＿

H6　如果再生孩子，您更倾向选择哪种就医模式？

1 一直在社区医院检查，生的时候到综合或专科医院

2 先在社区医院检查，32～36 周时把信息转到生产的综合或专科医院

3 检查和生产都在综合或专科医院

H7　如果再生孩子，您是否需要以下服务

H7a	生育手续办理咨询	1 需要	2 不需要	H7i	高危妊娠咨询	1 需要	2 不需要
H7b	输卵管/输精管复通	1 需要	2 不需要	H7j	产后选择避孕方式指导	1 需要	2 不需要
H7c	取宫内节育器（取环）	1 需要	2 不需要	H7k	产后并发症护理指导	1 需要	2 不需要
H7d	取掉皮下埋植	1 需要	2 不需要	H7l	产后恢复锻炼指导	1 需要	2 不需要
H7e	孕前健康检查和咨询	1 需要	2 不需要	H7m	处理两个孩子关系知识	1 需要	2 不需要

续表

H7f	妇科病检查	1 需要	2 不需要	H7n	国家补贴育儿费用	1 需要	2 不需要
H7g	高龄妊娠指导	1 需要	2 不需要	H7o	延长产假	1 需要	2 不需要
H7h	剖宫产再育指导	1 需要	2 不需要	H7p	托儿所服务	1 需要	2 不需要

I1　您的出生年份__________

I2　您的民族

1 汉族　2 少数民族，__________族

I3　您的文化程度

1 未上学　2 小学　3 初中　4 高中/中专　5 大学专科

6 大学本科　7 硕士　8 博士

I4　您是独生子女吗？

1 是　2 不是

I5　您的户口在天津吗？

1 在　2 不在，在________________省，您已在天津居住多少__________年

I6　您的户口性质

1 农业户口　2 非农业户口（城镇户口）　3 其他

I7　您现在的主要职业是____________________

I8　您现在所在单位类型

1 行政机关　2 事业单位　3 国有企业　4 集体企业

5 外商投资企业　6 私营企业　7 个体户　8 没有工作

9 其他（请注明）__________

I9　您现在是否有生育保险（含生育医疗费用与产假期间津贴）？

1 有　2 无　3 不清楚

I10　您目前婚姻状况

1 初婚　2 再婚

I11　您和您丈夫领结婚证年份__________年

I12　您丈夫的出生年份__________

I13　您丈夫的民族

1 汉族　2 少数民族，__________族

I14　您丈夫的文化程度

1 未上学　2 小学　3 初中　4 高中/中专　5 大学专科

6 大学本科　7 硕士　8 博士

I15　您丈夫是独生子女吗？

1 是　2 不是

I16　您丈夫的户口在天津吗？

1 在　2 不在，在__________省，他已在天津居住多少__________年

I17　您丈夫的户口性质

1 农业户口　2 非农业户口（城镇户口）　3 其他

I18　您丈夫现在的主要职业是____________________

I19　您丈夫现在所在单位类型

1 行政机关　2 事业单位　3 国有企业　4 集体企业

5 外商投资企业　6 私营企业　7 个体户　8 没有工作

9 其他（请注明）__________

I20　您丈夫现在是否有生育保险（含生育医疗费用与产假期间津贴）？

1 有　2 无　3 不清楚

I21　您家在天津有几套房产？__________套

I22　您家庭月收入大约多少元？__________元

您愿意留下联系方式，接受我们后续调查吗？姓名：__________电话号码：____________________

访问到此结束，非常感谢您的配合！

2015 年 11 月

区/县编号□□

村/社区编号□□

问卷编号□□

北京市育龄妇女生育意愿调查

调查对象：初婚女性、20~49岁、已生育一个孩子、夫妇俩至少一人为北京市户口

您好，受中国人口与发展研究中心的委托，我们正在进行一项研究，想了解您的生育意愿以及生育计划，大概要耽误您5~10分钟时间，希望得到您的支持。您的回答将有助于北京市相关政策的完善，可以为更多的人提供帮助。我们将严格遵守相关法规，对您的个人信息予以保密，并将送您一份小礼物以示感谢。

中国人口与发展研究中心

2015年9月17日

现住地：__________市____________区/县______________街道（镇）____________________居（村）委会

被访问者姓名：__________ 电话：____________________ 调查时间：2015年____月____日

调查员姓名：__________ 初审是否合格：是________否__________

督导员姓名：__________ 复审是否合格：是________否__________

A 妇女与丈夫信息

A1 您的生日（阳历）是__________年__________月

A2 您的民族是

1汉族 2少数民族，__________族

A3 您的受教育程度是

1 未上过学　2 小学　3 初中　4 高中/中专　5 大专　6 本科
7 研究生及以上

A4　您有____个哥哥，____个弟弟，____个姐姐，____个妹妹（若无，请填写 0）

A5　您丈夫有______个哥哥，______个弟弟，______个姐姐，______个妹妹（若无，请填写 0）

A6　您的户口在北京吗？

1 北京　2 外地

A7　您的户口是农业还是非农业？

1 农业户口　2 非农业户口　3 其他

A8　您出生在北京吗？

1 北京　2 外地　3 不知道

A9　您父母家在北京吗？

1 北京　2 外地　3 不适用

A10　您目前工作吗？在什么类型的单位工作？

1 没有工作　2 务农　3 机关、事业单位或国有企业
4 集体企业　5 私营、外资企业/个体经营/自由职业者
6 其他__________

A11　您丈夫的户口在北京吗？

1 北京　2 外地

A12　您丈夫的户口是农业还是非农业？

1 农业户口　2 非农业户口　3 其他

A13　您丈夫出生在北京吗？

1 北京　2 外地　3 不知道

A14　您公婆家在北京吗？

1 北京　2 外地　3 不适用

A15　您丈夫工作吗？在什么类型的单位工作？

1 没有工作　2 务农　3 机关、事业单位或国有企业
4 集体企业　5 私营、外资企业/个体经营/自由职业者
6 其他____________________

B　家庭基本信息

B1　您和丈夫领结婚证的时间（阳历）______年______月

B2　您家2014年总收入为

1 五万元以下　2 五万元至十万元　3 十万元至二十万元

4 二十万元至三十万元　5 三十万元至五十万元　6 五十万元以上

B3　您丈夫2014年的收入约占家庭总收入的__________%

B4　您家在北京拥有______处房产，全部房产建筑面积累计为______平方米

B5　您目前在北京居住的住房（含租房、借住房、宿舍）有______间卧室

B6　您家有生活无法完全自理、需要您与丈夫日常照顾的老人吗？

1 有　2 无

B7　您家的家务（采购、做饭、洗衣、孩子照料辅导、老人照料）谁做？

1 基本都是自己一人做　2 主要自己做，偶尔丈夫会帮忙

3 自己与丈夫做得差不多　4 主要丈夫做家务，偶尔自己帮忙

5 基本都是丈夫做　6 两人都很少做，家里老人或保姆帮忙做家务

C　子女基本信息

C1　性别

1 男　2 女

C2　孩子的出生年月（阳历）______年______月

C3　孩子的出生地

1 北京　2 外地

C4　孩子现在是否与您一起生活？

1 是　2 否

C5　孩子6岁以前由谁主要照料？

1 我自己　2 丈夫　3 孩子爷爷奶奶　3 孩子姥姥姥爷

4 双方父母轮流照看　5 保姆　6 其他__________________

C6　孩子目前的在学情况是？

1 没上学　2 幼儿园　3 小学　4 初中

5 高中　6 大学及以上

D　生育意愿

D1　在没有任何限制的情况下，您认为家庭理想的子女数量是______个，其中男孩______个，女孩______个（如果无所谓性别，在男孩和女孩后面都填99）

D2　在没有任何限制的情况下，您丈夫认为家庭理想子女数是______个，其中男孩______个，女孩______个（如果无所谓性别，在男孩和女孩后面都填99；不知道请填88）

D3　您的父母公婆对你们夫妻生育子女的数量是否有明确的希望？如果有，他们希望你们生育______个孩子，其中______个男孩，______个女孩（如果无所谓性别，请在男孩和女孩后面都填99；没有明确希望或不知道都填88）

D4　在决定生几个孩子方面，您主要受哪些因素的影响？（可多选）

1 自己的意愿　　2 配偶的意愿

3 父母/公婆或其他长辈的意愿　　4 经济能力

5 自己事业发展、学习或工作状况　　6 周围人生育子女的情况

7 生育政策　　8 其他______________

D5　如果有两个孩子，您认为两个孩子年龄相差几岁最理想？

1 一至二岁　　2 三至四岁　　3 五至六岁　　4 六岁以上

5 其他__________

D6　您家目前的家庭类型是

1“单独”家庭　　2“双独”家庭　　3 非独生子女家庭（跳至F1问）

E　“单独”一孩夫妇（含“双独”一孩夫妇）生育计划

E1　您和您的丈夫申请了再生育第二个孩子吗？

1 否　　2 是（跳至E6）

E2　您和丈夫为什么没有申请再生育？

1 不想再生育

2 正在考虑中还未决定 3 想申请但没空准备材料 4 正在准备申请材料还未去	（跳至E4）

E3　您为什么不想再生育？（不提示，多选，选择为 1，不选择为 2）

1 经济负担重　2 住房条件限制　3 没人帮忙带孩子

4 担心影响自己的事业和发展　5 有老人需照顾无时间精力

6 想集中精力培养一个孩子成才　7 夫妻关系不好

8 夫妻双方的身体原因　9 自己年龄有点大

10 怀孕、分娩很痛苦，不想生　11 丈夫不想再生育

12 孩子不想要弟弟妹妹　13 自己没玩够　14 其他

E4　如果您现在意外怀孕，您会生下这个孩子吗？

1 会　2 不会　3 看情况

不想再生育的妇女填完后结束调查，还未决定与还未申请的继续问 E5

E5　您打算什么时候申请再生育？

1 等材料准备好马上申请　2 一至两年内　3 两至三年内

4 三至五年内　5 五年及以后

E6　您为什么想生第二个孩子？（不提示，多选，选择为 1，不选择为 2）

1 独生子女风险较大　2 一个孩子太孤单

3 两个孩子有利于成长　4 减轻子女养老负担

5 喜欢孩子　6 喜欢家里人多热闹

7 想生男孩　8 想生女孩

9 满足丈夫意愿　10 满足长辈意愿

10 身边朋友都想生二孩　11 有人帮忙带孩子

12 经济及住房条件允许　13 时间精力允许

14 身体情况允许　15 其他________

E7　您打算何时生育第二个孩子？（注意本题与 E5 回答的一致性）

1 一至两年内　2 两至三年内　3 三至五年内　4 五年及以后

5 还没计划　（填完后结束调查）

E8　您为什么计划这一时间生育第二个孩子？（不提示，多选，选择为 1，不选择为 2）

1 担心年龄大了，生育有困难　2 优先发展个人事业

3 目前的经济条件负担两个孩子有困难

4 家里那时有人可以帮忙带孩子　5 那时候家里住房会宽敞些

6 第一个孩子太小，没有更多精力

7 不希望两个孩子年龄相差太大

8 在生第二个之前积累一定养育经验

9 希望孩子有个好属相　　　　10 其他________________

E9　您希望下一个孩子的性别是?

1 男孩　2 女孩　3 无所谓

E10　如果怀孕期间发现第二个孩子与想要的性别不一致，您会去做人工流产吗?

1 会　　2 不会　　3 不一定　　4 不会去检查胎儿性别

E11　在第二个孩子6岁以前，您的父母、公婆或其他家人将帮助照看孩子吗?

1 不提供任何帮助　　　　2 可以全部时间帮助照看孩子

3 可以偶尔帮助照看孩子　　4 可以提供经济帮助

5 不适用　　　　　　　　6 其他________________

E12　您希望政府对您生养第二个孩子提供哪些帮助?（不提示，多选，选择为1，不选择为2）

1 没想过　　2 育儿经济补贴　　3 自己更长时间的产假

4 丈夫休产假或育儿假　　　5 提供生育保险

6 保障我产假后重返原工作　　7 保障我休假期间工资收入

8 提供我再就业指导或培训

9 提供免费或低收费的3岁以下儿童托管

10 更多优质收费合理的幼儿园与学校

11 针对高龄或曾经剖宫产妇女的孕前指导

12 对辅助生育的经济补贴　　　13 增加产科服务资源

14 其他__________________

填完后结束调查

F　非独生子女一孩夫妇的生育意愿与计划

F1　如果现在政策允许生育两个孩子，您想再生一个孩子吗?

1 想　　2 不想（跳至 F7）　　3 不好说、没想好（跳至 F10）

F2　您为什么想生第二个孩子？(不提示，多选，选择为 1，不选择为 2)

1 独生子女风险较大　　2 一个孩子太孤单
3 两个孩子有利于成长　　4 减轻子女养老负担
5 喜欢孩子　　6 喜欢家里人多热闹
7 想生男孩　　8 想生女孩
9 满足丈夫意愿　　10 满足长辈意愿
10 身边朋友都想生二孩　　11 有人帮忙带孩子
12 经济及住房条件允许　　13 时间精力允许
14 身体情况允许　　15 其他________________

F3　如果政策现在允许您再生一个孩子，您打算什么时候生？

1 一至两年内　2 两至三年内　3 三至五年内　4 五年及以后

F4　您为什么计划这时生育第二个孩子？（不提示，多选，选择为 1，不选择为 2）

1 担心年龄大了，生育有困难　2 优先发展个人事业
3 目前的经济条件负担两个孩子有困难
4 家里那时有人可以帮忙带孩子
5 那时候家里住房会宽敞些
6 第一个孩子太小，没有更多精力
7 不希望两个孩子年龄相差太大
8 在生第二个之前积累一定养育经验
9 希望孩子有个好属相　　10 其他________________

F5　您希望下一个孩子的性别是？

1 男孩　2 女孩　3 无所谓

F6　如果怀孕期间发现第二个孩子与想要的性别不一致，您会去做人工流产吗？

1 会　　2 不会　　3 不一定　　4 不会去检查性别

F7　在第二个孩子 6 岁以前，您的父母、公婆或其他家人将帮助照看孩子吗？

1 不提供任何帮助　　2 可以全部时间帮助照看孩子

3 可以偶尔帮助照看孩子　4 可以提供经济帮助

5 其他________________

F8 您希望政府对您生养第二个孩子提供哪些帮助？（不提示，多选，选择为 1，不选择为 2）

1 没想过　2 育儿经济补贴　3 自己更长时间的产假

4 丈夫休产假或育儿假　5 提供生育保险

6 保障我产假后重返原工作　7 保障我休假期间工资收入

8 提供我再就业指导或培训

9 提供免费或低收费的 3 岁以下儿童托管

10 更多优质收费合理的幼儿园与学校

10 针对高龄或曾经剖宫产妇女的孕前指导

11 对辅助生育的经济补贴　12 增加产科服务资源

13 其他________________

填完后结束调查

F9 您为什么不想生育第二个孩子？（不提示，多选，选择为 1，不选择为 2）

1 经济负担重　2 住房条件限制　3 没人帮忙带孩子

4 担心影响自己的事业和发展　5 有老人需照顾无时间精力

6 想集中精力培养一个孩子成才　7 夫妻关系不好

8 夫妻双方的身体原因　9 自己年龄有点大

10 怀孕、分娩很痛苦，不想生　11 丈夫不想再生育

12 孩子不想要弟弟妹妹　13 自己没玩够

14 其他________________

F10 如果您现在意外怀孕，您会生下这个孩子吗？

1 会　2 不会　3 看情况

我们的问卷到此结束，非常感谢您的配合与支持！

2016 年北京市一孩妇女生育意愿
电话跟踪调查问卷

您好，请问您是＊＊＊吗？

我是北京卫生计生委调查员，感谢您去年 9 月接受了我们的调查。今年想了解一下您的新变化，现在说话方便吗？

A　甄别题

A1　现在您的文化程度是【如果对方说在读、肄业、辍学，以前一个学历为准】

1 没上过学

2 小学

3 初中

4 高中/中专

5 大专

6 本科

7 硕士

8 博士

A2　您是哪年出生的？　　几月份（阳历）？

A3　您现在的婚姻状况是

1 初婚

2 离婚　您不在我们的调查范围内，非常感谢您的配合！再见！<结束调查>

3 丧偶　您不在我们的调查范围内，非常感谢您的配合！再见！<结束调查>

4 再婚　您不在我们的调查范围内，非常感谢您的配合！再见！

<结束调查>

A4　您现在有几个孩子？

1 0个，上次调查到的孩子去世　请您节哀顺变，您不在我们的调查范围内，非常感谢您的配合！再见！<结束调查>

2 1个，未怀孕　调查结束后，我们将为您手机充值10元话费作为感谢。<A组>

3 1个，正在怀孕中　调查结束后，我们将为您手机充值10元话费作为感谢。<B组>

4 2个　调查结束后，我们将为您手机充值10元话费作为感谢。<C组>

B　目前只有1个子女并且未怀孕的妇女

B1　您打算再生一个孩子吗？

1 打算 <BA组>

2 说不好 <BB组>

3 不打算 <BC组>

BA　打算再生一个

BA1　从现在起，您计划什么时候生？

1 1~2年

2 2~3年

3 3~5年

4 5年及以后

5 顺其自然

BA2　除了您自己，谁到时可以帮您带这个孩子？【多选】

1 丈夫

2 孩子爷爷

3 孩子奶奶

4 孩子姥姥

5 孩子姥爷

6 保姆/小时工

7 其他________________

BA3　是什么让您下定决心想生第 2 个孩子？【不读出选项，多选】

1 经济上可以负担

2 有人可以帮忙带孩子

3 生育对个人事业发展没影响

4 年龄比较合适

5 孩子有个伴

6 喜欢孩子

7 满足丈夫意愿

8 满足长辈意愿

9 想生男孩

10 想生女孩

11 看别人生了二孩，没有想象中的那么难，就也想要了

12 其他________________

BB　说不好

BB1　是什么因素让您犹豫要不要第 2 个孩子？______________

BB2　如果您现在意外怀孕，您会生下这个孩子吗？

1 会

2 不会

3 看情况

BC　不打算生第 2 个

BC1　什么原因让您坚决不生二孩？【不读出选项，多选】

1 经济压力大

2 没人带孩子

3 事业太忙没精力，会极大影响我个人事业发展

4 高龄生育风险大

5 夫妻身体原因

6 生孩子太痛苦

7 丈夫不想生

8 老大不想要弟弟妹妹

9 家庭生活质量会降低

10 其他________________

BC2　如果您现在意外怀孕，您会生下这个孩子吗？

1 会

2 不会

3 看情况

C 怀孕中

C1　您怀的这个孩子的预产期是哪年？　几月（阳历）？

C2　除了您自己，到时谁会帮您带这个孩子？【多选】

1 丈夫

2 孩子爷爷

3 孩子奶奶

4 孩子姥姥

5 孩子姥爷

6 保姆/小时工

7 其他________________

C3　您原来打算生第 2 个孩子吗？

1 没打算，意外怀孕

2 原来打算生

C4　是什么让您下定决心怀上第 2 个孩子？【不读出选项，多选】

1 经济上可以负担

2 有人可以带孩子

3 生育对个人事业发展没影响

4 年龄比较合适

5 孩子有个伴

6 喜欢孩子

7 满足丈夫意愿

8 满足长辈意愿

9 想生男孩

10 想生女孩

11 看别人生了二孩，没有想象中的那么难，就也想要了

12 没想生，意外怀孕就要了

13 其他________________

D　已有 2 个及以上孩子

D1　您最小的孩子是哪年出生？　几月？

D2　他/她是男孩还是女孩？

1 男孩

2 女孩

D3　除了您自己，谁在帮您带孩子？【多选】

1 丈夫

2 孩子爷爷

3 孩子奶奶

4 孩子姥姥

5 孩子姥爷

6 保姆/小时工

7 其他________________

D4　您原来打算生这个孩子吗？

1 没打算，意外怀孕

2 原来打算生

D5　是什么让您下定决心生了第 2 个孩子？【不读出选项，多选】

1 经济上可以负担

2 有人可以带孩子

3 生育对个人事业发展没影响

4 年龄比较合适

5 孩子有个伴

6 喜欢孩子

7 满足丈夫意愿

8 满足长辈意愿

9 想生男孩

10 想生女孩

11 看别人生了二孩，没有想象中的那么难，就也想要了

12 其他________________

D6　生了第 2 个孩子以后，您的工作、事业发展是否受到影响？

1 没有影响

2 有影响，但我不在乎

3 有影响，我很难受

D7　生了第 2 个孩子以后，您家庭生活质量是否明显下降？

1 没有影响

2 有影响，但我不在乎

3 有影响，我很难受

D8　生了第 2 个孩子以后，您是否感觉更幸福了？

1 是的

2 和以前差不多

3 没有以前幸福

D9 现在如果有人向您咨询要不要二孩，您会怎样建议她？

1 建议生

2 建议不生

3 建议看情况

E 个人情况

E1 现在您的户口在北京吗？

1 在　　<跳至 E3>

2 不在

E2 现在您丈夫的户口在北京吗？

1 在北京

2 在外地/外国

E3 您现在从事有收入的工作吗？

1 不工作，提前退休　　<跳至 E6>

2 不工作（包括全职学生、家务等）　　<跳至 E7>

3 工作

E4 您现在在什么样的单位工作？

1 务农

2 机关、事业单位或国有企业

3 集体企业

4 私营、外资企业

5 个体经营/自由职业者

6 其他________

E5　您现在的工作忙吗？

1 很忙，经常需要加班加点

2 有时忙，偶尔需要加班

3 工作任务适中，按时上下班

4 工作很清闲，根本不需要加班

E6　退休前，您在什么样的单位工作？<只有 D3=2 时出现>

1 务农

2 机关、事业单位或国有企业

3 集体企业

4 私营、外资企业

5 个体经营/自由职业者

6 其他________________

E7　您去年搬家了吗？

1 没有

2 搬家了

E8　您现在住在__________区__________街道/镇__________居（村）委员会【或者填写小区名称】

【为明年的跟踪做好准备，地址重新编码】

E9　目前您在北京住的房子中有______个居室（独立的房间）。【含租房、借住房、宿舍，两处房屋轮流住的情况问最大的一处。】

E10　您家现在有没有生活无法完全自理、需要你们日常照顾的老人？【老人如果不同住或由兄弟姐妹轮流照护，但需经常看望或提供照料的老人应计入。】

1 有

2 无

E11　您家家务（采购、做饭、洗衣、孩子照料辅导、老人照料等）谁做得多？

1 基本都是我自己一人做

2 主要我自己做，偶尔丈夫会帮忙

3 自己与丈夫做得差不多

4 主要丈夫做家务，偶尔自己帮忙

5 基本都是丈夫做

6 两人都很少做，家里老人保姆或其他人帮忙做家务

E12　您平均每天要做______小时家务。（采购、做饭、洗衣、孩子照料辅导、老人照料等）

E13　您家2015年一年总共挣了多少钱？（包括您与丈夫的工资、投资、经营所得等，不包括父母公婆收入）

1 五万元以下

2 五万元至十万元

3 十万元至二十万元

4 二十万元至三十万元

5 三十万元至五十万元

6 五十万元以上

E14　您丈夫挣的钱大约能占家庭总收入的______%。

F　调查质量评估

明年，北京市卫生计生委可能还会访问您，现在需要和您核对一下您的信息

F1　您的姓名是____________________【准确记录每一个字】

F2　现在拨打的电话号码是

1 固定电话，号码是________________　<跳至 E3>

2 手机，号码是________________　话费充到您这个号码上吗？<跳至 E4>

F3　您方便留个手机号码吗？调查结束后给您充话费。____________

F4　您方便再留一个联系电话吗？

1 电话是________________

2 再三请求，都不愿意再留一个电话号码

如果未收到话费，或是对调查有疑问，您可以拨打 18601278712，找侯老师，或是北京市卫生计生委的办公电话，83970797。
调查结束，谢谢您的配合。

F5　被访者配合程度：【访问员自填】

1 愿意交流，沟通很愉快

2 解释后接受调查，过程中有些不耐烦

3 勉强接受调查，完全在敷衍

F6　被访者永久编号________【访问员自填】

区/县样本点编号□□□　　　　　　　问卷编号□□

调查对象永久编号□□□□□□□□□□

提供的信息：

调查对象姓名

调查对象年龄

调查对象电话号码

调查对象第一个孩子的年龄

调查对象第一个孩子的性别

调查对象 2016 年是否接受了调查

如是，调查对象 2016 年是否已育二或现孕（是、否）

2016 年的再生育意愿（想生、不想生及不好说）

如否，调查对象 2015 年再生育意愿（想生、不想生及不好说）

调查对象 2015 年是否为代答

2019 年北京市一孩妇女生育意愿
电话跟踪调查问卷

您好，请问是＊＊＊？

我是某某大学的学生，正在与北京市卫生健康委合作开展研究，占用您 10 分钟的时间，将对您的信息保密，可以开始吗？调查结束后，我们将给您手机充上 10 元话费作为感谢。

A1　2015 年 9 月，您当时是初婚已有一个孩子，请问您现在的婚姻状况是

1 初婚（跳至 A3）

2 离婚，您最近一次离婚发生在什么时候？________年________月

3 丧偶，您配偶去世的时间是什么时候？________年________月

4 再婚，您最近一次结婚发生在什么时候？________年________月（跳至 A3）

答完此题再婚的人员跳至 A3

A2　（如果是离婚、丧偶）您是否希望组建家庭再要一个孩子？

1 有合适的会考虑再婚，但生不生孩子不好说

2 有合适的会考虑，但不会再生孩子

3 有合适的会考虑再婚，但一定要有一个孩子

4 不想再结婚了

（离婚与丧偶的人员停止调查，感谢您，我们的调查到此结束，我们将给您充上 10 元话费表示感谢）

以下所有问题问再婚与初婚人员

A3　请问您现在是否正在怀孕？2015 年 9 月以来你怀过几次孕？（包括活产、死产、人工流产、人工引产、自然流产）

1 现在正怀孕，且是 2015 年 9 月以来的第 1 次（跳至 C1 问）

2 现在正怀孕，2015 年 9 月以来怀孕 1 次以上（跳至 D1 问）

3 从未怀过孕

4 现在没有怀孕，2015 年 9 月以来怀过 1 次及以上，（跳至 D1 问）

B　以下问题针对 2015 年 9 月以来，从未怀过孕的

B1　您 2015 年 9 月以来从来没有怀过孕，以后还想生孩子了吗？（此题可以提示）

1 已绝经、闭经、子宫或卵巢切除（跳至 E1 问）

2 不想再生

3 没想好（跳至 B5 问）

4 想生，但要等时机成熟（跳至 B8 问）

5 想生，但一直没怀上（跳至 B12 问）

问 B1 回答不想再生的

B2　为什么您不想再生？（请原汁原味地记录调查对象的回答，以下开

放题要求同)

____

B3 请对照一下 2015 年或 2016 年的再生育意愿

1 此前的调查中您就说不想生，为什么如此坚定地不想生？周边的环境、政策没有改变您的意愿吗？

2 此前的调查中您就说想生，为什么现在转变为不想生？

3 此前的调查中您就说没想好，为什么现在转变为不想生？

B4 如果现在您意外怀孕，您会生下这个孩子吗？

1 会，为什么？

2 不会，为什么？

3 看情况，为什么？

(答完跳至 E1)

问 B1 回答没想好的

B5 您自 2015 年 9 月以来没怀过孕，是什么原因让您一直没想好再生一个？

____

B6 请对照一下 2015 年与 2016 年的再生育意愿

1 此前的调查中您表示不想生的，为什么现在转变为没想好，又开始犹豫了？

2 此前的调查中您表示想生，为什么现在转变为没想好，又开始犹豫了？

3 此前的调查中您就说没想好，为什么这么多年过去了，您仍然还在犹豫？周边的环境、政策没有改变您的意愿吗？

B7　如果现在您意外怀孕，您会生下这个孩子吗？

1 会，为什么？

2 不会，为什么？

3 看情况，为什么？

（答完跳至 E1）

问 B1 回答想生，但时机不成熟的

B8　您在等待什么的时机呢？您认为什么情况时机就算成熟了？

____

____

____

____

B9　请问您想什么时候生？

1 2020 年

2 2021 年

3 2022 年

4 2023 年及以后

5 怀了就生

B10　请对照一下 2015 年或 2016 年的再生育意愿

1 此前的调查中您表示不想生，为什么现在变为想生？

2 此前的调查中您就说想生，但是现在这么多年过去了？是时机一直不成熟吗？

3 此前的调查中您表示没想好，为什么现在变为想生？

B11　如果现在您意外怀孕，您会生下这个孩子吗？

1 会，为什么？

2 不会，为什么？

3 看情况，为什么？

（答完跳至 E1）

问 B1 回答想生，但一直怀不上的

B12　为什么一直没怀上？怀不上的原因是什么呢？

____
____
____
____

B13　请对照一下 2015 年或 2016 年的再生育意愿

1 此前的调查中您表示不想生，为什么现在变为想生？

2 此前的调查中您表示没想好，为什么现在变为想生？

B14　如果现在您意外怀孕，您会生下这个孩子吗？

1 会，为什么？

2 不会，为什么？

3 看情况，为什么？

（答完跳至 E1）

C　以下问 A3 回答现在正怀孕的，且是 2015 年 9 月以来第 1 次怀孕的

C1　您这次怀孕是意外的吗？

1 是意外怀孕

2 是计划中的，一直想要孩子（跳至 C6）

C2　请问您意外怀孕的原因是什么？

1 没有避孕

2 使用安全套失败，不知情没有用紧急避孕手段

3 使用安全期失败，不知情没有用紧急避孕手段

4 采用其他避孕方法失败，不知情没有用紧急避孕手段

5 发现避孕方法失败，采用紧急避孕手段也失败

6 不记得

C3　您打算将肚子里的这个孩子生下来吗？

1 生下来

2 不想生下来，打算去人工流产（跳至 C5 问）

问 C3 回答生下来的

C4　请对照一下 2015 年或 2016 年的再生育意愿

1 此前您曾经表示不想生，这次意外怀孕了，为什么决定要这个孩子？

2 此前您曾经表示想生，但这次为什么你会认为是意外怀孕？难道您后来又犹豫了？为什么要生下这个孩子？

3 此前您曾经表示没想好，这次意外怀孕了，为什么决定要这个孩子？

（答完跳至 C7）

问 C3 回答不想生下来，打算去人工流产的

C5　请对照一下 2015 年或 2016 年的再生育意愿

　　1 此前的调查中您曾说不想生，但是这次意外怀孕，为什么最终还是决定不要这个孩子？

　　2 此前您曾经表示想生，这次意外怀孕了，为什么又不想要这个孩子？

　　3 此前的调查中您曾说没想好，但是这次意外怀孕，为什么最终还是决定不要这个孩子？

（答完跳至 C7）

问 C1 回答一直想要孩子的，此次怀孕不是意外怀孕的

C6　请对照一下 2015 年或 2016 年的再生育意愿

　　1 此前您曾经表示不想生，为什么现在又想生？

　　2 此前的调查中您就说想生，但是现在这么多年过去了，为什么到现在才第 1 次怀孕？

　　3 此前您曾经表示没想好，为什么现在又想生？

以下问 2015 年 9 月以来第 1 次怀孕的且现孕的，无论是意外还是非意外怀孕

C7　您预产期是什么时间？ ______年______月

C8　您希望这个孩子是男孩还是女孩？

　　1 只要男孩

　　2 只要女孩

　　3 最好是男孩，但女孩也能接受

　　4 最好是女孩，但男孩也能接受

　　5 无所谓

C9　现在您知道孩子的性别吗？

1 知道
2 不知道（跳问 C11）
3 刚怀孕，还没有办法知道（跳问 C11）

C10 你已经知道孩子性别了，是男孩还是女孩？
1 男孩
2 女孩
3 一男一女
4 两男
5 两女
6 其他

（答完跳至 C12）

C11 您现在还不知道，请问在怀孕期间想知道胎儿的性别吗？（不提示）
1 千方百计要知道
2 知道最好，但不会主动采取措施去知道
3 知不知道都无所谓
4 不想知道

（C3 回答打算去做人工流产的，跳至 E1）

C12 如果在孕期发现孩子性别与你理想的不一致，你会怎么办？
1 无所谓，生下来，有些遗憾
2 人工流产
3 看情况而定

C13 除了您自己，谁到时可以帮您带这个孩子？【多选】
1 丈夫

2 孩子爷爷
3 孩子奶奶
4 孩子姥姥
5 孩子姥爷
6 保姆/小时工
7 其他________________

C14　您生完这个孩子后，还打算再生孩子吗？
1 想生
2 不想生（跳问 E1）
3 没想好（跳问 E1）

C15　请问想什么时候生？
1 2020 年
2 2021 年
3 2022 年
4 2023 年及以后
5 怀了就生
（答完跳至 E1）

D　以下问 A3 回答自 2015 年 9 月以来怀过 1 次以上、现在未怀孕的；也问怀过 2 次以上，现在正孕的

D1　请问您自 2015 年 9 月以来怀过几次孕？
（活产+死亡+人工流产引产+自然流产=怀孕次数）
1 1 次
2 2 次
3 3 次

D2　请问您 2015 年 9 月以来是否有过活产孩子？

1 是，活产______次孩子

2 否

D3　请问您自2015年9月以来是否有过人工流产或人工引产?

1 是，有过______次人工流产或人工引产

2 否

D4　请问您2015年9月以来是否有过自然流产?

1 是，有过______次自然流产

2 否

D5　请问您2015年9月以来是否有过死产?

1 是，有过______次死产

2 否

D6　能按时间先后顺序，请您详细讲讲每次怀孕的情况（有几次怀孕填几次，现孕的话，怀孕结束时间填预产期）

D601　2015年9月以来第一次怀孕开始时间：______年______月

D602　2015年9月以来第一次怀孕结束时间：______年______月

D603　2015年9月以来第一次怀孕是意外的吗?

1 意外的

2 计划中的（跳到D605）

D604　2015年9月以来第一次意外怀孕的原因是

1 没有避孕

2 使用安全套失败，不知情没有用紧急避孕手段

3 使用安全期失效，不知情没有用紧急避孕手段

4 采用其他避孕方法失败，不知情没有用紧急避孕手段

5 发现避孕方法失败，采用紧急避孕手段也失败

6 不记得

7 不愿回答

D605　2015 年 9 月以来第一次怀孕的结果：

1 自然流产

2 人工流产或人工引产

3 活产（跳到 D606）

4 死产

D606　2015 年 9 月以来第一次活产孩子的数量与性别

1 1 个男孩

2 1 个女孩

3 2 个男孩双胞胎

4 2 个女孩双胞胎

5 1 男 1 女双胞胎

6 其他

D607　2015 年 9 月以来第二次怀孕开始时间：______年______月

D608　2015 年 9 月以来第二次怀孕结束时间：______年______月

D609　2015 年 9 月以来第二次怀孕是意外的吗？

1 意外的

2 计划中的（跳到 D611）

D610　2015 年 9 月以来第二次意外怀孕的原因是

1 没有避孕

2 使用安全套失败，不知情没有用紧急避孕手段

3 使用安全期失效，不知情没有用紧急避孕手段

4 采用其他避孕方法失败，不知情没有用紧急避孕手段

5 发现避孕方法失败，采用紧急避孕手段也失败

6 不记得

7 不愿回答

D611　2015 年 9 月以来第二次怀孕的结果：

1 自然流产（跳到 D613）

2 人工流产或人工引产（跳到 D613）

3 活产（跳到 D612）

4 死产（跳到 D613）

5 现孕（跳到 D7）

D612　2015 年 9 月以来第二次活产孩子的数量与性别

1 1 个男孩

2 1 个女孩

3 2 个男孩双胞胎

4 2 个女孩双胞胎

5 1 男 1 女双胞胎

6 其他

D613　2015 年 9 月以来第三次怀孕开始时间：______年______月

D614　2015 年 9 月以来第三次怀孕结束时间：______年______月

D615　2015 年 9 月以来第三次怀孕是意外的吗？

1 意外的

2 计划中的（跳到 D616）

D616　2015 年 9 月以来第三次意外怀孕的原因是

1 没有避孕

2 使用安全套失败，不知情没有用紧急避孕手段
3 使用安全期失效，不知情没有用紧急避孕手段
4 采用其他避孕方法失败，不知情没有用紧急避孕手段
5 发现避孕方法失败，采用紧急避孕手段也失败
6 不记得
7 不愿回答

D617　2015 年 9 月以来第三次怀孕的结果：
1 自然流产（跳到 D7）
2 人工流产或人工引产（跳到 D7）
3 活产（跳到 D618）
4 死产（跳到 D7）
5 现孕（跳到 D7）

D618　2015 年 9 月以来第三次活产孩子的数量与性别
1 1 个男孩
2 1 个女孩
3 2 个男孩双胞胎
4 2 个女孩双胞胎
5 1 男 1 女双胞胎
6 其他

如 D3 答有过人工流产或人工引产的，继续 D7；D3 答无人工流产或人工引产的，跳至 D19

D7　请问您最近一次人工流产或引产的原因是什么？
1 当时政策不允许，不能要这个孩子（跳至 D14 或 D19）
2 当时政策已经允许要了，但我不想要这个孩子
3 当时政策已经允许要了，我也想要，但时机不好（跳至 D11）
4 孕期接触不良药品可能影响胎儿（跳至 D14 或 D19）

5 胎儿发育不良或有缺陷，大夫建议（跳至 D14 或 D19）

6 胎儿性别不理想（跳至 D14 或 D19）

7 其他________________（跳至 D14 或 D19）

以下问政策允许，但不想要的

D8　请对照一下 2015 年或 2016 年的再生育意愿

1 此前调查表示不想生，现在还不想生（跳问 D10）

2 此前调查表示想生，现在还不想生（跳问 D9）

3 此前调查表示没想好，现在还不想生（跳问 D10）

D9　此前您曾经表示想生二孩的，为什么怀孕了又不想要这个孩子而做了人工流产呢？你当时面临什么样的情况？

D10　此前的调查中您就表示不想生或没想好，但是后来政策放开了，您也怀孕了，为什么还是不想生呢？你当时面临什么样的情况？

（答完跳至 D14 或 D19）

以下问政策允许，想要，但时机不成熟而人工流产的

D11　请对照一下 2015 年或 2016 年的再生育意愿

1 此前调查表示不想生，现在还不想生

2 此前调查表示想生，现在还不想生（跳问 D13）

3 此前调查表示没想好，现在还不想生

D12　（最近一次接受访问时表示不想生二孩或没想好；2016 年访问成功的，就看 2016 年情况，2016 年未访问成功的，就看 2015 年情况）追问：此前的调查中您就表示不想生，但是后来您为什么又想要孩子呢？但又因为时机不合适做了人工流产或人工引产，你为什么说时机不

成熟？

________________________________（答完跳至 D14 或 D19）

D13　（最近一次接受访问时表示想生二孩；2016 年访问成功的，就看 2016 年情况，2016 年未访问成功的，就看 2015 年情况）追问：此前您曾经表示想生二孩的，为什么怀孕了又不想要这个孩子而做了人工流产呢？你当时面临什么样的情况？为什么说时机不成熟呢？

____

仅问 D2 答没有过活产经历的妇女

D14　请问您将来还打算生孩子吗？

1 已绝经、闭经、子宫或卵巢切除（跳至 E1）

2 想生

3 不想生（跳问 D17）

4 没想好（跳问 D17）

D15　（注意变化，如果一开始不想生而人工流产，现在表示未来又想生的）追问为什么？

____

D16　请问想什么时候生？

1 2020 年

2 2021 年

3 2022 年

4 2023 年及以后

5 怀了就生

（答完跳问 D19）

D17　如果现在您意外怀孕，您会生下这个孩子吗？

1 会

2 不会

3 看情况

D18　为什么？

____

____

____

____

以下题目问有过活产经历的（D2 不等于 0），包括有人工流产或人工引产的，也包括没有人工流产或人工引产经历的；如没有活产经历，跳至 E1

D19　您到目前为止一共生过______次孩子。（包括 2015 年 9 月之前生育的，因此至少应该为活产数+死产数+1）

D20　现在一共有______个孩子，对吗？（只包括亲生的，再婚夫妻不包括现任丈夫与前妻生育的孩子）

D21　在 2015 年 9 月后生的第一个孩子（也就是调查对象的第二个孩子）前，您希望孩子是什么性别？

1 男孩

2 女孩

3 无所谓

4 最好是男孩，但女孩也能接受

5 最好是女孩，但男孩也能接爱

6 其他

D22 生下来之前，您知道孩子的性别吗？

1 知道（跳问 D24）

2 不知道

3 不记得

D23 请问在怀孕期间想知道胎儿的性别吗？（不提示）

1 千方百计要知道

2 知道最好，但不会主动采取措施去知道

3 知不知道都无所谓

4 不想知道

D24 如果在孕期发现孩子性别与你理想的不一致，你会怎么办？

1 无所谓，生下来，有些遗憾

2 人工流产

3 看情况而定

D25 请对照一下 2015 年或 2016 年的再生育意愿

1 此前调查表示不想生，现在生了（跳问 D23）

2 此前调查表示想生，现在生了

3 此前调查表示没想好，现在生了（跳问 D23）

D26 （最近一次接受访问时表示不想生二孩或没想好；2016 年访问成功的，就看 2016 年情况，2016 年年未访问成功的，就看 2015 年情况）追问：此前您曾经表示不想生或者没想好，为什么后来又生了呢？是改变主意？还是因为意外怀孕吗？

____

____

____

____

D27　这个孩子上幼儿园之前，白天谁主要带孩子？（单选）

1 我自己

2 丈夫

3 孩子爷爷

4 孩子奶奶

5 孩子姥姥

6 孩子姥爷

7 双方父母轮流照看

8 保姆/小时工

9 其他____________

D28　生了第二个孩子后，您家庭的生活质量是否下降？

1 没有影响　　2 有影响，但我不在乎　　3 有影响，很难受

D29　生了第二个孩子后，您的事业学业是否受到影响？

1 没有影响　　2 有影响，但我不在乎　　3 有影响，很难受

D30　生了第二个孩子后，您是否比以前更幸福了？

1 是的　　　2 和以前差不多　　　3 没有以前幸福

D31　你会建议其他人生二孩吗？

1 建议生　　2 建议不生　　3 建议看情况

如到目前只有 2 个孩子，答完跳至 D36

如果调查对象还有第三次活产经历，接着问 D32

D32 生了第三个孩子后，您家庭的生活质量是否下降？

1 没有影响　　2 有影响，但我不在乎　　3 有影响，很难受

D33 生了第三个孩子后，您的事业学业是否受到影响？

1 没有影响　　2 有影响，但我不在乎　　3 有影响，很难受

D34 生了第三个孩子后，您是否比以前更幸福了？

1 是的　　2 和以前差不多　　3 没有以前幸福

D35 你会建议其他人生三孩吗？

1. 建议生　　2 建议不生　　3 建议看情况

D36 请问您将来还打算再生孩子吗？

1 已绝经、闭经、子宫或卵巢切除（跳至 E1 问）

2 想生

3 不想生（跳问 E1）

4 没想好（跳问 E1）

D37 请问想什么时候生？

1 2020 年　2 2021 年　3 2022 年　4 2023 年及以后　5 怀了就生

E 个人情况

E1 您现在的文化程度是（到目前为止取得毕业证书的最高程度为准，肄业或辍学的情况不能算为获得了这一程度的教育）

1 小学　2 初中　3 高中/中专　4 大专

5 本科　6 硕士研究生　7 博士研究生及以上

E2 您的户口现在在北京吗？

1 在北京　　2 非北京　　3 已移民国外　　4 军人

E3　那您丈夫的户口现在在北京吗？

1 在北京　　2 非北京　　3 已移民国外　　4 军人

E4　过去三个月，您有自己的劳动收入吗？（不包含家庭共同的房产、股票理财利息等资本性收入，也不包括退休金等不用付出劳动就能获得的收入）

1 完全没有收入（主要包括全职学生、家务）（跳至 E8）

2 有收入（含劳动报酬、工资等）

E5　您平时需要固定时间上下班吗？

1 自己当老板，可以自由安排工作时间（个体经营、自由职业者、务农、网店微店等）

2 赚工资，但不用每天固定时间上下班（比如大学教师、不用坐班的机构等）

3 赚工资，每天得固定时间上下班

E6　您可以在上班的地方一边上班一边照顾孩子吗？

1 可以

2 不可以

E7　您选择现在这个工作最主要原因是什么？

1 一直在这里做，没有换

2 工作稳定

3 收入待遇好

4 离家近

5 工作时间灵活，可以兼顾家庭

6 职业发展前景好

7 同事关系好

8 其他________________

E8　您从什么时候开始现在的这份工作或者不工作的？（对工作的人问您是什么时候开始最近这份工作的；对不工作的人问是什么时候开始不工作的）______年______月

E9　生孩子对你的工作与职业发展有影响吗？能否大致讲讲有些什么影响？

生第一个孩子前后，您换过工作吗？（生第二个孩子后，您换工作了吗？从事什么工作？生第三个孩子后您工作吗？从事什么工作？）

____

E10　您现在在什么类型的单位里工作？

1 机关、事业单位或国有企业　　2 社会团体/非政府组织

3 股份制/集体企业　　4 私营、外资企业　　5 其他

E11　您现在工作的地方能给你提供什么托育、子女就学的福利？（多选）

1 产假时有工资

2 延长产假

3 哺乳期假（哺乳期内每天一小时）

4 内设有母婴室，方便哺乳

5 办有 3 岁以下孩子的托幼机构，可以上班时带着 3 岁以下孩子

6 办有自己（从事）幼儿园，方便员工子女入园

7 照顾生病孩子或安排孩子事情可以请假

8 有共建的小学，上好小学不用愁

9 有共建的中学，可以优先入学

10 本身就从事教育培训，员工子女有优先优惠

11 其他________________

E12　您平时工作忙吗？用不用加班？

1 很忙，经常需要加班加点

2 有时忙，偶尔需要加班

3 工作任务适中，按时上下班

4 工作很清闲，根本不需要加班

F　家庭情况

F1　您自 2016 年 10 月以来搬家了吗？

1 没有（跳至 F3）　　2 搬家了

F2　请问您最近一次搬家的原因？

1 家里人口多了，需要更大的空间

2 家里人口没变，想改善生活质量

3 方便照料孩子（比如哺乳）

4 方便孩子上学，搬到学校附近

5 方便照料老人

6 方便上班

7 其他________________

F3　您现在还住在北京吗？（为明年的跟踪做好准备，地址重新编码）

1 是，住在__________区

2 否，住在__________省__________市__________区/县

F4　目前您在北京住的房子中有______个居室（独立的房间）。（含租房、借住房、宿舍，两处房屋轮流住的情况问最大的一处。）

F5　您家现在有没有生活无法完全自理、需要你们日常照顾的老人或

者其他亲属？（老人如果不同住或由兄弟姐妹轮流照护，但需要经常看望或提供照料的老人应计入。）

1 有　　　2 无

F6　您家家务（采购、做饭、洗衣、孩子照料辅导、老人照料等）谁做得多？

1 基本都是自己一人做　　　2 主要自己做，偶尔丈夫会帮忙
3 自己与丈夫做得差不多　　4 主要丈夫做家务，偶尔自己帮忙
5 基本都是丈夫做
6 两人都很少做，家里老人保姆或其他人帮忙做家务
7 自己与老人共同分担

F7　您平均每天要做______小时家务。（采购、做饭、洗衣、孩子照料辅导、老人照料等）

F8　您家 2018 年一年总共挣了多少钱？（包括您与丈夫的工资、投资、经营所得、理财收入、出租房屋收入等，不包括父母公婆收入）

1 五万元以下　　2　五万元至十万元　　3　十万元至二十万元
4 二十万元至三十万元　5　三十万元至五十万元　6　五十万元以上

F9　2018 年您丈夫挣的钱大约能占家庭总收入的______%。

F10　您现在避孕吗？主要用什么方法？（两种方法同时用填效果更长久的那种）

1 已绝经停经，不需要避孕
2 子宫卵巢切除或不育症，不需要避孕
3 分居，不需要避孕
4 安全套
4 宫内节育器（上环）
5 绝育（男扎或女扎）

6 口服避孕药
7 其他外用药（避孕膜、避孕栓等）
8 皮埋
9 安全期
10 体外排精
11 紧急避孕（毓婷等口服药，性行为后 72 小时内服用）

G　调查质量评估

G1　如果打的是固定电话，请问您的手机号是
1 充值到此号码
2 再三请求都不愿意留一个电话
3 充值到其他号码

G2　北京市卫生健康委计划以后还要访问您，请问您除了这个号码，还有其他电话可以联络到您吗？您的其他联络电话：____________________

G3　是否有代答
1 自己回答　2 他人代答

G4　调查对象配合程度
1 愿意交流，沟通很愉快
2 解释后接受调查，过程中有些不麻烦
3 勉强接受调查，完全在敷衍

充话费

调查员姓名：____________________
调查开始时间：________月________日________时________分
调查完成时间：________月________日________时________分
调查时长：____________________分钟

后 记

从2013年开始，我开始将研究重心转向人口生育政策的相关领域。那一年年末，中共十八届三中全会决定启动实施“单独两孩”政策，于是我向所在单位天津社会科学院申报了一项院级重点课题，开始研究生育政策调整后天津居民生育意愿变化的问题。在调查中，我们发现，在生育这个问题上，人们的生育意愿并不等于生育行为，似乎存在一种比较有趣的现象：“想是一回事，说是一回事，究竟生不生则是另外一回事”。在2015年，我们的课题组便以“生育意愿和生育行为不一致现象的原因及其影响机制研究”为题申报了国家社科基金项目，非常幸运的是，该项目在当年获得了立项。让我们感到更加兴奋的是，该年10月，中共十八届五中全会明确提出“全面实施一对夫妇可以生育两个子女“的政策，可以说我们研究正逢其时，既能够回应社会发展的迫切需求，也与国家生育政策调整的步伐相一致。

自2015年课题立项开始，我们便联合中国人口与发展研究中心、中央财经大学社会学系等单位在天津、北京等地开展了一系列的社会调查，获得了相对丰富、翔实的一手资料。在收集数据和资料的基础上，我们撰写了一系列的研究论文，并相继在《人口与发展》《中国青年研究》《人口学刊》《南方人口》《中国社会科学报》等报刊上发表。此后，我们又将这些阶段性成果进行打磨、修改，并统筹汇集形成课题的最终成果，该成果在2020年成功通过了验收。

此后两年，我国已经进入到“全面三孩”时代，但研究成果的观点并未过时。于是，在中国人口出版社的大力支持下，我们决定对结项成果进行进一步修改和补充，使之能够正式出版发行。书稿提交之后，出版社又为这本书申请了国家出版基金项目的资助。

时光荏苒，转眼间，10年过去了，在本书即将付梓出版之际，我们在这里需要感谢众多曾经给予课题组支持或帮助的师长和朋友。

首先，我们要感谢复旦大学顾宝昌教授，在研究的过程中，顾老师时常给予我们宝贵的理论指导和经验性建议，研究成果中的不少观点都得益于顾老师指点迷津。最让我们感动的是，顾老师在百忙之中不辞劳苦地为我们撰写了精彩的序言，为本书增添了更多的光彩，进而产生了画龙点睛的奇效。

同时，我们要特别感谢中国人民大学的翟振武教授、刘谦教授，在我们成长和进步的路上，两位老师曾经给予我们莫大的鼓励和无尽的支持。

我们要感谢中国人口与发展研究中心的汤梦君研究员，在与汤老师的合作研究中，我们学习到了很多新知识和新经验，并获益匪浅。

我们要感谢天津社会科学院的多位领导和同事，他们分别是：钟会兵院长、史瑞杰院长、王立国副院长、李同柏秘书长、潘允康研究员、张宝义研究员、王光荣研究员、毕宏音研究员、王双研究员、余桂玲研究员、李培志研究员、林竹副研究员、李宝芳副研究员、张雪筠副研究员、王小波副研究员、郭鹏副研究员以及刘佳宁老师、刘芳老师、薛志勇老师，等等。他（她）们都曾为本课题研究的顺利开展提供了各种各样的帮助和支持。

我们还要感谢广州医科大学卫生管理学院尚鹤睿院长，在尚院长的关心和支持下，本书的出版获得了广州医科大学心理学学科建设经费的资助。另外，本书的出版也获得了中山大学引进人才基本启动费的资助，在此一并致谢。

最后，要感谢中国人口出版社的郭震威社长和杨际航老师，他们为本书的编辑、出版付出了辛勤的努力。

诚然，本书尚存诸多不足和各种问题，在此，我们恳请诸位方家和学者不吝赐教、批评指正。

作者
于广州医科大学番禺校区
2023 年 8 月